Historia de los samuráis

HISTORIA DE LOS SAMURÁIS

Jonathan López-Vera

Prólogo de Carlos Martínez Shaw
Real Academia de la Historia

TERCERA EDICIÓN, junio 2024
PRIMERA EDICIÓN, mayo 2016

TÍTULO: *Historia de los samuráis*
AUTOR: Jonathan López-Vera

C/ Perú, 12, 33213, Gijón, España
www.satoriediciones.com

Diseño de cubierta: José Luis González Macías
Composición: Cuadratín Estudio
Impresión: Gráficas Apel

ISBN: 978-84-19035-82-0
Depósito legal: AS 01423-2024

Impreso en España - Printed in Spain

Índice

Para Ginia, que ha estado ahí desde siempre, y Sören,
cuya gestación ha ido en paralelo a la de este libro.

Prólogo a la tercera edición

Los samuráis son uno de los grupos sociales que han suscitado mayor interés por parte de muy diversas clases de públicos, de tal modo que, entre los escritos y otras creaciones culturales que los tienen por objeto (pinturas, novelas gráficas, cine, etc.), resulta difícil separar la historia de la mitología. Esto es lo que ha pretendido y ha conseguido brillantemente Jonathan López-Vera, investigador formado en la Universidad Autónoma de Barcelona y en la Universidad Pompeu Fabra, en la que defendió su Tesis Doctoral sobre *Toyotomi Hideyoshi y Europa. Contactos entre el gobierno japonés y los portugueses y castellanos en el Japón de finales del siglo XVI* (publicada en el año 2021 por Edicions de la Universitat de Barcelona con el título *Toyotomi Hideyoshi y los europeos. Portugueses y castellanos en el Japón samurái*), y que actualmente se desempeña como profesor en la citada Universidad Pompeu Fabra, además de realizar otra serie de actividades siempre conectadas con la historia de Japón.

Hoy Satori Ediciones publica su obra *Historia de los samuráis*, que conoce así su tercera edición (después del éxito de las dos primeras aparecidas bajo el mismo sello editorial en mayo de 2016 y en mayo de 2017 respectivamente) y que tuvo también el reconocimiento internacional al ser traducida al inglés en 2020 bajo el título de *A History of the Samurai*. Esta nueva edición reproduce el texto de las anteriores con la única novedad de la inclusión de un nuevo epílogo y de este prólogo, que trata de subrayar algunos aspectos especialmente interesantes y sugerentes de un libro que intenta llegar a un amplio número de lectores.

El libro, en efecto, se enmarca en el género de la alta divulgación historiográfica, apta para la lectura de un público no especializado en la historia del Asia del Extremo Oriente. La ausencia de un aparato crítico a pie de página (sustituido por una selecta bibliografía) no quita un ápice de rigor científico a una obra que no descuida ningún recurso para alcanzar sus objetivos de veracidad, objetividad y claridad expositiva. De este modo, un texto de escritura exquisita se enriquece con un intercalado de más de treinta páginas de imágenes a todo color cuidadosamente escogidas que prolongan la información literaria mediante esta aportación iconográfica. Igualmente, cabe mencionar la inclusión de una cronología, de un listado de los emperadores y otro de los shogunes, de una serie de mapas de elaboración propia y de una serie de fotografías, muchas de ellas tomadas por el propio autor durante sus estancias en Japón y que no desmerecen de otras debidas a profesionales bien reconocidos.

Dos aclaraciones fundamentales encabezan la exposición. Una, nos hallamos ante un libro de historia, de una obra científica, que distingue los hechos documentados de aquellos otros que proceden de la mitificación de la figura del samurái. Dos, el samurái no es solamente un *bushi*, es decir un guerrero, sino que es miembro de una casta militar que ejerció el gobierno del Japón durante siete siglos, y ello incluso sin contar el periodo en que el clan los Taira controló la corte imperial de Kioto, durante el cual, como muy bien puntualiza el autor, hubo «un samurái en el gobierno pero no un gobierno samurái».

De esta forma, la hegemonía de los samuráis se limita a los tres gobiernos (o *bakufu*) de Kamakura (por la capital en que se instaló el *shogunato* de los Minamoto, entre 1192 y 1333), de los Ashikaga (1338-1573, que se corresponde con el desarrollo del «feudalismo japonés», por más que el concepto sea inexacto por importado desde la historia europea) y de los Tokugawa (1603-1867, que se corresponde con el «absolutismo japonés», también aquí haciendo traslación de los conceptos políticos europeos), con el interludio del proceso de unificación del país, protagonizado por las tres imponentes figuras de Oda Nobunaga, Toyotomi Hideyoshi y Tokugawa Ieyasu. Este es el dilatado momento histórico en que podemos hablar del predominio absoluto de la casta guerrera de los samuráis.

Concediendo su espacio a la doble irrupción de los mongoles (1274 y 1281) y a la llegada de los europeos (portugueses y españoles), el autor subraya que a partir de entonces la historia de los samuráis como clase dominante se confunde con la historia del Japón, aunque no hay que perder de vista a los restantes actores, los campesinos y los comerciantes en primer lugar. Y del mismo modo hay que señalar algunos episodios claves que marcan reorientaciones de la organización institucional o cambios políticos de hondo calado. Episodios que suelen ser de orden militar, como la famosa batalla de Dan-no-ura de 1185 en que los Taira son derrotados por los Minamoto (la más anclada en la memoria colectiva de los japoneses, la mayor inspiradora de obras literarias, teatrales o cinematográficas) o como la poco menos divulgada batalla de Sekigahara de 1600, en que tras el enfrentamiento entre doscientos mil samuráis se dio paso a la definitiva unificación del Japón.

El autor señala también los hechos mayores de cada periodo. Así durante el periodo dominado por Oda Nobunaga se destaca su alianza con los portugueses y el intercambio de «armas por almas», es decir la tolerancia hacia las misiones cristianas a cambio de la entrega de arcabuces, los mismos que serán utilizados según la revolucionaria estrategia inventada en ocasión de la batalla de Nagashino (que acabó con el clan Takeda en 1575). De Hideyoshi se narra el proceso de control de todo el país en solo ocho años, la utilización en gran escala del arte del té como artefacto ideológico y militar, las dos guerras de Corea y la política anticristiana que culmina con el famoso episodio del martirio de Nagasaki de 1597. De los primeros Tokugawa se hace hincapié en la organización del *bakufu* samurái de Edo (la nueva capital, la actual Tokio), con sus medidas culminantes del *Buke Shohatto* (o 13 artículos para la regulación de la vida de la clase de los samuráis de 1615), la revisión de los mismos de 1635, la proscripción del cristianismo (que culmina en el aplastamiento de la rebelión agraria y cristiana de Shimabara, 1639) y el cierre del Japón a los extranjeros (política aislacionista denominada más tarde *sakoku* o «país cerrado»), aunque en este caso hubo excepciones para China, Corea, Ryukyu y los comerciantes holandeses recluidos en la isla de Dejima en la bahía de Nagasaki.

El *bakufu* Tokugawa se extingue en 1867. El autor señala como principales causas, por un lado, la transformación de los samuráis, tras un larguísimo periodo de paz, en una clase ociosa, rica y refinada, entregada al consumo (teatro, geishas, alcohol), que gravitó pesadamente sobre una economía que no pudo mantenerla y, por otro lado, la irrupción de las potencias occidentales (ya no los lusos e hispanos del siglo xvi, sino los estadounidenses, los ingleses, los franceses y los holandeses que, aunque derivados al puerto de Yokohama, convirtieron a Japón en un estado subordinado a sus intereses). La llamada «revolución Meiji» significó el retorno del poder imperial. La resistencia de los samuráis (como la acaudillada por Saigo Takamori, el «último samurái») quedó condenada al fracaso. La katana (el «alma del samurái») sucumbió ante las ametralladoras Gatling del Ejército Imperial en 1877.

Aquí termina la narración, pero entretanto el autor ha abierto una serie de ventanas para tratar de algunos temas monográficos, cuya exposición por extenso hubiera entorpecido el flujo de la exposición principal, pero que tienen un interés considerable y un valor didáctico incluso superior. A estas ventanas se asoman los monjes guerreros, los tres Tesoros Imperiales, el budismo y sus distintas corrientes, la coexistencia de la infantería y la caballería en los ejércitos samuráis, los famosos castillos aunando la defensa y la ostentación, los insólitos trofeos de guerra (primero, las cabezas cortadas y luego las narices), la isla de Dejima, las personalidades singulares (como Sakamoto Ryoma) y, *last but not least*, los hechos y figuras conectadas con España: el *daimyo* Date Masamune y el embajador Hasekura Tsunenaga, cuya airosa estatua ve correr las aguas del Guadalquivir desde los jardines de Coria del Río, donde el apellido Japón recuerda el paso de los samuráis de su séquito.

El autor concluye el libro por donde empezó, con un epílogo que quiere subrayar la separación entre la narración documentalmente verificada y la mitificación de la figura del samurái, para que el lector pueda separar la verdad histórica de la construcción ideologizada. Durante el periodo Edo y posteriormente con la caída del *shogunato* Tokugawa, la casta guerrera, ahora alejada de los campos de batalla, hubo de justificar sus privilegios mediante la exaltación de unos valores que la aureolasen de ejemplaridad, cuando en realidad, los móviles de la actuación de los *daimyo* siempre habían sido la ampliación de sus tierras y el aumento de su poder y la conducta de los samuráis siempre había sido la de una clase dominante cuya superioridad social se basaba en el monopolio de las armas. Ahora aparecen relatos heroicos como el de los 47 *ronin* cuya lealtad hacia su señor les lleva a la muerte o se publicitan los principios del *bushido* (el «camino del guerrero»), el rígido código de honor de los samuráis, que será la base del militarismo japonés del siglo XX y cuya influencia se refleja en *El crisantemo y la espada*, la obra de la antropóloga Ruth Benedict que es el retrato (sesgado) del Japón más difundido en Occidente.

En suma, Jonathan López-Vera nos ofrece (y de ahí su éxito, manifiesto en esta tercera edición y en los honores de la traducción al inglés), la que considero una de las mejores aproximaciones a la historia de los samuráis, en clave de alta divulgación, por su rigor científico, su intachable erudición, su claridad expositiva, su galanura literaria y su vocación didáctica. Por ello, no dudo en recomendar vivamente su lectura a todos aquellos que puedan estar interesados en conocer mejor el apasionante pasado del Japón.

Carlos Martínez Shaw
Real Academia de la Historia

Notas previas

Para los nombres japoneses se ha optado por mantener el orden propio de la onomástica japonesa, con el apellido familiar primero y el nombre de pila después.

Cuando sea necesario abreviar un nombre, lo usual es utilizar solo el apellido, pero en el caso de algunas personas de gran importancia, es común usar únicamente el nombre de pila, tal y como hacemos, por ejemplo, al llamar «Hideyoshi» a Toyotomi Hideyoshi; en muchos casos lo haremos además para evitar la confusión con otro miembro de la misma familia, como podría suceder al hablar de los Minamoto.

En ocasiones puede complicar el relato la costumbre de que el nombre de un padre y un hijo resulten parecidos por compartir uno de los dos caracteres con los que se escriben, como podría pasar con Taira Kiyomori y Taira Munemori.

Los nombres de algunos emperadores empiezan con el prefijo *Go-*, esto quiere decir que ya hubo un emperador anterior con el mismo nombre, por lo que en algunos textos se traduce como «segundo», y podemos encontrarnos a Go-Shirakawa como «Shirakawa II». Aquí hemos respetado la forma japonesa.

Al hablar de épocas tempranas es habitual encontrar la partícula *no*, equivalente en castellano a *de*, entre el apellido y el nombre, como en «Minamoto-no-Yoshitsune». Aquí se ha suprimido, usando «Minamoto Yoshitsune».

Se ha optado por no incluir los diferentes nombres que una misma persona pudiera tener a lo largo de su vida, algo habitual en el Japón de la época y aún más frecuente en el caso de los samuráis, para no complicar el relato.

En el caso de los samuráis que se convertían al cristianismo y cambiaban su nombre de pila por uno occidental, la mayoría de libros en castellano opta por traducir el nombre siempre a este idioma. Aquí se ha mantenido el original, que en la mayor parte de los casos es portugués; así, cuando hablamos de Konishi Yukinaga, nos referimos a su nombre cristiano de «Agostinho» y no «Agustín».

Las palabras japonesas utilizadas a lo largo del texto se han indicado con su escritura en cursiva, pero se ha optado por hacerlo solo la primera vez que aparecen para agilizar la lectura.

En estas palabras, además, se ha mantenido la norma japonesa de no alterarlas cuando se usan en su forma plural, así, hablamos de «los *bushi*» y no de «los *bushis*»; esta regla solo se ha omitido en la palabra «samurái», pues se ha optado por la forma reconocida por la RAE, acentuada y marcando el plural, *samuráis*.

Se ha mantenido también el uso del macrón, un diacrítico que consiste en una barra horizontal sobre una vocal, como sucede en la palabra *taikō*, y que indica que esa vocal debe pronunciarse alargando su duración el doble de lo acostumbrado; solo se ha obviado en unas pocas palabras japonesas que se han incorporado ya al castellano, utilizando entonces su forma castellana, como sucede con *Kioto*, y no su forma japonesa, *Kyōto*.

Las vocales japonesas se pronuncian de la misma forma que las castellanas.

En cuanto a las consonantes, las diferencias principales son: la *j*, que se pronuncia como en catalán (Jordi) o inglés (John); la *g* se pronuncia siempre como en *gato*, aunque preceda a una *e-* o una *i-*; la *h* se pronuncia aspirada como en inglés (*house*), si va precedida de una *c-*, suena como una *ch*, si va precedida de una *s-* se pronuncia como en inglés (*show*); la *z* se pronuncia como en catalán (*zoològic*) o en inglés (*zebra*); la *r* nunca suena doble, ni siquiera en inicio de palabra, así, siempre suena como en *cara* pero nunca como en *perro*.

Se ha optado por no incluir la versión en escritura japonesa de palabras, nombres de persona ni de lugares, por entender que no aporta nada a un libro de estas características.

Introducción

Este es un libro sobre la historia de los samuráis, como deja claro su título. Y los samuráis dirigieron Japón durante nada menos que siete siglos, por lo que durante todo ese tiempo hablar de la historia de los samuráis casi equivale a hablar de la historia de Japón. Pero no debería verse así, porque la historia de una sociedad o un territorio no es únicamente la de su clase dirigente, es la historia de todo su pueblo, y en el caso del Japón de los siglos XII a XIX esto incluiría también a los campesinos —gran mayoría de la población y sustento del sistema económico del país—, a los comerciantes, a los artesanos, al clero, a los parias, etc. Todos ellos aparecen en este libro, es cierto, pero lo hacen de forma indirecta, porque, como decíamos, aquí hablamos de la historia de los samuráis, no de la historia de Japón, como sí hacen algunos excelentes libros que aparecen listados en la bibliografía incluida al final. Y tampoco es este un libro sobre los samuráis, en general: aquí no se encontrarán listas con los nombres japoneses de todas las partes de una armadura, imágenes que expliquen los pasos para abrirse el vientre de forma correcta o recomendaciones de películas relacionadas con el tema. Hay muchos otros libros así —aunque estos no aparecen en la bibliografía porque no se han consultado—, pero este, volviendo al principio, es un libro sobre la historia de los samuráis, o sea, un libro de historia, aunque esté orientado a un público general y no específicamente a historiadores o estudiantes de Historia.

La de los samuráis no es en general una historia tan única y excepcional —en el sentido literal— como podría parecer, si la comparamos con la de otras castas guerreras de otros lugares y momentos. Porque los guerreros son algo casi inevitable allá donde ha habido civilización, pues los diferentes grupos humanos siempre han necesitado defenderse de otros, o atacar a otros que a su vez se han defendido de ellos, y los más aptos para estas tareas normalmente han acabado conformando un grupo definido y especializado, de la misma forma que ha pasado con otros oficios. Con la diferencia de que este grupo, al saberse poseedor del poder que le da la habilidad en el uso de la fuerza, casi siempre —o incluso siempre— ha terminado por darse cuenta de que podía utilizar esta para gobernar sobre el resto. En el caso japonés, y dentro de los ya mencionados siete siglos de dominio samurái, se sucedieron tres gobiernos militares, llamados Kamakura, Ashikaga y Tokugawa respectivamente, cada uno con sus propias características e idiosincrasia; y hubo épocas de relativa o absoluta paz interrumpidas por conflictos más o menos locales en unas ocasiones, más o menos nacionales en otras, y de forma total y generalizada en otra que duró más de un siglo. Hubo un único episodio de agresión proveniente del exterior —los dos intentos de invasión de mongoles, chinos y coreanos a finales del siglo XIII— y un único episodio de agresión al exterior —el intento de invasión de Corea y China a finales del siglo XVI—, algo, por otro lado, muy acorde con la tónica general de Asia Oriental, una región relativamente pacífica a lo largo de su historia, sobre todo si la comparamos con la siempre turbulenta y bélica Europa. Una Europa que también apareció por las costas japonesas en dos ocasiones muy distintas, cada una de ellas fruto de un contexto europeo u occidental muy diferente. Primero, a mediados del siglo XVI, fue el turno de portugueses principalmente, pero también de castellanos, seguidos poco después por sus enemigos holandeses e ingleses, dentro de la época de los grandes descubrimientos, las nuevas rutas para hacerse con las especias y las sedas, y el afán evangelizador de la Iglesia Católica. Y después, a mediados del siglo XIX, podríamos decir que fue todo Occidente quien llegó a Japón, representado por los cañones de una flotilla estadounidense, abriendo el país tras más de dos siglos de casi absoluto aislamiento voluntario para hacerlo participar casi por la fuerza del nuevo comercio industrial mundial. Ese nuevo mundo que llamaba a sus puertas —o amenazaba con echarlas abajo a cañonazos— conllevó, entre muchos otros cambios, el final de la clase guerrera. Y esta es la historia que repasaremos aquí y que completaremos con un epílogo acerca del popular y mundialmente extendido mito samurái.

Un mito samurái que resulta fascinante y que, para muchos —me incluyo—, ha sido la puerta de entrada a toda una cultura, la japonesa, más fascinante todavía. Así, vaya por adelantado mi agradecimiento al mito, a la ficción y a la fantasía que rodean la figura del samurái, porque en su día me interesaron lo suficiente como para despertar mi interés por muchos otros aspectos de una cultura, un idioma y, sobre todo, una historia, aún más apasionante, que al final se ha convertido en mi oficio, podríamos decir. Espero que aquellos que, atraídos por el mito samurái, lleguen a este libro, encuentren en él una buena forma de aproximarse al mismo tema desde otro enfoque, más realista, y que este les acabe pareciendo tan interesante o más que lo que los trajo hasta aquí.

* * *

Al ser este un libro dirigido al público general, se ha evitado introducir en él parte del típico aparataje académico consistente en múltiples notas aclaratorias a pie de página y constantes referencias bibliográficas. Lo primero se ha sustituido por una explicación dentro del mismo cuerpo del texto, para agilizar la lectura; y lo segundo se ha obviado, incluyendo al final una amplia y obligatoria bibliografía de donde surge la información y a la que el lector puede encaminarse para ampliar aquello que más le interese. Aparecen referencias tanto en lengua castellana como inglesa o japonesa, y pudiera ser que existiese traducción al castellano de alguna referencia aquí listada en otro idioma, porque se ha incluido sencillamente la versión que se ha utilizado. Ocurre lo mismo con el año, se ha listado el de la edición utilizada y no el de su publicación. Aparecen manuales más o menos generales de historia japonesa, como los de Andressen, Hane, Henshall, Gordon o Murdoch; libros sobre periodos concretos, como los de Beasley, Buruma, Samson o Mutel; sobre temas específicos, como los de Boxer, Sola o Goodman; algunas biografías, como las de Berry o Sadler; o artículos académicos y capítulos seleccionados, con mención especial para los pertenecientes a la imprescindible *The Cambridge History of Japan*. No se han listado algunos documentos originales de archivo, de los que proviene alguna información —sobre todo referente al tema del contacto entre Japón y Europa en los siglos xvi y xvii, mi principal tema de trabajo actualmente—, por no considerarlo relevante para el lector medio.

Hoy en día tenemos al alcance de nuestra mano toda la información del mundo, porque si antes ya la teníamos disponible gracias a las bibliotecas, internet ha posibilitado que acceder a ella sea más fácil que nunca; pero esto supone, por otro lado, un gran problema, puesto que cuanta más información tengamos, más difícil será saber cuál vale la pena y cuál no. De todo lo que me han enseñado mis profesores a lo largo de mi carrera académica, lo que más valoro es precisamente eso, que me hayan guiado por ese laberinto de información en el que había estado perdido durante los muchos años de autodidactismo, en los que engullía cualquier libro que llegase a mis manos sobre los temas que me interesaban. Y leer es como comer, es necesario para no morir —intelectualmente, en este caso—, pero igual que hay comida sana y sabrosa, hay otra que entra bien pero sienta mal, y no siempre es fácil saber cuál es cuál.

* * *

Quiero dar las gracias a Ernest Bendriss, quien me propuso que escribiese este libro, porque aunque después el proyecto acabó llevándonos por caminos distintos, no habría sido posible sin él; a Alfonso y Marián, de la editorial Satori, por su interés en hacer esto realidad y ponerlo todo tan fácil; a Joan-Pau Rubiés (UPF) y Asami Masakazu (Keiō University), directores de mi Tesis Doctoral, y Josep Maria Delgado (UPF), director de mi Tesina de Máster; al Departamento de Humanidades y el Institut Univesitari d'Història Jaume Vicens Vives, de la Universitat Pompeu Fabra, dentro de los cuales desarrollo mi trabajo de investigación; al AGAUR de la Generalitat de Catalunya por hacer posible que me dedique a aquello que más me gusta; a todos los profesores que he tenido, tanto en la Universitat Autònoma de Barcelona como en la Universitat Pompeu Fabra, pero también en la Naganuma School de Tokio y en la Kogakkan University de Ise —incluyendo aquí también al señor Tamada—, por regalarme tanto conocimiento; a John Blackthorne y Toranaga-*sama*, por ser la chispa que puso esto en marcha; a todos los lectores y seguidores de HistoriaJaponesa.com; y a mi familia y amigos, por soportarme a mí y mis historias sobre japoneses antiguos.

Añadido a la tercera edición

Han pasado ocho años desde que salió la primera edición de este libro, en mayo de 2016. Desde entonces, se ha publicado también en inglés (Tuttle Publishing, 2020), se ha vuelto a publicar en castellano (Alianza Editorial, 2021), y se va a publicar dentro de muy poco en catalán (Anem Editors, 2024). Han sido muchas las satisfacciones que me ha dado y las puertas que me ha abierto hacia nuevos proyectos, y ha despertado mucho interés en el público durante estos ocho años, sobre todo nada más salir, obviamente, pero de una manera mantenida y constante después. Muchas gracias, espero que siga así en el futuro.

Estos ocho años también me han traído muchísimos cambios, en lo personal y en lo profesional. Centrándonos en lo segundo, el principal es que acabé el Doctorado que justo estaba a punto de empezar cuando me propusieron el proyecto que acabaría siendo *Historia de los samuráis*. Fueron casi cinco años muy duros, la verdad, pero valieron la pena, es increíble todo lo que se aprende investigando y escribiendo una Tesis Doctoral. La mía acabó resultando un ladrillo considerable de 742 páginas, llamada *Toyotomi Hideyoshi y Europa. Contactos entre el gobierno japonés y los portugueses y castellanos en el Japón de finales del siglo xvi*. Fue calificada con un excelente cum laude y, posteriormente, con un Premio Extraordinario de Doctorado; además, acabó convirtiéndose en mi segundo libro, titulado *Toyotomi Hideyoshi y los Europeos. Portugueses y castellanos en el Japón samurái* (Edicions de la Universitat de Barcelona, 2021). Y una vez tuve mi flamante título de doctor bajo el brazo, pues seguí haciendo lo que ya hacía, investigar y dar clase, y en ello estoy todavía... aunque nuestro sistema universitario pone muy difícil conseguir una mínima estabilidad laboral y a veces es desesperante, pero eso mejor lo dejamos para otro día. Por el lado extraacadémico, también he seguido haciendo lo mismo que venía haciendo desde 2011, cuando puse en marcha mi web, HistoriaJaponesa.com, es decir, compartir aquello que aprendo con quien esté interesado. Lo que ha cambiado desde entonces es, básicamente, el medio. Las tecnologías y la pandemia provocaron un giro hacia el formato online y audiovisual, y desde entonces he intentado aprovechar esa tendencia. Durante el confinamiento, la necesidad me llevó a tener que improvisar en un rincón de mi casa un pequeño estudio para poder dar algunas conferencias y clases online, y decidí ir mejorándolo poco a poco para darle más uso. Por otro lado, acabé convirtiendo mi web de un sitio donde había artículos escritos sobre historia japonesa a un sitio donde hay vídeos sobre historia japonesa. Mismo contenido, misma rigurosidad, pero en un formato distinto.

Volviendo a *Historia de los samuráis*, la segunda edición se ha ido agotando y tocaba ir a por la tercera, así que lo esperable habría sido, sencillamente, reimprimir. Corregir alguna errata, que siempre van saliendo —no importa las veces que revises el texto—, pero poco más. Sin embargo, yo quería aprovechar para cambiar alguna cosa más, aunque sigo estando completamente satisfecho con el contenido del libro. Sí, hay temas en los que me gustaría profundizar más, pero es que se supone que este libro es una introducción a la historia de los samuráis, no se puede profundizar mucho cuando hablas de más de mil años de historia y no quieres que sea un libro excesivamente largo. En ese sentido, creo que está bien como está, porque se trataba de que fuese una entrada a este tema, un vistazo a esos más de mil años, a los acontecimientos más importantes y los personajes más significativos, y eso es lo que es. Pero hay una parte que, cuando en estos últimos años le he vuelto a echar un vistazo, siempre me ha dejado con cierta sensación de insatisfacción. No porque lo que digo en esa parte esté mal, sino porque creía que lo podría desarrollar más y mejor. Me refiero al Epílogo. Cuando escribí el libro, decidí ceñirme a la historia pura y dura a lo largo de todos los capítulos y abordar el mito samurái al final, en un capítulo aparte, en el Epílogo, y creo que fue una decisión acertada. Sin embargo, no le dediqué mucho espacio, el justo para explicar lo que quería explicar. El caso es que, desde entonces, este tema de la creación y la utilización política del mito samurái lo he trabajado bastante, investigando más y utilizándolo incluso para dar charlas específicas sobre el tema. No creo que sea algo sobre lo que vaya a profundizar en el futuro lo suficiente como para dedicarle un libro -en principio-, pero sí me apetecía desarrollarlo un poco más. Y el Epílogo de este libro me parecía un sitio perfecto donde hacerlo, pero, claro, no se puede modificar lo que está impreso sobre el papel... a no ser que lo vuelvas a imprimir.

Por eso, cuando salió el tema de publicar una nueva edición de *Historia de los samuráis*, propuse aprovechar para cambiar el Epílogo, ampliándolo, desarrollando más el relato acerca de cómo y para qué se inventó el mito samurái, y cómo y para qué se ha ido promocionando desde entonces y hasta ahora. También, ya que nos poníamos, podría estar bien hacer un pequeño añadido a la Introducción —esto que estás leyendo—, para actualizarlo un poco, hablando de algunas cosas que han pasado desde 2016 y demás. A los amigos de Satori les pareció genial, y entonces surgió la idea de, en lugar de sencillamente reimprimir, sacar una versión en la que se viese que no era exactamente el mismo libro. Casi, pero no exactamente. Repasemos lo que ha cambiado y lo que no: hemos hecho una variación de la portada, aunque manteniendo la misma foto, porque es una foto increíble y aún nos tiene a todos enamorados; hemos añadido un Prólogo por parte del profesor Carlos Martínez Shaw, lo que es, sin duda, todo un lujo, porque es uno de los grandes nombres de nuestra academia en lo que a Historia Moderna se refiere, miembro de la Real Academia de la Historia, y fue, además, el presidente del tribunal que evaluó mi Tesis Doctoral; hemos añadido este breve texto a mi Introducción; después, el cuerpo del libro es exactamente el mismo, eso no cambia, solo hemos corregido un par de escurridizas erratas; hemos añadido más imágenes al ya generoso pliego de imágenes a color que hay en el centro del libro; y hemos cambiado el Epílogo, que aún conserva algunos fragmentos del anterior, pero es considerablemente más largo y trata el tema del mito samurái con bastante más profundidad. Espero sinceramente que os gusten estos cambios.

* * *

Tras renovar los agradecimientos que incluía en la Introducción original, porque sigo estando muy agradecido a todos los que aparecen en ella, quiero aprovechar esta nueva oportunidad para incluir a más gente. Así pues, quiero dar las gracias a Tuttle Publishing por publicar este libro en inglés, a Russell Calvert por traducirlo, y a Héctor García «Kirai» por ponerme en contacto con esta editorial tras una estupenda charla tomando un café en Tokio; a Alianza Editorial por volver a publicar este libro en castellano; a Anem Editors por publicarlo, dentro de muy poco, en catalán, haciendo posible así algo que me hacía muchísima ilusión, a Daruma Serveis Lingüístics por encargarse de la traducción y, de nuevo, a Satori, por poner todo este tema tan fácil; al profesor Carlos Martínez Shaw por prestarse a escribirnos un texto para este volumen, y también por haber sido miembro de mi Tribunal de Tesis, agradecimiento que hago extensivo, por tanto, a los otros dos miembros del mismo, los profesores Emilio Sola y Manel Ollé; a los profesores Oscar Jané, Ignasi Fernández Terricabras y otros compañeros —no todos— con los que he coincidido durante dos años de estancia postdoctoral en la UAB; a los compañeros y amigos de Espai Daruma, donde he dado clases, charlas y mil actividades en estos últimos años, también a su hermana Daruma Serveis Lingüístics, esta vez por haberme permitido traducir unos cuantos libros para ellos; a Fundación Japón, Casa Asia, el Consulado General de Japón en Barcelona, Japonia, la Xarxa d'exbecaris d'estudis i programes al Japó, y el Ricci Institute de la University of San Francisco; a todos los alumnos que he tenido, en la universidad y fuera de ella, y a todos los que se han acercado a alguna de mis charlas o siguen mis vídeos o mis desvaríos en Twitter; a todo el mundo que quizá ahora estoy olvidando mencionar; y, aunque sea repetición, a mi familia: mis padres, mi hermano y los suyos, pero, sobre todo, a Sören, Ginia y Tata, os quiero.

Jonathan López-Vera
Cerdanyola del Vallès, abril de 2024

1

La aparición de los samuráis

Los primeros guerreros

Trazar los orígenes de los samuráis resulta bastante complicado, ya que estos son, al fin y al cabo, guerreros, y en todas las civilizaciones —la japonesa no es una excepción—, los guerreros existen desde casi el mismo momento en que surge la propia civilización. Cuando el uso de la violencia o la coacción resulta más cómodo y fácil para la obtención de un bien concreto que la producción del mismo por los propios medios, quien tenga ese bien querrá defenderlo y quien lo anhele querrá tomarlo. En el caso de Japón, sabemos que en el periodo Yayoi (300 a. C.-300 aprox.) —dentro de su prehistoria, puesto que no contaban aún con escritura— se extendió el cultivo del arroz, y ello provocó que las poblaciones se asentasen en un lugar concreto y apareciera poco a poco un sentimiento de pertenencia a un territorio; además, a partir de este momento, los excedentes de las cosechas podían ser almacenados y ello causaba que fuesen susceptibles de ser robados por otros pueblos y, por tanto, hubiesen de ser defendidos. Apareció así la necesidad de guerreros que pudiesen conquistar poblaciones vecinas para robar sus excedentes en épocas de escasez y que a su vez fuesen capaces de defender los excedentes propios en épocas de bonanza. Al mismo tiempo, estas sociedades agrícolas sedentarias empezaron a estratificarse, dedicándose algunos individuos a tareas concretas: por ejemplo, sabemos por algunos yacimientos arqueológicos que se empezaron a fabricar utensilios de cerámica en serie, no fabricaba cada familia los que necesitaba, sino que los producía todos el más apto para ello y los intercambiaba por otros bienes. De la misma manera, solo algunos individuos se encargaron de las tareas de defensa del poblado, los más aptos, naciendo así la primera clase guerrera.

El siguiente cambio significativo —en lo que a nuestra temática concierne— se produciría en torno al año 450, dentro ya de un nuevo periodo, el llamado Kofun (300-552), con la llegada desde el continente de un animal hasta entonces inexistente en Japón: el caballo. Además de para muchos otros usos, el caballo podía utilizarse para el combate, haciendo que un ejército ganase una mayor movilidad y que un guerrero fuese mucho más letal, sobre todo si se enfrentaba con otro que se moviese a pie. El arma principal en ese momento —y lo sería durante un largo periodo— era el arco, y un ejército de arqueros que fuesen capaces de disparar desde caballos moviéndose a gran velocidad constituía, sin duda, una gran ventaja en el campo de batalla. Respecto a las armaduras y cascos, no eran aún los que reconocemos como propios de un samurái, sino unos muy parecidos a los que en la misma época se usaban en otras zonas de Asia Oriental, formados por tiras verticales de hierro, como podemos ver representados en algunos *haniwa*, unas rudimentarias figuras de arcilla típicas del periodo Kofun.

Las élites guerreras jugarían un papel fundamental en el proceso de unificación de Japón —o de una parte del mismo— a lo largo de estos primeros periodos y hasta la creación de una cierta estructura de Estado en la zona central del país, conocida como Yamato. En torno al año 600, la corte de Yamato decidió crear un gran ejército siguiendo el mismo sistema utilizado por la China de los Sui (581-618) y posteriormente de los Tang (618-907) —estamos en uno de los momentos de mayor influencia china sobre Japón—, basado en el reclutamiento obligado de hombres de entre veinte y sesenta años que, durante ciertas épocas del año, debían cumplir con tareas militares allí donde fuesen destinados, y además correr ellos mismos con los gastos de armas y resto del equipamiento. Pese a la ventaja que, como comentábamos, aportaba el uso militar del caballo, suponía también un gasto considerable, tanto por el coste del animal —equivalente a las ganancias de un campesino durante cinco años— y su manutención como por el tiempo necesario para aprender a montarlo y, sobre todo, a disparar certeramente mientras se galopa a toda velocidad. Así, los hombres obligados a realizar tareas militares, campesinos en su mayoría, conformaban la infantería, mientras que la caballería estaba formada solo por aquellos que podían permitírselo, principalmente

Fig. 1.1. Haniwa representando a un guerrero con armadura. Museo Nacional de Tokio.

miembros de las élites de las provincias. Estos ejércitos se destinaban básicamente a tres puntos del país: a la zona de la capital, para defender la corte de un posible ataque; a la isla meridional de Kyūshū, por ser la más cercana al continente y más susceptible, por tanto, de ser atacada por chinos o coreanos; y a la zona norte de la isla de Honshū, donde, sobre todo a finales del siglo VIII y principios del IX, se combatía a los *emishi*. Este es el nombre que se daba a ciertos pueblos pertenecientes a la cultura Jōmon, que habían habitado Japón mucho antes de la llegada de los yayoi, siendo estos últimos de quien se cree que descienden los actuales japoneses —aunque sobre este tema hay aún opiniones encontradas—, arrinconados cada vez más hacia el norte a fuerza de ser combatidos sin descanso. Como esta zona norte del país era la única en la que se daba un combate real, y no solo servicios de vigilancia y defensa pasiva, las élites guerreras de estas regiones ganaron una experiencia mucho mayor que las del resto del país. De las batallas contra los emishi aprendieron, por ejemplo, que las ligeras armaduras de cuero eran mucho más prácticas que las de metal para combatir, o que para que una espada pudiese ser lo suficientemente larga pero fácil de desenvainar a lomos de un caballo, era necesario que la hoja fuese algo curvada y no recta, como las que solían utilizar ellos hasta entonces. Estas son dos características que se mantendrían en la época de los samuráis. Además, la corte aprendió que un ejército formado en su mayoría por soldados a pie era muy poco eficaz frente a los emishi, que utilizaban el caballo y una estrategia de guerrillas que se aprovechaba de un alto grado de conocimiento del terreno. Así, en el año 792 se decretó el final del sistema de reclutamiento forzoso —aunque en algunas zonas del país se continuaría usando durante décadas—.

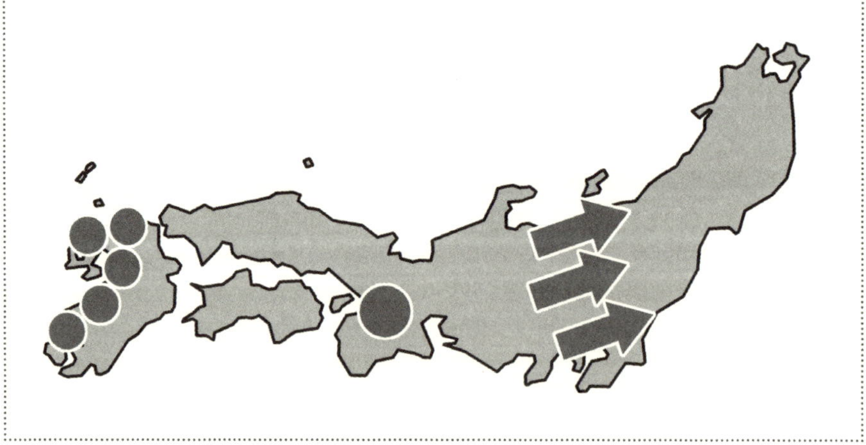

Fig. 1.2. Localización de las tres zonas en las que se situaba el grueso de las tropas de Yamato. Elaboración propia.

A mediados del periodo Heian (794-1185), llamado así por establecerse la capital en la ciudad de Heian-kyō, actual Kioto, se empezó a implementar el uso de los *shōen*, tierras agrícolas declaradas por el Gobierno como libres de impuestos durante tres generaciones para así potenciar su explotación. La proliferación de los shōen hizo que los terratenientes fuesen enriqueciéndose gracias a los impuestos que ellos sí recogían de los campesinos que trabajaban sus tierras y haciéndose así cada vez más poderosos. Algunos de estos terratenientes eran originarios de las provincias en las que estaban sus tierras, pero muchos otros residían en la capital y no podían o no querían gestionar sus shōen directamente, por lo que delegaban esta tarea en familias de la zona, normalmente clanes militares locales con los que tuviesen algún parentesco, que actuaban de intermediarios y recaudaban los impuestos, llevándose un jugoso porcentaje a cambio. El gobierno central estaba ya en un proceso de decadencia que mermaba su capacidad de mantener un control directo sobre todo el territorio, y esto, ligado a la llegada de épocas de escasez generalizada, provocó un aumento del bandolerismo y de la violencia en las provincias que el Gobierno no podía combatir. Por ello, se empezó a delegar estas tareas en las élites locales, que fueron militarizándose cada vez más y contando con los servicios de soldados profesionales; podríamos decir que se privatizó tanto el ejército como la policía, renunciando el Gobierno a mantener un ejército propio y convirtiendo a los guerreros profesionales en las «garras y dientes» del Estado —como suelen describir el fenómeno los historiadores japoneses—. Algunas de estas élites guerreras protagonizaron peligrosas rebeliones a mediados del siglo x y la corte utilizó a su vez a otros grupos de guerreros profesionales para sofocarlas, a cambio de puestos de gobernador o rangos bajos en la aristocracia, con lo que su estatus empezó a aumentar. Además, algunas familias cortesanas, ramas menores de clanes importantes, fueron enviadas también a las provincias con cargos de gobernadores, para aligerar el peso de una corte cada vez más costosa. Dos de estas familias fueron los Taira, establecidos principalmente en el suroeste, y los Minamoto, en el noreste, emparentadas ambas con la familia imperial; ambas desarrollarían pronto un papel protagonista en la historia japonesa.

Los primeros samuráis

Las provincias y las zonas fronterizas no eran los únicos lugares donde estos guerreros profesionales desempeñaban sus tareas militares, la misma corte estaba bajo la constante amenaza de algunos poderosos monasterios budistas cercanos a la capital, como el Enryaku-ji, el Onjō-ji o el Kōfuku-ji. Estos templos contaban con sus propios ejércitos de monjes guerreros, que a partir de principios del siglo XI se dirigían a menudo a Kioto —se adoptó este nuevo nombre para la capital durante este siglo— para presionar a la corte en la toma de decisiones que pudiesen estar relacionadas con sus intereses, bajo la amenaza de sembrar allí el caos si no se atendía a sus peticiones, tanto por medio de la violencia directa como en forma de maldiciones divinas que supuestamente tenían la capacidad de invocar. Este fue uno de los motivos por los que algunos de los clanes militares de las provincias fueron llamados a la capital, siéndoles encargada su defensa. Podríamos aventurarnos a decir que es a partir de este momento cuando podemos empezar a utilizar la palabra samurái para designar a estos guerreros al servicio directo de la corte. Algunas familias pertenecientes a los clanes Taira y Minamoto se dedicaron a estas tareas militares protegiendo la capital y, especialmente los primeros, fueron progresivamente ganando mayores cuotas de poder a principios del siglo XII gracias a las importantes relaciones sociales y políticas que fueron tejiendo con la aristocracia cortesana.

Origen de la palabra samurái

El término más adecuado para denominar a un guerrero japonés es el de *bushi*, que empezó a utilizarse a finales del periodo Heian, coincidiendo con lo que estamos explicando en estas páginas. Antes de este momento, encontramos diferentes palabras para este mismo concepto, como *tsuwamono* o *musha*, con diferentes orígenes y matices en los que sería complicado adentrarnos, pero cabe tener en cuenta que siempre nos estamos refiriendo a guerreros profesionales, muy distintos a los soldados reclutados entre el campesinado para desarrollar tareas militares durante cierto periodo del año.

La palabra samurái tiene un origen bastante alejado de lo que ha acabado significando y por el que la usamos, derivando de un antiguo verbo, *saburau*, que equivaldría a «servir a un superior», de donde procede la palabra *saburai*, «el que sirve a un superior», cuya pronunciación acabaría variando al término que usamos actualmente. En un principio, en el temprano siglo VIII, se llamaba así a los sirvientes domésticos que atendían las casas de los nobles y realizaban para ellos todo tipo de tareas; pero cuando los guerreros profesionales empezaron a trabajar para los cortesanos de Heian-kyō, se pasó a utilizar también para ellos. Con el tiempo, esta palabra fue perdiendo su significado original y acabó designando únicamente a los miembros de estos clanes guerreros y, a partir de finales del siglo XVI, a toda una clase social a la que solo podía accederse por nacimiento, así, el hijo de un samurái se convertía automáticamente en samurái y esta era la única forma —con algunas excepciones, como veremos más adelante— de serlo.

A partir de este punto, utilizaremos indistintamente tanto samurái como bushi, o su traducción, «guerrero».

Este ascenso de los Taira dentro de la corte venía facilitado por el declive del poder de la familia Fujiwara, que había gobernado *de facto* desde finales del siglo X, ostentando algunos de sus miembros de forma casi permanente el papel de regente cuando, como solía ser bastante habitual, el emperador era menor de edad. Era además muy común que los emperadores se casasen con hijas de la familia Fujiwara, con lo que sus hijos, y entre ellos el siguiente emperador, estaban ligados naturalmente a este clan y eran así aún más fáciles de mantener bajo control. Si el emperador era mayor de edad, su regente Fujiwara pasaba a ocupar el cargo de consejero jefe, desde donde continuaba ejerciendo el gobierno real —iremos viendo constantemente que en Japón quien detenta el poder nominal no suele coincidir con quien lo ejerce en realidad—. Pero, como decíamos, la familia Fujiwara había ido perdiendo poder ya a principios del siglo XII y eran continuos los enfrentamientos entre miembros del clan o con distintos emperadores y exemperadores —enfrentados también entre ellos—.

Emperador retirado

El actual emperador de Japón, Naruhito (1960), es el 126.° en ocupar el trono japonés, siendo así esta la monarquía hereditaria más antigua de las existentes actualmente en el mundo. Pese a ello, los primeros soberanos de esta lista, entre diez y quince dependiendo de la fuente, se consideran parte únicamente de la mitología y solo se está de acuerdo en que realmente existiesen a partir del emperador Ōjin (siglo III). Además, algunos historiadores creen que la línea dinástica se interrumpió a principios del siglo VI y que los monarcas anteriores al emperador Keitai —26.° de la lista— pertenecían a otra dinastía. Sea como fuere, en lo que sí hay un completo consenso es en que, de todos ellos, solo unos pocos han ejercido un poder real.

Podríamos decir que siempre ha habido un emperador, pero que durante la mayor parte de la historia otros han gobernado en su nombre. Estos otros han ido variando a lo largo del tiempo. A veces se ha tratado de regentes, porque el emperador era menor de edad y alguien debía encargarse de gobernar temporalmente, aunque esta situación se alargaba frecuentemente si el regente convencía al emperador recién llegado a la mayoría de edad de la necesidad de abdicar en favor de algún primo o hermano menor; y otras veces el emperador moría misteriosamente. Estos regentes solían pertenecer a una misma familia y usualmente se emparentaban con la propia familia imperial, siendo los Fujiwara el caso más representativo. A partir de la llegada de los caudillos militares hereditarios en el siglo XII, los *shōgun*, eran estos quienes ejercían el poder, aunque supuestamente actuaban por mandato del emperador.

Otro caso, el que nos ocupa ahora, es el de los emperadores retirados. Cuando un emperador, viendo que no podía ejercer ningún poder real por vivir sujeto a infinidad de rituales y ceremonias que ocupaban la mayor parte de su tiempo, y por estar inmerso en una complicada maquinaria administrativa y burocrática con regentes y consejeros que él no había podido elegir y que eran quienes realmente tomaban las decisiones, optaba por abdicar y retirarse. A veces el retiro consistía en hacerse monje, en cuyo caso suele hablarse de emperadores enclaustrados, pero no siempre era así. De una u otra forma, a partir de ese momento disponía de mucho más tiempo y podía rodearse de un equipo de asesores y personas de confianza elegidas por él mismo, y además era el padre del nuevo y jovencísimo emperador, con lo que podía ejercer una gran influencia sobre él por ser no solo su padre, sino también el patriarca de la familia imperial. Esta situación le colocaba en una situación perfecta para gobernar indirectamente.

Este fenómeno se dio durante prácticamente un siglo, de finales del XI a finales del XII, con tres emperadores retirados consecutivos, y se ha repetido en varias ocasiones, tanto antes como después de ese momento. Si el sistema ya parece complicado tal y como lo hemos explicado, cabe añadir que el mismo sistema se dio igualmente en otros cargos, como el de regente, existiendo la figura del regente retirado, o el de shōgun —lo iremos viendo a lo largo de todo nuestro relato—. Así, en algunos momentos nos encontramos con que un shōgun retirado ejerce el poder en la sombra mientras que en teoría quien gobierna es el shōgun, que lo hace en nombre del emperador, aunque este está totalmente influenciado por la presencia tanto de su regente como de su padre, el emperador retirado. Encontraríamos algunos casos aún más complicados y retorcidos, pero baste este ejemplo como muestra. En conjunto, podríamos hablar de una difuminación del gobierno que hace que a lo largo de la historia japonesa no sean demasiados los nombres propios que destacan por haber concentrado un gran poder en su persona, y por ello acostumbramos a hablar más bien de familias o clanes.

En 1156 se produjo un conflicto dentro de la corte en el que, por primera vez, intervinieron militarmente los samuráis, tanto del clan Taira como Minamoto, la conocida como Rebelión Hōgen. Una disputa entre el emperador Go-Shirakawa (1127-1192) y el emperador retirado Sutoku (1119-1164) acerca de la sucesión al trono acabó con la creación de dos bandos que apoyaban a cada uno de ellos, estando cada bando formado por sectores tanto del clan Fujiwara como del Taira, como del Minamoto, lo que produce sin duda un cuadro bastante complicado de analizar. Por hacer las cosas más sencillas, podríamos decir que el líder de los Taira —llamado Taira Kiyomori (1118-1181)— apoyaba al emperador, mientras que el líder de los Minamoto —Minamoto Tameyoshi (1096-1156)— apoyaba al emperador retirado, aunque esto no debe entenderse como un conflicto de los Taira contra los Minamoto. El enfrentamiento cortesano, no muy distinto a otros que se habían dado en anteriores crisis sucesorias, no se iba a solucionar en la esfera de la política o la diplomacia, como en esas otras ocasiones, puesto que esta vez entraba un nuevo factor en la ecuación: el poder militar. Así, a mediados de julio, el bando del emperador Go-Shirakawa, capitaneado por el líder de los Taira y tras haber impedido la llegada a la capital de gran parte del ejército enemigo, atacó el palacio del emperador retirado Sutoku con una fuerza de unos seis mil soldados a caballo, tomando por sorpresa a los defensores y prendiendo fuego al edificio. Sutoku pudo escapar con vida, pero fue apresado poco después y condenado al exilio en la isla de Shikoku, de donde nunca volvió. En los siguientes días, los cortesanos que habían apoyado a Sutoku fueron también exiliados y los samuráis de ese mismo bando, condenados a muerte. Habiendo miembros de los clanes Taira y Minamoto en ambos lados, se dieron algunos gestos que definen muy bien la peculiar cultura samurái, que veremos repetir en posteriores ocasiones: el líder del clan Minamoto, Tameyoshi, fue ejecutado por su propio hijo, Minamoto Yoshitomo (1123-1160), que peleaba en el bando de Go-Shirakawa; mientras que el líder Taira, Kiyomori, fue el encargado de ejecutar a su tío Tadamasa (¿?-1156). Terminado el conflicto, tanto los Minamoto como los Taira estaban en el bando ganador, pues Yoshitomo era ahora el líder de su clan. Ambas familias samurái fueron recompensadas por la ayuda prestada al emperador, aunque de una forma bastante discreta, puesto que, para la corte, no dejaban de ser simples servidores que hacían lo que se les ordenaba. Quizá la mayor recompensa que obtuvieron los samuráis fue la de saber que ahora tenían el poder real de decidir quién gobernaba el país, y que solo era cuestión de tiempo el que apareciese el momento más oportuno para utilizarlo.

Fig. 1.3. *Tachi* —un tipo de espada, muy parecida a la conocida *katana*— de Minamoto Yoshitomo. Museo del templo Kongōshō-ji, Ise. Fotografía tomada por el autor, febrero de 2015.

Solamente tres años más tarde, entre 1159 y 1160, con Go-Shirakawa convertido ya en emperador retirado y su hijo de quince años en el trono como emperador Nijō (1143-1165), se produjo un nuevo conflicto, la llamada Rebelión Heiji. Go-Shirakawa pretendía controlar la corte desde su cómoda posición de emperador retirado, como lo había hecho Sutoku antes que él, pero esas intenciones no parecían ser compatibles con las de su hijo, quien, pese a su corta edad, estaba decidido a no ser la marioneta de nadie, ni siquiera de su padre, y fue buscando apoyos dentro de la corte para reforzar su posición. Siendo los Taira muy cercanos a Go-Shirakawa, los Minamoto optaron por apoyar a Nijō, estando esta vez los dos clanes claramente posicionados cada uno en un bando —con pequeñas excepciones—, a diferencia de lo que hemos visto en la Rebelión Hōgen; por lo tanto, en esta ocasión, solo una de las dos familias se alzaría con la victoria. Aprovechando que Taira Kiyomori estaba fuera de la capital en un viaje de peregrinación religiosa en Ise, Minamoto Yoshitomo vio una oportunidad perfecta para pasar a la acción. Asaltó el palacio de Go-Shirakawa y lo llevó al de su hijo, a quien también tenía bajo vigilancia; en cierto modo su maniobra no iba tanto encaminada a defender al emperador como a atacar los intereses de los Taira. Se ejecutó al principal consejero de Go-Shirakawa, un Fujiwara que ejercía una gran influencia sobre el emperador retirado y que era uno de los principales aliados de los Taira, se colocó en su lugar a otro Fujiwara, Nobuyori (1133-1160), aliado de los Minamoto —y uno de los instigadores de toda la maniobra— y se decretó la destitución de Taira Kiyomori de sus cargos y títulos. Lógicamente, las noticias de lo que estaba sucediendo en Kioto llegaron a oídos de Kiyomori, que regresó inmediatamente a la capital. En un primer momento aceptó la nueva situación, viendo que no había mucho que pudiese hacer para cambiarla, pero pocos días después todo dio un giro radical cuando el emperador Nijō, descontento con la forma en la que Nobuyori y Yoshitomo estaban actuando, escapó de su palacio vestido de mujer y se refugió en el de Taira Kiyomori. Así, no contando con la aprobación del emperador, los Minamoto pasaban a ser considerados rebeldes en su contra, mientras que los Taira se convertían oficialmente en sus defensores. El enfrentamiento armado no se hizo esperar y, solo un día después de la huida del emperador Nijō, los Taira atacaron el palacio en el que se encontraban los Minamoto, haciéndolos salir; una vez fuera, estos recompusieron sus fuerzas y decidieron ser ellos los que atacasen la base de los Taira, pero fueron aplastados por los defensores y obligados a retirarse y huir de la capital. Todo se había resuelto en menos de un día.

Fujiwara Nobuyori fue condenado a muerte y ejecutado, mientras que Minamoto Yoshitomo fue asesinado cuando intentaba escapar de Kioto; sus hijos fueron también condenados a muerte —según la costumbre de la época—, aunque finalmente Kiyomori perdonó la vida a tres de ellos, Yoritomo (1147-1199), de trece años, Noriyori (1156-1193), de tres, y Yoshitsune (1159-1189), que era entonces solo un bebé. El primero fue absuelto a petición de la madrastra del propio Kiyomori, convertida en monja budista tras enviudar, quien imploró al líder de los Taira que el joven Yoritomo no fuese ejecutado porque le recordaba a un hijo que había perdido hacía años y que tendría su misma edad de continuar vivo. Pese a las peticiones de sus consejeros, que consideraban muy importante acabar con cualquier potencial liderazgo Minamoto, Kiyomori decidió complacer las peticiones de su madrastra y desterró al joven Yoritomo a una isla en la provincia de Izu, donde viviría bajo la constante vigilancia de miembros del clan Taira. En cuanto a sus hermanastros Noriyori y Yoshitsune, otra mujer sería la causante de su perdón, su propia madre en este caso, la dama Tokiwa (1138-1180), quien había sido concubina del ejecutado líder Minamoto; Kiyomori tenía intención de que a partir de ese momento pasase a ser su concubina, pero ella se negó en redondo en un principio, y terminó accediendo solo con la condición de que sus hijos Noriyori y Yoshitsune no fuesen ejecutados. Esta condición fue aceptada, para mayor descontento de los consejeros de Kiyomori, y los pequeños fueron enviados a un monasterio para ser criados y educados como sacerdotes. Desde ese momento, Taira Kiyomori se haría con el control del gobierno de Japón, pero pronto llegaría el día en el que lamentase haber perdonado la vida a los hijos de Yoshitomo.

Los samuráis controlan la corte

Con los Minamoto fuera de escena —al menos por el momento— Taira Kiyomori no se contentó esta vez con una sencilla recompensa en forma de tierras o con algún cargo de mediana importancia dentro de la corte. Sabedor de que prácticamente había salvado al emperador y de que además lo había hecho en un cortísimo espacio de tiempo, sus miras estaban puestas mucho más arriba, y ya no habría ningún otro clan samurái que pudiera impedirlo. La enemistad manifiesta entre el emperador Nijō y su padre, Go-Shirakawa, sería aprovechada por Kiyomori, quien mediando en sus continuos conflictos, iría ascendiendo escalones dentro de la corte. Este sistema bicéfalo de gobierno, con un emperador en activo y un emperador retirado compitiendo entre ellos por ejercer la mayor influencia posible sobre los asuntos de la corte, dejaba una grieta por la que alguien avispado y con sed de poder podía trepar hasta la cima. De esta forma, en los años posteriores a la Rebelión Heiji, Kiyomori fue ocupando puestos cada vez más importantes dentro de la estructura política de la capital —acompañado de otros miembros del clan Taira ,
en una escalada meteórica, haciéndose en 1167 con el cargo de gran ministro y pasando desde ese momento a ostentar el gobierno *de facto* del país. Abandonó oficialmente el cargo solo tres meses después, convirtiéndose en algo así como un gran ministro retirado, y poco después se hizo monje, apartándose supuestamente de la escena política a causa de problemas de salud. Pese a ello, continuó manejando los hilos de la corte. Además, tal y como habían hecho los Fujiwara hasta entonces, y en una cada vez más estrecha cooperación con el siempre presente

Fig. 1.4. Taira Kiyomori, en la última etapa de su vida, ya con la cabeza rapada y atuendo de monje. Obra de Kikuchi Yōsai, perteneciente a *Zenken Kojitsu*, colección de biografías de personajes históricos japoneses.

Go-Shirakawa —que también se había hecho monje—, emparentó muy hábilmente a su propio clan con la familia imperial.

Pese a que hemos dicho que Taira Kiyomori y su clan controlaban el gobierno de Japón, sería aún demasiado pronto hablar de un gobierno samurái, puesto que lo que hicieron los Taira fue continuar con la política que se había desarrollado anteriormente a su llegada, adaptándose ellos al funcionamiento de la corte, y no al contrario. Podríamos resumirlo diciendo que había un samurái en el gobierno, pero no un gobierno samurái. Cuando Kiyomori era un guerrero de provincias, defendía la idea de una mayor organización política de los propietarios locales en contra de los intereses de la corte, pero en este momento, formando parte de la jerarquía cortesana —sentado cómodamente, de hecho, en el escalón superior—, su política era la propia del centralismo más acérrimo y autoritario.

El perdón a los jóvenes descendientes del clan Minamoto, su relación con el emperador retirado Go-Shirakawa y el progresivo alejamiento de los clanes guerreros de las provincias serían factores clave en uno de los mayores momentos de cambio dentro de la historia japonesa, que se daría entre los años 1180 y 1185.

2
Las Guerras Genpei

Jóvenes samuráis en el exilio

Minamoto Yoritomo, de trece años de edad, se había convertido en el líder de su clan tras la muerte de su padre en 1160, pero, aunque los Taira le habían perdonado la vida, había sido condenado a vivir exiliado bajo el control y vigilancia de sus enemigos. Fue enviado a un pequeño pueblo llamado Nirayama, en la provincia de Izu, actual prefectura de Shizuoka, donde era habitual que la corte Heian exiliase a aquellos condenados por crímenes de tipo político. Allí viviría en casa del señor del lugar, Itō Sukechika (¿?-1182), emparentado con los Fujiwara pero en las filas de Taira Kiyomori; además, el joven señor de Izu, Hōjō Tokimasa (1138-1215), emparentado con los Taira, se encargaría de supervisar el trabajo de Itō haciéndose cargo del joven. Así, Yoritomo estaba bajo el control directo y férreo de los enemigos del clan que ahora lideraba, aunque estuviese completamente incomunicado y alejado del resto de sus miembros. De esta forma pasaron veinte largos años durante los que tuvo tiempo para estudiar concienzudamente lo que le había sucedido a su clan y prepararse para cuando llegase el momento de la venganza. Tuvo también tiempo para otros temas, como cortejar a una joven dama, precisamente a la hija mayor de Hōjō Tokimasa, llamada Masako (1156-1225), poco después de pasar a vivir en casa de los Hōjō debido a sus constantes problemas con Itō Sukechika. Obviamente, Tokimasa sabía que casar a su hija con el líder de los Minamoto no era una buena idea de cara a Taira Kiyomori, por lo que se apresuró a comprometerla con el gobernador de Izu, un Taira llamado Kanetaka (¿?-1180). Y, por el momento, dejamos aquí a Yoritomo.

Fig. 2.1. Estatua de Minamoto Yoritomo, Kamakura.
Fotografía tomada por el autor, febrero de 2015.

En cuanto a sus hermanastros, no sabemos nada del mayor de ellos, Noriyori, durante los veinte años siguientes al momento en el que le fue perdonada la vida, pero volverá a aparecer en 1180, saliendo casi de la nada. De la infancia y juventud de Yoshitsune sí tenemos alguna información, si bien gran parte de ella entra dentro del campo de la leyenda y a veces es complicado diferenciar datos reales y ficticios. Sabemos que fue enviado al Kurama-dera, un templo en el monte Kurama, cerca de Kioto, donde debía estudiar para convertirse en sacerdote, aunque pronto demostró estar poco interesado en las escrituras búdicas y mucho más inclinado por los textos de carácter militar, como el clásico chino *El arte de la guerra* de Sun Tzu (544 a. C.-496 a. C.). La vida en el templo resultó ser demasiado tranquila para un Yoshitsune hambriento de acción, siempre soñando con viajar al norte de Japón, donde había una permanente lucha con los emishi, por lo que acabaría escapándose siendo apenas un adolescente a la provincia de Mutsu —la más septentrional de la isla de Honshū— acompañando a un mercader ambulante que tenía tratos con el templo. Se dice que los monjes de Kurama se alegraron de ver marchar al problemático muchacho. En Mutsu acabó viviendo en casa de Fujiwara Hidehira (1122-1187), gobernador de la provincia y perteneciente a una rama del clan Fujiwara, quien se convirtió rápidamente en su protector y benefactor.

Minamoto Yoshitsune

La falta de información acerca de la vida de Yoshitsune durante los años transcurridos desde su llegada al templo Kurama-dera, siendo un bebé, hasta su participación en las guerras Genpei deja tantos huecos que estos fueron rellenándose con muchas historias, rumores y leyendas a lo largo del tiempo. Según esta especie de mitología creada en torno a su figura, el joven Yoshitsune —conocido como Ushikawa-maru cuando vivía en el templo— había entablado amistad con Sōjōbō, el rey de todos los *tengu*, quien vivía en el monte Kurama. Los tengu son una especie de deidades menores, podríamos calificarlos como un tipo de duendes o demonios, representados normalmente con hábitos de monje de las montañas sobre un cuerpo de cuervo con forma humana, o como un hombre con la piel roja, el pelo blanco y la nariz muy larga; son expertos luchadores y normalmente se dedican a sembrar el caos. En las historias de Ushikawa-maru, gracias a su amistad con Sōjōbō, los tengu se dedicaron a entrenar al muchacho por las noches, cuando se escapaba del templo para adentrarse en el bosque. Ellos le enseñaron a pelear, a usar la espada y el arco, a diseñar tácticas militares y —según algunas historias— incluso magia, para que pudiese vengarse de los Taira. Las leyendas no solo nos hablan de su niñez, también hay una muy famosa que afirma que no murió cuando creemos que murió, sino que consiguió escapar, se marchó de Japón al continente y allí acabó siendo conocido nada menos que como Genghis Khan (1162-1227), algo que —pese a que encajaría cronológicamente— resulta casi imposible de creer.

Algo que sí sabemos es que desde muy joven y hasta su misma muerte estuvo siempre acompañado por el más famoso monje guerrero de la historia japonesa, Musashibō Benkei (1155-1189), también conocido como Benkei, sobre quien circulan gran cantidad de leyendas. Una de ellas es justamente la que explica cómo conoció a Yoshitsune y pasó a ser su mano derecha: se cuenta que un buen día Benkei se apostó en un concurrido puente de Kioto, dispuesto a retar a cualquier bushi que se atreviese a luchar con él, con la condición de que

Fig. 2.2. Estatua de Yoshitsune en Dan no Ura.

si ganaba el combate se quedaría con la espada de su contendiente; así estuvo durante días, venciendo a todos los que se enfrentaban con él y almacenando 999 espadas; pero no pudo llegar a redondear esa cifra porque su adversario número mil fue el joven Yoshitsune, quien lo derrotó y a quien en señal de respeto pasó a servir incondicionalmente desde ese día. Otra de las famosas leyendas acerca de Benkei es la que nos explica cómo murió —pero ya llegaremos a ella en el próximo capítulo—.

Yoshitsune es sin duda un personaje muy conocido y estimado por todos los japoneses, considerado como uno de los mayores héroes de su historia y representado en infinidad de cuadros, novelas, obras de teatro, películas, videojuegos, canciones, etcétera.

Así, hacia 1180 tanto Yoritomo como Yoshitsune —Noriyori sigue siendo una incógnita— se encontraban bajo la protección de poderosos señores, Hōjō Tokimasa y Fujiwara Hidehira, en un principio afines a Taira Kiyomori..., aunque en tiempos de guerra las fidelidades resultan ser a veces algo muy frágil.

Primera fase: estalla el conflicto

Como explicábamos en el capítulo anterior, a partir de 1167 Taira Kiyomori podría considerarse como el máximo gobernante de Japón y desde entonces fue granjeándose enemistades tanto dentro de la corte como fuera. Los clanes guerreros de las provincias vieron como los Taira de Ise —como se conoce a la rama de Kiyomori, que proviene de esa provincia— se acomodaron rápidamente a la vida cortesana, adoptando sus maneras y olvidando los intereses propios de la clase guerrera que antaño defendían, por lo que cada vez había más clanes por todo el país descontentos con la política de su gobierno. La aristocracia de Kioto tampoco estaba satisfecha con la nueva situación, puesto que poco a poco los miembros del clan Taira habían ido accediendo a puestos de responsabilidad dentro de la corte, desplazando a los aristócratas, que veían cómo unos simples guerreros, meros sirvientes desde su punto de vista, se hacían con un lugar que ellos creían que les pertenecía por derecho.

La situación se complicó aún más a partir de 1177, cuando se descubrió un complot dentro de la corte para acabar con los Taira y resultó que algunos de los implicados eran hombres de confianza de Go-Shirakawa, que fueron ejecutados o exiliados, lo que tensó mucho las relaciones entre Kiyomori y el emperador retirado. Dos años más tarde, el líder Taira daría un golpe definitivo al destituir a casi cuarenta allegados de Go-Shirakawa de sus cargos en la corte y confiscar sus tierras, que pasaron automáticamente a ser patrimonio del clan, e incluso poner al mismo emperador retirado bajo arresto domiciliario. De esta forma, Kiyomori no solo se enemistaba definitivamente con Go-Shirakawa —obviamente—, sino que también lo hacía con gran parte de la corte y con algunos de los poderosos templos de las afueras de la capital, muy cercanos al emperador retirado. En este momento, a Kiyomori solo le faltaba un último escalón para llegar a lo más alto, y lo subiría en 1180, obligando al emperador Takakura (1161-1181) —cuarto hijo de Go-Shirakawa— a abdicar en favor de su hijo Antoku (1177-1185), de dos años de edad. El motivo es muy sencillo, Antoku no solo era nieto por vía paterna de Go-Shirakawa, lo era también del mismo Kiyomori por vía materna, pues este había casado a su segunda hija con Takakura. De esta forma, el nuevo emperador era mitad Taira y además muy joven para reclamar ningún tipo de poder, con lo que Kiyomori, teniendo a Go-Shirakawa bajo arresto, podía gobernar Japón con aún más autoridad que antes. El clan Taira ocupó entonces definitivamente los más altos puestos tanto dentro de la corte como en las provincias, asumiendo el cargo de gobernador en muchas de ellas.

Al sentar en el trono al pequeño Antoku, alguien se sintió especialmente ofendido: el príncipe Mochihito (1151-1180), tercer hijo de Go-Shirakawa, a quien no era la primera vez que se ignoraba para ocupar el cargo, y que esta vez no estaba dispuesto a tolerarlo. Kiyomori, ganándose la enemistad de prácticamente todo el país, había ido preparando una bomba de relojería bajo sus pies y Mochihito estaba a punto de poner en marcha el temporizador, desencadenando la mayor guerra que había visto Japón hasta ese momento: las guerras Genpei. A este conflicto se le

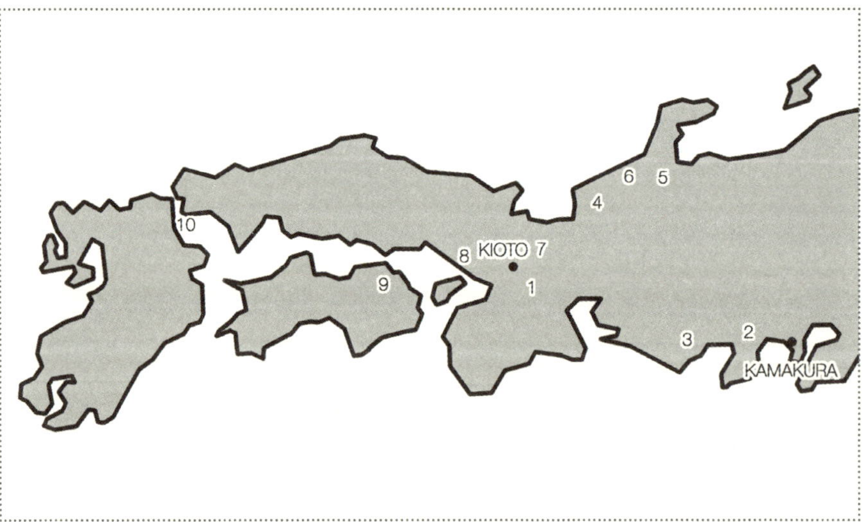

Fig. 2.3. Principales batallas de las guerras Genpei. 1, Uji (1180) - 2, Ishibashiyama (1180) - 3, Fujigawa (1180) - 4, Hiuchi (1183) - 5, Kurikara (1183) - 6, Shinohara (1183) - 7, Awazu (1184) - 8, Ichi no Tani (1184) - 9, Yashima (1185) - 10, Dan no Ura (1185). Elaboración propia.

llama también guerra Genpei, en singular, dependiendo de si se entiende como un conjunto de batallas de una misma guerra o de una serie de pequeñas guerras. En cuanto al nombre, surge de los apellidos de los dos clanes, Minamoto y Taira, cuyos caracteres pueden leerse también como Genji y Heike, y al tomar el primero de cada apellido, *Gen* y *Hei*, y unirlos, variando la pronunciación del segundo, de *Hei* a *Pei* —algo bastante común en japonés en este tipo de compuestos—; con lo cual, el significado no es más que «guerras entre los Minamoto y los Taira».

El indignado príncipe Mochihito promulgó un edicto a mediados de ese mismo año 1180 pidiendo tanto a los Minamoto como a otros clanes y a varios templos de todo el país que se uniesen para combatir a Taira Kiyomori. Mochihito contaba con el apoyo de Minamoto Yorimasa (1106-1180), el único de su clan que había permanecido en la corte tras la Rebelión Heiji por haberse inclinado entonces en favor de Kiyomori, aunque sus preferencias habían ido cambiando durante los siguientes años. Obviamente, tras publicar este llamamiento a la rebelión contra el Gobierno, Mochihito le había puesto precio a su propia cabeza, por lo que huyó de Kioto refugiándose en el templo Onjō-ji —también conocido como Mii-dera—, cuyos monjes guerreros podrían protegerlo, junto con los hombres de Yorimasa. Pero solo unos días más tarde, un ejército Taira atacó el templo, obligando a Mochihito, Yorimasa, sus hombres y

Monjes guerreros

Durante buena parte de la historia japonesa, los distintos monasterios budistas jugaron un papel muy importante dentro de la política del país. Con la proliferación del budismo en Japón durante el periodo Nara (710-794), religión que había llegado a las islas a mitad del siglo VI, algunos templos empezaron a tener cada vez un mayor poder, muy favorecidos por distintos emperadores y aristócratas, especialmente aquellos situados en la entonces capital, Nara. Su influencia llegó a ser tan grande que uno de los motivos por los que se decidió cambiar la capitalidad a Heian-kyō, Kioto, en 794 fue precisamente para escapar de su poder, aunque a partir de ese momento, los templos del monte Hiei, cercano a Kioto, empezaron también a ejercer su influencia y, además, los de Nara se sintieron traicionados, lo que promovió grandes rivalidades. Porque estos templos no solo tenían conflictos con la corte de la capital primero y con los clanes samurái después: la mayor parte de ellos se daban entre distintos templos, y no por motivos religiosos, puesto que los principales templos pertenecían a la misma corriente budista, sino por razones meramente económicas y políticas.

Y si en muchos aspectos podemos comparar estos monasterios con un terrateniente más, también es así en el aspecto militar, puesto que de la misma forma en que —como vimos en el primer capítulo— los señores de provincias se fueron militarizando y formando sus propios ejércitos, los monasterios hicieron exactamente lo mismo, y es ahí donde aparece la figura de los *sōhei* o monjes guerreros. Pese a que el budismo prohíbe el uso de la violencia y las armas, estos monjes eran expertos en el uso de la espada y el arco, aunque su arma más característica era el *naginata*, un tipo de lanza con la hoja curva. Como monjes que eran, llevaban la cabeza rapada y una especie de túnica, aunque en la batalla llevasen debajo de esta casi una armadura completa. Además, a las armas propias de un samurái añadían algunas exclusivas suyas, como un rosario budista con el que lanzaban maldiciones, algo que hoy puede parecernos inocente, pero que en aquella época infundía un temor muy serio.

Ya a finales del siglo x y principios del xi empezó a ser habitual que grandes grupos de sōhei se dirigiesen a Kioto en una especie de amenazadoras manifestaciones para presionar a la corte y así conseguir que esta tomase decisiones que les beneficiasen a ellos. De no ser complacidos, podían sembrar el caos en la ciudad y proferir toda clase de maldiciones y malos augurios. Muchas veces, incluso, portaban con ellos una especie de pequeños templos portátiles supuestamente sagrados —como los que vemos hoy día salir en procesión por las calles de todo Japón en algunas fiestas concretas— para infundir un mayor respeto.

Con la llegada de los bushi a la corte, la situación cambió considerablemente, puesto que estos no eran tan supersticiosos como los

Fig. 2.4. Recreación de finales del siglo xix de un monje guerrero del siglo xii. Fotografía de Ogawa Kazumasa.

aristócratas, y para ellos no suponía demasiado problema el enfrentarse con los monjes guerreros, a los que veían más como guerreros que como monjes. Una escena ilustra perfectamente este cambio de perspectiva, atribuida a un joven Taira Kiyomori en 1146, cuando aún no había heredado el liderazgo del clan: en una disputa entre algunos de sus hombres y unos sōhei, Kiyomori realizó una clarísima declaración de intenciones disparando una flecha directamente al templo portátil que llevaban los monjes consigo, dando de lleno en el pequeño gong que colgaba en la parte frontal. El sonido de ese gong marcó simbólicamente el inicio de una nueva era en lo referente al poder de estos monasterios, un sonido que muchos otros señores samuráis se encargarían de amplificar en las décadas y siglos posteriores, destacando entre ellos Oda Nobunaga en el siglo xvi —pero eso lo veremos más adelante—.

algunos monjes a escapar en dirección a Nara. Fueron interceptados a la altura de un pueblo llamado Uji, donde se entabló la que se conoce como batalla de Uji, con la que empiezan las guerras Genpei. Las fuerzas Taira eran claramente superiores, por lo que Mochihito, Yorimasa y unos pocos más se refugiaron en el templo Byōdō-in sabiendo que no podrían vencer. El veterano Minamoto prefirió suicidarse antes que ser atrapado por sus enemigos, siendo supuestamente el primer acto de *seppuku* —lo que se conoce en Occidente como *harakiri*— del que se tiene constancia, y ni siquiera quiso que una vez muerto los Taira pudiesen encontrar su cabeza para exhibirla como trofeo, por lo que parece ser que ordenó a uno de sus hombres que la atase a una piedra y la lanzase al río. Por su lado, Mochihito huyó del templo y se encaminó de nuevo hacia Nara, pero fue atrapado y ejecutado antes de llegar. Los Taira no pasaron por alto la colaboración del templo Onjō-ji con el príncipe rebelde, por lo que acto seguido atacaron e incendiaron el templo; y no contentos con ello, se dirigieron a Nara e hicieron lo mismo con la mayoría de templos de la ciudad, incluyendo los importantes Tōdai-ji y Kōfuku-ji.

GUNKI MONOGATARI

El *gunki monogatari*, o «historias de crónicas de guerra», es una categoría literaria japonesa, un género que, como su nombre indica, versa acerca de los conflictos bélicos y que fue especialmente cultivado en los siglos XII y XIII. Se cree que el más antiguo de ellos es el *Shōmonki*, de finales del siglo X, que narra una rebelión protagonizada por Taira Masakado (¿?-940) en 939-940 en contra del gobierno imperial. Algunos otros gunki monogatari tratan temas que hemos visto en el anterior capítulo, como el *Hōgen Monogatari* y el *Heiji Monogatari*, pero el más famoso de todos es el que relata lo que precisamente estamos viendo en este capítulo, las guerras Genpei, el *Heike Monogatari*.

Esta obra cubre desde el apogeo de Taira Kiyomori dentro de la corte de la capital hasta después del final de la guerra, por lo que podríamos decir que narra el ascenso y la caída del clan Taira —también conocido como Heike—. De autoría anónima, existen numerosas versiones que se fueron poniendo por escrito en diferentes momentos, aunque la más popular es la de 1371. Estas distintas versiones se elaboraban ampliando y variando las anteriores, en un considerable caos provocado por la forma en la que estas historias se difundían la mayoría de las veces, por medio de la transmisión oral, recitadas por monjes —normalmente ciegos—, lo que se conoce como *biwa-hōshi*, «bonzos de laúd». Como suele decirse, la historia la escriben los vencedores, y el *Heike Monogatari* no es una excepción, puesto que aunque habla principalmente de los Taira, lo hace desde el punto de vista de los Minamoto, por lo que los primeros son descritos como unos despreciables tiranos, guerreros que se han acomodado a la vida cortesana y por ello se han debilitado. Pero hay dos temas generales que tiñen los particulares, por encima de las batallas, las intrigas palaciegas, las escenas románticas, todo el libro nos habla, primero, del concepto del karma, viendo en el fatal destino de los Taira una consecuencia necesaria a sus malas acciones pasadas y, segundo, del inexorable paso del tiempo, de la impermanencia de las cosas, de la nostalgia del pasado, lo que queda claro desde el famoso primer párrafo con el que empieza la obra:

> En el sonido de la campana del monasterio de Gion resuena la caducidad de todas las cosas. En el color siempre cambiante del arbusto de *shara* se recuerda la ley terrenal de que toda gloria encuentra su fin. Como el sueño de una noche de primavera, así de fugaz es el poder del orgulloso. Como el polvo que dispersa el viento, así los fuertes desaparecen de la faz de la tierra. (*Heike Monogatari*, 2009)

Como es lógico, teniendo en cuenta la forma en la que se transmitió y recopiló, y su visión desde uno de los dos bandos, aquello que nos cuenta el *Heike Monogatari*, o cualquier otro gunki monogatari, no debe ser tomado, por cierto, desde un punto de vista historiográfico. Son muchos los debates y estudios acerca de la veracidad de los diferentes episodios que aparecen en la obra, y algunos aspectos se han demostrado ciertos, pero sería siempre conveniente aproximarse a su lectura teniendo en cuenta que se trata de una historia ficcionada.

La muerte del príncipe Mochihito no alteró demasiado el devenir de los acontecimientos, porque el edicto que había promulgado unos días antes había puesto en funcionamiento ciertos mecanismos en diversas partes de Japón, y ese movimiento ya no se podía detener, ni siquiera muriendo su impulsor. Ese mismo mes de junio, Yoritomo recibió la visita de su tío, Minamoto Yukiie (c.1141-1186), quien le entregó una copia del edicto de Mochihito, documento que Yoritomo enseñó a su protector, Hōjō Tokimasa, y ambos acordaron atender a la petición que en él se hacía —pese a, recordemos, ser Tokimasa un pariente de los Taira—. Pocos días después les llegaron nuevas noticias, primero las del resultado de la batalla de Uji y después las de ciertos rumores que circulaban por Kioto, según los cuales Taira Kiyomori podría querer atacar a los Minamoto de forma preventiva antes de que estos decidiesen obedecer el edicto. Esto último no hizo más que reafirmar a Yoritomo y Tokimasa en su decisión. Así, el líder de los Minamoto envió mensajeros a las distintas familias del clan para que se preparasen para la batalla, mientras que él y Tokimasa se reunían en secreto con distintos señores guerreros de la zona de Izu para que se uniesen a su causa.

Si miramos la lista de apellidos de muchos de los clanes que se fueron aliando con Yoritomo, vemos algo que podría sorprendernos: muchos de estos apellidos —Hōjō, Chiba, Doi, Miura— son en realidad descendientes de los Taira; vemos entre ellos a muchos que tienen incluso el apellido Taira, pertenecientes a ramas del clan distintas a la de Kiyomori, los Taira de Ise. Hemos visto al analizar el nombre del conflicto, Genpei, que en teoría estamos hablando de una guerra entre los Minamoto y los Taira, y así es como suele resumirse, pero la realidad es usualmente más compleja de lo que parece, y realmente se trató de una guerra entre dos bandos, liderado uno de ellos por un Minamoto y el otro por un Taira, pero encontramos esos dos apellidos y muchos otros en ambos lados; y hubo incluso, como veremos más adelante, conflictos directos dentro de un mismo bando. Además, es más acertado leer esta guerra como la lucha entre dos sociedades distintas por hacerse con el poder: a un lado la decadencia del gobierno cortesano, aristocrático y refinado, representado por el bando de los Taira, quienes pese a ser ellos mismos guerreros, se habían amoldado a ese sistema; y frente a ellos, una nueva sociedad con ganas de irrumpir con fuerza en la historia, los guerreros, los militares, los samuráis, los poseedores de la fuerza, representados por el bando de los Minamoto. Aclarado esto, a partir de este punto y en aras de hacer el relato más fácilmente entendible, seguiremos simplificándolo e identificaremos a cada bando como los Taira y los Minamoto.

Fig. 2.5. Mon de los Minamoto (Izquierda) y los Taira (Derecha).

Rojos vs. Blancos

Durante las guerras Genpei, el bando de los Taira se identificaba con banderas de color rojo, mientras que el de los Minamoto las portaba de color blanco, además de con sus respectivos emblemas de clan, llamados *mon*. Estos dos colores, el rojo y el blanco, han sido desde entones muy importantes en la cultura japonesa —tal y como atestigua la bandera nacional— y se utilizan para designar a dos equipos rivales en todo tipo de competiciones, como combates de artes marciales, torneos deportivos escolares, e incluso el programa más famoso de la televisión japonesa, en antena desde 1951 y que, cada última noche del año, enfrenta a dos equipos de cantantes, el rojo y el blanco.

En septiembre, Yoritomo y Tokimasa se pusieron en camino hacia la región de Kantō, donde estaban la mayoría de los Minamoto y otras fuerzas que habían decidido ponerse de su lado, y lo primero que hicieron, antes de abandonar Izu, fue asaltar la residencia del gobernador, Taira Kanetaka, y hacerse con su cabeza. Se trata del mismo Kanetaka con el que Tokimasa había prometido a su hija Masako, que estaba ahora casada, desde hacía muy poco, nada menos que con Yoritomo. Habiendo dejado solucionado este cabo suelto, se adentraron en la provincia de Sagami, aproximadamente la actual prefectura de Kanagawa, al mando de trescientos hombres, para encontrarse con un ejército Taira diez veces mayor al llegar a la altura del monte Ishibashi. De noche, y en medio de una gran tormenta, los Taira les atacaron de frente, al mismo tiempo que un pequeño refuerzo de trescientos hombres que venían desde Izu lo hizo por la retaguardia; al mando de estos últimos iba precisamente Itō Sukechika, el que había sido tutor y vigilante de Yoritomo al empezar su exilio. Estando en clarísima minoría, la batalla de Ishibashiyama supuso una derrota para Yoritomo de la que a duras penas pudo escapar, consiguiendo llegar finalmente a la provincia de Awa, en la actual prefectura de Chiba, donde se encontró a salvo. Yoritomo acabó estableciendo su base en un pueblo llamado Kamakura, muy relacionado con los Minamoto desde hacía tiempo, y en las siguientes semanas empezaron a llegar al lugar y desde varios puntos de la región de Kantō distintos clanes con miles de soldados, todos dispuestos a ponerse bajo su bandera.

El 9 de noviembre de ese mismo año 1180, Yoritomo se encontraba acampado junto al río Fuji capitaneando a 27 000 hombres cuando al otro lado del río llegaron aproximadamente el doble de soldados Taira. Ambos ejércitos permanecieron unos días en sus respectivos campamentos, uno a cada lado del río, y se acordó que la batalla se llevaría a cabo el día 13. Durante estos días llegaron distintas noticias a ambos bandos, como que en la provincia de Shinano, actual prefectura de Nagano, en la zona montañosa del centro de Honshū, se había producido otra gran rebelión Minamoto, liderada por Minamoto Yoshinaka (1154-1184) —también conocido como Kiso Yoshinaka—, primo de Yoritomo. Los Taira fueron además enterándose del gran apoyo con el que contaban los Minamoto en toda la región de Kantō y vieron que, aunque ganasen esta batalla, se estarían adentrando en territorio enemigo fuertemente defendido y su avance se haría imposible. Así, cuando salió el sol la mañana del día 13, el campamento Taira había desaparecido, y la conocida como batalla de Fujigawa no llegó en realidad a celebrarse. En un principio, Yoritomo pensó en perseguir a sus enemigos en retirada, pero finalmente hizo caso a sus generales, quienes le aconsejaban volver a Kamakura para asegurar primero su propio territorio y esperar la llegada de más clanes. El siguiente mes, Yoritomo controlaba ya prácticamente toda la región de Kantō —excepto una provincia que estaba bajo el mando de su primo Yoshinaka— y otras tres provincias del sur de esta región. Y ya no volvió a poner un pie fuera de Kamakura mientras duró la guerra.

Rituales de batalla

La esencia de un samurái —por lo menos la de uno del siglo XII— era el combate, no en vano se trata de una casta de guerreros por lo que es obvio que fuese una parte primordial de su idiosincrasia y su cultura. De esta forma, no es de extrañar que hubiesen desarrollado toda una serie de rituales relacionados con la guerra, llevados a cabo tanto antes como después, e incluso durante las batallas. Antes de entrar en acción, era habitual rezar a determinados dioses sintoístas, en especial a Hachiman —uno de los más importantes de su panteón, dios de la guerra, entre otras muchas cosas—, o a Buda, puesto que en esta época ambas religiones estaban muy relacionadas, incluso fusionadas en algunos aspectos. Además, también podía celebrarse una comida ritual, tomando algunos alimentos supuestamente más propicios para la victoria. Tras el combate, si se había salido vencedor, solían darse un baño en aguas termales, adecuadas tanto para el cansancio y para sanar las heridas como para simbolizar una purificación del alma. Después venían aspectos más prácticos, como la redacción de informes en los que se narraban las gestas personales durante la batalla, y la entrega de las cabezas de los enemigos a los que se había vencido en combate, algo necesario para recibir los honores correspondientes.

Las batallas en sí solían transcurrir también con ciertas fases establecidas, empezando normalmente con una primera etapa consistente en una lluvia de flechas entre ambos ejércitos, a una distancia apropiada. La siguiente fase podía constar de varios duelos individuales, entre un soldado de cada bando, tanto de arquería a caballo como a espada. Estos duelos solían comenzar con un samurái proclamando un reto al ejército contrario, llamado *nanori*, citando a voz en grito su nombre, procedencia, ancestros y gestas heroicas pasadas, haciendo ver así a sus enemigos cuánta gloria y reconocimiento les aportaría el acabar con su vida. Tras los duelos empezaba ya la batalla general, donde lo más común era la utilización de armas de corte, como lanzas, espadas o dagas, quedando ya los arcos y las flechas fuera del combate. Entonces la lucha era muchísimo más desordenada, con multitud de combates individuales o en grupo, más al estilo de las que se podían ver en cualquier otro lugar del mundo. En este periodo, además, los generales no estaban situados en una colina cercana, dirigiendo tranquilamente a sus tropas con estrategias cuidadas al detalle, como veremos más adelante, en este momento, los generales daban sus órdenes antes de empezar la batalla y, una vez esta comenzaba, combatían igual que sus hombres. Las unidades de soldados solían ser pequeñas, batallones de unos veinte hombres que solían tener vínculos familiares y que prácticamente luchaban de forma autónoma.

Volviendo al tema de las fases previas del combate —con su etiqueta, sus duelos organizados y sus samuráis proclamando elaborados discursos de presentación—, hay que aclarar que esto es lo que nos ha llegado a través del *Heike Monogatari* y el resto de gunki monogatari, por lo que algo de verdad debe de haber en todo ello, pero es obvio que tanta corrección forma parte de una visión romántica y ficcionada de la realidad, como pasa con casi todo lo que tiene relación con los samuráis. En cuanto a las batallas, en realidad muchas de ellas se llevaban a cabo por medio de ataques por sorpresa, cayendo sobre la fortaleza o el campamento enemigo en mitad de la noche, incendiándolo y masacrando a aquellos que huían desconcertados en medio del caos, o mediante emboscadas o largos asedios, algo muy alejado del orden y protocolo descrito anteriormente. Por otro lado, en los gunki monogatari más antiguos acerca de las guerras Genpei, los nanori se reducen a sencillamente el nombre del samurái, gritado mientras este se lanza al ataque, algo difícilmente audible por sus enemigos en el fragor de la batalla. En sucesivas narraciones vemos repetida la misma escena y el discurso inicial de cada samurái —curiosamente, casi siempre uno del bando de los Minamoto, el vencedor— va creciendo en longitud y detalle con el paso del tiempo. Así, los nanori constituyen sin duda una escena muy pintoresca y atractiva, pero hay muchos motivos para creer que se trata, de nuevo, de una construcción artificial.

En marzo de 1181, Taira Kiyomori murió por causas naturales, aunque no fueron pocos los que vieron en su muerte un castigo divino por haber ordenado destruir numerosos templos de la capital y de Nara. Según alguna antigua crónica japonesa, sus últimas palabras fueron: «Todo lo que nace tiene que morir, no solo yo. Desde la era Heiji he servido a la Casa Imperial. He gobernado el imperio. He conseguido el mayor rango al que puede aspirar un súbdito. Soy el abuelo materno del emperador. ¿Tengo alguna queja? Solo una, que me estoy muriendo sin ver la cabeza de Minamoto Yoritomo. Cuando haya muerto, no hagáis ofrendas a Buda por mí, no leáis las sagradas escrituras, tan solo cortad la cabeza de Minamoto Yoritomo y ponedla sobre mi tumba. Que mis hijos, mis nietos, hombres y sirvientes, todos y cada uno de ellos, sigan estas órdenes». El liderazgo del clan pasó a manos de su tercer hijo, Taira Munemori (1147-1185).

Tres meses después se dieron dos batallas menores, las de Sunomata y Yahagigawa, en las que los Taira vencieron a un ejército Minamoto comandado por Yukiie, el tío de Yoritomo —cuyas batallas solían contarse por derrotas—, impidiéndole avanzar hacia la capital y haciéndolo volver a la región de Kantō. Después de estas batallas, la guerra sufrió una tregua forzosa de nada menos que dos años a causa de la llegada de una época de terribles hambrunas, especialmente en la parte oeste del país. Estos dos años fueron aprovechados por ambos bandos para reorganizarse, incorporar más efectivos y, en el caso de Yoritomo, asentar las bases de una especie de protogobierno autónomo en la zona de Kantō. Los Minamoto además tuvieron más éxito que sus rivales en la misión de hacer crecer sus ejércitos, puesto que no solo no despertaban la antipatía y el resentimiento que sí proyectaban los Taira, sino que además Yoritomo admitía en sus filas a cualquier clan, fuese cual fuese su apellido y ascendencia, siempre que aceptasen rendirle vasallaje; a cambio, estos conseguían derechos de propiedad sobre las tierras en las que vivían —que normalmente pertenecían a nobles cortesanos—.

Con ejércitos mayores y mejor preparados, la lucha se retomaría en 1183, aunque en gran parte de ella solo participaría uno de los dos bandos.

Segunda fase: lucha interna por el liderazgo Minamoto

En mayo de 1183, los Taira habían preparado un gran ejército de cien mil soldados destinado a acabar, no con Yoritomo —de momento—, sino con su primo Yoshinaka, cuyos territorios eran más cercanos a la capital. Pero los Taira no eran el único peligro que acechaba a Yoshinaka, puesto que el mismo Yoritomo desconfiaba de él, preocupado por su autonomía y el aumento de su poder dentro del clan Minamoto. Parece ser que los Takeda, un poderoso clan del norte del país, habían ofrecido a Yoshinaka una alianza mediante el matrimonio de la hija del líder del clan Takeda con su propio hijo, pero el trato había sido rechazado; y, por ello, los Takeda se habían acercado más a Yoritomo y habían contribuido a aumentar sus recelos hacia su primo, informándole de que el propio Yoshinaka planeaba casarse con la hija de uno de los líderes Taira para unirse con ellos. Esto era algo muy poco probable, tal y como se estaban desarrollando los acontecimientos, pero sirvió para que Yoritomo desconfiase aún más de Yoshinaka. Decidido a poner fin a esta situación, el señor de Kamakura envió un ejército de diez mil hombres para acabar con su primo. A pesar de las recomendaciones de sus generales, partidarios de aceptar el desafío, Yoshinaka afirmaba que las luchas internas podían acabar con el clan Minamoto, y que en ese momento el objetivo principal de todos debería ser hacerse con Kioto y con el país, y no pelear entre ellos, por lo que aceptó formalmente a Yoritomo como señor y envió a su propio hijo a Kamakura como rehén voluntario y garantía de su vasallaje. Así, esta primera crisis interna se solucionó sin tener que disparar ninguna flecha.

Por su lado, los Taira enviaron parte de sus tropas a los pasos de montaña por los que se accedía al territorio de Yoshinaka, quien envió allí a dos de sus generales con no demasiados efectivos, lo que conllevó una victoria Taira en la llamada batalla —o asedio— de Hiuchi. Las fuerzas Taira conseguirían avanzar en su marcha hacia Yoshinaka, entrando en la provincia de Etchū, aproximadamente en la actual prefectura de Toyama, y siendo interceptadas allí, en el paso de Kurikara, por el mismo Yoshinaka y el grueso de su ejército. La batalla de Kurikara supuso un punto de inflexión en el conflicto a partir del cual las fuerzas Minamoto empezarían a ganar terreno y arrinconar a los Taira. En Kurikara, Yoshinaka diseñó una estrategia de engaño y distracción que permitió a parte de sus fuerzas rodear al enemigo y atacar tanto desde el frente como desde detrás de sus líneas, acabando rápidamente con sus —según algunas fuentes— cincuenta mil soldados, una enorme pérdida para el ejército Taira. Yoshinaka siguió entonces avanzando hacia el sur, venciendo de nuevo en la batalla de Shinohara, donde los Taira estaban capitaneados por el líder del clan, Munemori, una victoria que dejaba a los Minamoto el camino libre para llegar a Kioto. El líder Taira, en su retirada hacia la capital, intentó poner de su lado a los monjes guerreros de los monasterios del monte Hiei para que colaborasen en impedir que los Minamoto llegasen a Kioto, pero recibió una contundente negativa por respuesta. No solo eso, el propio Yoshinaka acampó en el monte Hiei antes de entrar en la capital, y los monasterios le recibieron poniéndose de su lado. A los Taira solo les quedaba una opción: huir. El 14 de agosto de 1183, acompañados de casi toda la familia imperial, abandonaban Kioto y escapaban hacia el oeste, llegando a la isla de Kyūshū el 5 de septiembre y llevando con ellos los Tesoros Imperiales.

Con la huida de los Taira, el emperador retirado Go-Shirakawa volvió a ser libre, tras casi cuatro años de arresto domiciliario, y lo primero que hizo fue acudir al monte Hiei, reunirse allí con Yoshinaka y acompañarle en su entrada triunfal en Kioto, casi dándole a los Minamoto el carácter de ejército imperial y autorizándoles oficialmente a perseguir a los Taira. Go-Shirakawa volvería a ser inmediatamente la principal figura de la corte de la capital, adonde convocó a Yoritomo —invitación que este declinó—, y le recompensó con más honores incluso que al propio Yoshinaka, lo que no fue bien acogido por este, pese a recibir un alto rango en la corte, numerosas propiedades de los Taira en la capital y el cargo

Tesoros Imperiales

Según la mitología sintoísta, el nieto de la diosa Amaterasu —la más importante de su panteón— bajó del cielo para llevar la paz a Japón portando tres objetos sagrados que aparecen en algunos célebres episodios mitológicos: una espada, una joya y un espejo. Este nieto de Amaterasu es, por otro lado, el abuelo del supuesto primer emperador japonés, Jinmu, y los tres objetos, los Tesoros Imperiales, son la representación de la legitimación divina de la dinastía imperial, la prueba de su vínculo directo con los dioses y con la mismísima Amaterasu. Así, siguen utilizándose incluso en la actualidad dentro de los rituales que se llevan a cabo dentro de la ceremonia de coronación de cada nuevo emperador, aunque esto se celebra en privado y solo el nuevo emperador y algunos sacerdotes llegan a ver estos tesoros. No existe ninguna fotografía de los mismos y no se sabe con certeza dónde se guardan, aunque se supone que la espada está en el templo Atsuta de Nagoya, la joya en el Palacio Imperial en Tokio, y el espejo en el Gran Santuario de Ise. Además, se cree que la espada es una réplica de la original, perdida en la batalla de Dan no Ura, como explicamos en este mismo capítulo.

de gobernador de una provincia. Go-Shirakawa, únicamente tres semanas después, colocó en el trono a otro de sus nietos, Go-Toba (1180-1239), de solo tres años de edad —aunque muchas veces se sigue considerando a su hermano Antoku como emperador hasta 1185 por poseer este los Tesoros Imperiales hasta ese momento—. Esta decisión fue un nuevo disgusto para Yoshinaka, quien había propuesto a un hijo del difunto príncipe Mochihito como nuevo emperador.

Desde ese momento y en muy poco tiempo se crearía un ambiente de rivalidad entre Go-Shirakawa y Yoshinaka, quien era un rudo hombre de las montañas y no se acababa de adaptar a la vida en la corte, como tampoco lo hicieron sus hombres, que sembraron el caos en toda la capital ganándose rápidamente la antipatía de sus ciudadanos. Por otro lado, Minamoto Yukiie, tío tanto de Yoshinaka como de Yoritomo, se dedicó a poner al primero en contra del segundo, tensando de nuevo las relaciones entre los dos primos.

Mientras tanto, los Taira habían tenido que abandonar la isla de Kyūshū, donde tampoco parecían tener demasiados amigos, y refugiarse en la de Shikoku, cuyos clanes guerreros sí se pusieron de su lado, estableciendo su base en la ciudad de Yashima. En diciembre de ese mismo 1183, un ejército Minamoto liderado por Yoshinaka se estaba preparando para cruzar el mar, desde la provincia de Harima, actual prefectura de Hyōgo, a Shikoku, para atacar a los Taira, cuando llegaron rumores de que Yoritomo había enviado treinta mil soldados para tomar Kioto aprovechando la ausencia de su primo, por lo que Yoshinaka volvió rápidamente a la capital. Los rumores resultaron ser falsos, pero el episodio nos da una idea del clima de desconfianza dentro del bando Minamoto. De vuelta en Kioto, el ambiente entre Yoshinaka, Go-Shirakawa, Yukiie e incluso Yoritomo, sin estar presente, estaba cada vez más enrarecido, llegando a considerar el primero de ellos incluso la posibilidad de abandonar la ciudad y volver a sus territorios del norte. La tensión llegó a un punto máximo al enterarse Yoshinaka de un complot urdido entre Go-Shirakawa y Yoritomo, quien había enviado un asesino a la capital para acabar con su vida. Así, en febrero de 1184, Yoshinaka decidió atacar el palacio del emperador retirado, llevárselo y volver a ponerlo bajo arresto; y una vez en su poder, le exigió una orden oficial para atacar a

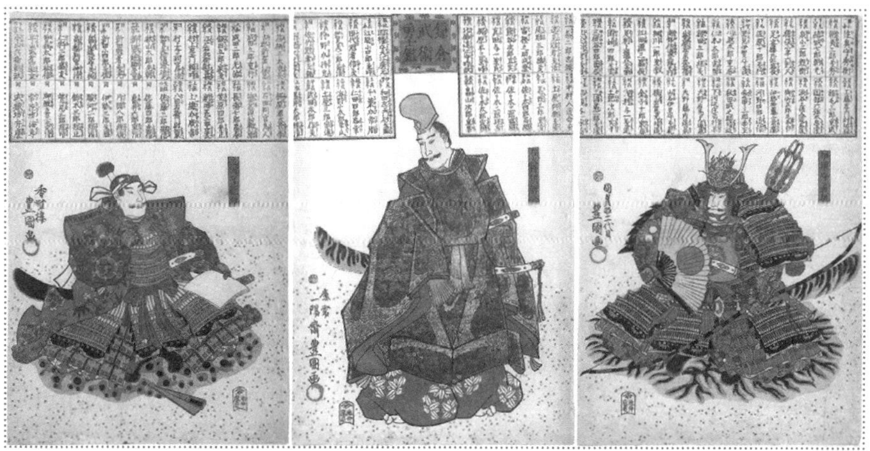

Fig. 2.6. Los hermanos Minamoto, de izquierda a derecha: Noriyori, Yoritomo y Yoshitsune. Obra de Utagawa Kunisada.

Yoritomo. Go-Shirakawa se la entregó, pero al mismo tiempo envió en secreto un mensajero a Kamakura pidiendo que enviasen un ejército a la capital para acabar con Yoshinaka. Su petición fue inmediatamente respondida: Yoritomo envió a Kioto nada menos que sesenta mil soldados, comandados por dos personajes que volvemos a encontrar en nuestra historia: sus hermanastros Noriyori y Yoshitsune.

Los dos jóvenes Minamoto se repartieron las tropas para entrar a la ciudad por dos lugares distintos y, mientras que Noriyori se vio durante un tiempo frenado por los soldados de Yoshinaka, su hermano Yoshitsune pudo avanzar de forma arrolladora y liberar rápidamente a Go-Shirakawa de su cautiverio. Un sorprendido Yoshinaka no tuvo entonces más opción que intentar huir hacia el norte, a sus territorios, acompañado tan solo por su mujer y unos pocos hombres de confianza. Su intento no duró demasiado, pues su caballo quedó atrapado en un campo de arroz y fue fácilmente abatido por las flechas de sus perseguidores, dándole muerte en la conocida como batalla de Awazu y llevándose su cabeza para ser exhibida en Kioto. La muerte de Minamoto Yoshinaka ocasionó una de las muestras de lealtad más famosas de la historia japonesa, cuando Imai Kanehira (1152-1184), al ver morir a su señor —además de amigo de la infancia y cuñado— , decidió acabar con su vida inmediatamente, por lo que desenvainó su espada, colocó la punta en su boca agarrándola fuertemente entre los dientes y saltó de cara al suelo desde su caballo a pleno galope, atravesándose la cabeza con la afilada hoja —o por lo menos así lo cuentan las crónicas del momento—.

Tomoe Gozen

A lo largo de la historia de los samuráis, pocos son los nombres propios femeninos que vemos aparecer aquí y allá, y lo hacen normalmente siendo solo citados por corresponder a la esposa, hija o hermana de algún samurái relevante. No es el caso de Tomoe Gozen (c.1157-c.1247), quien, aunque fue la hermana de Imai Kanehira y —se cree— la esposa de Minamoto Yoshinaka, pasó a la historia por derecho propio, ganado en el campo de batalla, siendo sin duda la más

Fig. 2.7. Estatua de Tomoe Gozen y Minamoto Yoshinaka, en el templo Tokuon-ji, en Kiso, prefectura de Nagano. Fotografía de Koike Takashi.

conocida mujer samurái, llamadas *onna bugeisha*. Era común en las mujeres de las familias bushi el recibir algún tipo de entrenamiento marcial, especialmente en el uso del naginata, pero únicamente por si se daba el caso de tener que defender su hogar o su familia. Tomoe, por el contrario, participaba en batallas como un soldado más, tal y como nos explica el *Heike Monogatari*: «Tanto en combates de caballería como de infantería destacaba como un guerrero igual a mil. Con una espada en la mano podía enfrentarse a cualquiera de los demonios y dioses [...] Fueron muchas las batallas en las que esta amazona se cubrió de gloria» (*Heike Monogatari*, 2009).

No estamos muy seguros de si Tomoe Gozen fue la esposa o una concubina de Yoshinaka, las fuentes no se ponen de acuerdo al respecto, pero sí sabemos que estuvo con él combatiendo tanto en la batalla de Kurikara como en la de Awazu, donde Yoshinaka encontró la muerte. En ese punto vuelve a haber diferentes versiones: según algunas fuentes, Tomoe murió en esta batalla; según otras, pudo escapar con vida y abandonó su existencia como samurái para convertirse en monja y retirarse así del mundo. De una u otra forma, Tomoe Gozen es uno de los personajes más conocidos de la historia japonesa, muy popular aún hoy entre los japoneses y protagonista de gran cantidad de novelas, películas y series de televisión, cómics y videojuegos.

Tercera fase: Yoshitsune gana la guerra

Habiendo despejado dudas acerca del liderazgo del bando de los Minamoto, Yoritomo pudo por fin concentrarse en combatir a los Taira. Estos, ajenos a las luchas internas de sus enemigos, habían tenido tiempo para reorganizarse e incluso para recuperar los apoyos perdidos en Kyūshū, lo que les había garantizado un buen número de tropas que habían trasladado a su base en Shikoku para protegerla e incluso planear una reconquista de Kioto. Contaban además con una fortaleza llamada Ichi no Tani, ya en la propia isla de Honshū, en la costa de la provincia de Suma, actualmente en la ciudad de Kobe, prefectura de Hyōgo, desde donde podían tanto proteger la entrada a Shikoku como prepararse para marchar sobre la capital llegado el caso.

Inmediatamente después de la muerte de Yoshinaka, Go-Shirakawa otorgó un permiso especial a Yoshitsune y Noriyori para ir en busca de los Taira, partiendo ambos de la capital en marzo de 1184 al mando de un ejército de 76 000 soldados que pronto se dividió en dos, comandando Yoshitsune a veinte mil hombres y Noriyori al resto. El primero atacó la fortaleza de Ichi no Tani, en la batalla del mismo nombre, utilizando una arriesgada e inesperada estrategia en la que la mayor parte de sus tropas atacó frontalmente mientras un pequeño grupo, dirigido por el mismo Yoshitsune y formado por solo unos cien de sus mejores samuráis, lo hizo por la retaguardia, siendo esta un escarpado acantilado por donde nadie pensaba que fuese posible atacar, y menos a caballo, protagonizando una de las escenas bélicas más famosas de la historia de Japón. Saliendo de la nada, prendieron fuego a todo cuanto encontraron a su paso, desatando el caos y empujando a sus enemigos hacia la entrada de la fortaleza, donde les esperaba el grueso del ejército atacante. Mientras, su hermano Noriyori atacó el fuerte de Ikuta no Mori, que protegía la fortaleza por el flanco oeste, con fuerzas claramente superiores a las de sus rivales allí. Aunque la mayor parte de los Taira fue capaz de llegar a sus barcos y escapar a su cuartel general en Yashima —uno de ellos, su líder Munemori—, sus principales generales cayeron en la batalla y los Minamoto tomaron la fortaleza de Ichi no Tani fácilmente, gracias al factor sorpresa del inverosímil ataque por un lugar en teoría inaccesible, y pronto fue pasto de las llamas. Así, de un golpe, abrían la puerta hacia Shikoku y a la vez protegían la capital de un posible ataque Taira.

Fig. 2.8. Yoshitsune y Benkei, por Utagawa Toyokuni.

En este momento de la guerra, los Taira controlaban la isla de Shikoku, la zona norte y este de la de Kyūshū, y solo la punta más al oeste de Honshū, además del mar Interior, gracias a su superioridad naval. Se produjo entonces una pausa de medio año, durante el cual Noriyori se dirigió a Kamakura, donde le esperaba un gran ejército listo para reforzar las fuerzas de los Minamoto y ponerle fin a la guerra de una vez por todas; capitaneándolo, Noriyori pasó por Kioto y desde allí marchó hacia el oeste de Honshū, en octubre de 1184, dispuesto a combatir a sus enemigos tanto allí como en Kyūshū. Su avance no fue fácil y le costó cuatro meses de duras batallas llegar al estrecho de Shimonoseki —que separa Honshū de Kyūshū—, siendo las tropas Taira dirigidas por Taira Tomomori (1152-1185), hijo de Kiyomori y, según muchos, un general mucho más apto para el liderazgo del clan que su hermano Munemori. En marzo de 1185, Noriyori fue capaz por fin de poner sus pies en la isla de Kyūshū, donde comprobó que los campesinos del lugar simpatizaban con los Taira y habían huido de los pueblos, llevándose todas las posibles fuentes de alimento y convirtiendo la isla en una más que probable trampa mortal para los Minamoto... a no ser que alguien fuese capaz de remediarlo.

Tras su fulgurante victoria en Ichi no Tani, Yoshitsune se había quedado en Kioto por orden de su hermano Yoritomo, a quien parecía no haber gustado el gran protagonismo que había alcanzado aquel en sus batallas y lo castigaba por ello no enviándole de nuevo al frente. Pero Yoshitsune se iba impacientando cada vez más a causa de las noticias que llegaban del lento y penoso avance de las fuerzas de Noriyori y finalmente acabó convenciendo a Go-Shirakawa para que le enviase a por los Taira como general con un mandato imperial. Pese a este mandato, se encontró con que al llegar a Settsu, en la actual prefectura de Osaka, donde le esperaba una flota de más de cuatrocientas embarcaciones preparadas para cruzar el mar hasta Shikoku, un mensaje llegado desde la capital le ordenaba regresar y ceder el mando de la misión a Kajiwara Kagetoki (1162-1200), quien en principio le había sido asignado como segundo, un general de confianza de Yoritomo y antiguo hombre de los Taira que había cambiado de bando al empezar la guerra. Pero Yoshitsune ignoró la orden recibida y decidió seguir adelante con sus planes. A finales de marzo vio una gran oportunidad para hacerse a la mar, aprovechando la cobertura que les podía proporcionar una fortísima tormenta que se había desatado en la zona, y llegar así a Shikoku sin ser vistos, pero Kajiwara se negó a ello por considerarlo demasiado arriesgado, sintiéndose legitimado por la orden que teóricamente le otorgaba el liderazgo de la misión. Yoshitsune le acusó entonces de ser un cobarde, reclutó a unos ciento cincuenta voluntarios y se lanzaron a un embravecido mar a bordo de cinco naves, directos hacia los Taira. La travesía resultó ser segura y excepcionalmente rápida, llevándolos a todos hasta la costa oriental de Shikoku. Pese a su reducido número, los soldados de Yoshitsune fueron tomando los distintos pueblos y fortalezas que les separaban de Yashima, incendiándolo todo a su paso, y para cuando llegaron al cuartel general de los Taira, el desconcierto y el caos eran tales que Munemori ya había ordenado a todo el clan retirarse a bordo de sus naves y buscar refugio en alguna bahía cercana. Así, solo dos días después de que Yoshitsune pusiera un pie en la isla, Yashima desaparecía entre las llamas. Para cuando otros dos días más tarde llegó Kajiwara acompañado de su ejército, se encontró con la humillación de no quedar ya castillo que atacar ni gloria que ganar. Ni siquiera estaba ya allí el propio Yoshitsune, pues un día antes se había vuelto a hacer a la mar, en persecución de los Taira, quienes acabaron huyendo a una pequeña isla en el estrecho de Shimonoseki.

De vuelta en Shikoku, Yoshitsune y el resto de los Minamoto empezaron a prepararse para la siguiente batalla, que se presentaba complicada, puesto que el clan nunca había sido muy hábil en los enfrentamientos navales, a diferencia de los Taira de Ise, expertos marinos desde hacía generaciones. Además, el estrecho de Shimonoseki era una zona particularmente difícil de navegar debido a las fuertes y cambiantes corrientes marinas. Por su lado, los Taira se encontraban completamente atrapados entre tres frentes poco amistosos, teniendo al norte la isla de Honshū, controlada por los Minamoto, al sur la isla de Kyūshū, donde se encontraba Noriyori al mando de un gran —aunque hambriento y desfallecido— ejército, y al este, el mar Interior, por donde podía aparecer Yoshitsune en cualquier momento. Durante el siguiente mes, varios señores de Shikoku fueron uniéndose a la causa Minamoto, aportando embarcaciones y marineros que pudieran suplir la falta de pericia naval del clan. Uno de estos señores era Taguchi Iyo (¿?-¿?), quien dijo a Yoshitsune que su padre, Taguchi Shigeyoshi (¿?-¿?), que luchaba con los Taira, no estaba demasiado satisfecho bajo las órdenes de Munemori, y que quizá pudiese convencerle para desertar y cambiar de bando enviándole una carta.

El 24 de abril de 1185 se produciría la última batalla de las guerras Genpei, la más famosa de la historia japonesa —junto con la de Sekigahara, que veremos bastante más adelante—. Ese día, las más de setecientas embarcaciones Minamoto —una especie de juncos de guerra— se aproximaron al estrecho de Shimonoseki, a la altura de un pueblo llamado Dan no Ura, donde les esperaba una larga línea defensiva formada por la flota de los Taira, otras quinientas embarcaciones de similares características, divididas en tres escuadrones y dirigidas por Taira Tomomori, mejor general que su hermano Munemori. Cuando llegaron a una distancia apropiada, se produjo una lluvia de flechas entre los dos ejércitos, antes de acercarse más y empezar el combate directo, abordando cada ejército barcos enemigos para pelear con espadas y lanzas. Durante las primeras horas, los Taira tomaron claramente la iniciativa, gracias a su mejor conocimiento de las corrientes y quizá también a la desesperación de saber que esta vez no podían huir a ningún sitio, pues Tomomori ya les había dicho antes de empezar la batalla que no tenían más opciones que vencer o morir. Pero entonces la batalla tomó una nueva dirección cuando las embarcaciones comandadas por Taguchi Shigeyoshi arriaron la bandera roja de los Taira, se dirigieron hacia el barco de Yoshitsune y el propio Taguchi subió a bordo del mismo. Tras este cambio de bando, el curso de la batalla se invirtió y los Taira empezaron a ceder rápidamente. Además, los Minamoto empezaron a concentrar sus ataques en una zona concreta de la flota enemiga para conseguir llegar hasta una embarcación en concreto, aquella en la que se encontraba escondido el pequeño emperador Antoku junto con los Tesoros Imperiales, y cuya localización exacta Taguchi había revelado a Yoshitsune. El avance de los Minamoto resultaba imparable y para Tomomori, la derrota era ya inevitable, por lo que se dirigió rápidamente a la embarcación del emperador y comunicó allí que todo estaba perdido, que la muerte era preferible a ser atrapados con vida por el enemigo, y se arrojó por la borda. Su madre, la viuda de Taira Kiyomori, hizo lo mismo, pero llevando en sus brazos tanto los Tesoros Imperiales como a su nieto, el emperador Antoku, de seis años de edad. Algunas damas que también se arrojaron al mar pudieron ser rescatadas con vida, como la madre de Antoku, e incluso posteriormente y por medio de buzos se recuperaron la joya y el espejo sagrados, pero la espada se perdió para siempre —o eso se cree—. El líder de los Taira, Munemori, prefirió ser capturado con vida antes que suicidarse, lo que le costó no pocos insultos por parte de su madre y su hermano, y fue hecho prisionero por los Minamoto. De esta forma, Yoshitsune —que tenía entonces veinticuatro años— prácticamente había ganado la guerra en dos batallas, la de Yashima y la de Dan no Ura, separadas por solo cinco semanas. De lo que sucedió después con Yoshitsune, Yoritomo y Munemori hablaremos en el siguiente capítulo.

Las guerras Genpei marcan el final del periodo Heian y el inicio del Kamakura, pero este cambio es sin duda mucho más profundo que el producido en otros cambios de periodo, puesto que aquí lo que vemos es un completo cambio de paradigma, el final de un modelo político y social dominado por una corte aristocrática al estilo de la de China, y el establecimiento de un gobierno de tipo militar que duraría unos setecientos años. Y es así como debe entenderse este conflicto bélico, más que como un simple enfrentamiento entre dos clanes —algo que según hemos explicado anteriormente, tampoco es tan fácilmente diferenciable—, se trata de una lucha entre dos modelos políticos, uno debilitado y en decadencia, y otro nuevo y vigoroso.

Este cambio no se gestó únicamente en el campo de batalla, como puede parecer tras leer este capítulo y mucha otra bibliografía al respecto, aquí el papel de Yoritomo parece ser el de un líder cómodamente instalado en su palacio de Kamakura mientras que sus hermanos y generales hacen todo el trabajo en el frente, pero los cambios a nivel político y administrativo llevados a cabo por el líder de los Minamoto fueron tan decisivos como las victorias militares de sus ejércitos. Esta parte del proceso —aunque se tratará en el siguiente capítulo— no se ha recogido con detalle en estas páginas, puesto que aquí nos ocupamos principalmente de los samuráis como guerreros y no como políticos o gestores, pero la importancia de este aspecto no puede ser ignorada.

3
El primer gobierno samurái

Atando cabos sueltos

Tras la batalla de Dan no Ura, Minamoto Yoshitsune se había convertido en el gran héroe de las guerras Genpei, eclipsando al resto de generales de su bando e incluso al mismísimo líder del clan, su hermano Yoritomo, a quien parece que no gustaba sentirse eclipsado por nadie. Kajiwara Kagetoki, el general de confianza de Yoritomo a quien Yoshitsune había desobedecido abiertamente, contribuyó en gran medida a acrecentar la desconfianza del líder Minamoto hacia su hermano pequeño mediante los constantes informes que iba enviando a Kamakura. Kajiwara, que no había podido ganar demasiados honores en las batallas de Ichi no Tani, Yashima y Dan no Ura, presentaba a Yoshitsune como el mayor peligro para los Minamoto. El ejército vencedor llegó a las proximidades de Kamakura a mediados de junio de 1185, algo menos de dos meses después de la última batalla, y allí les esperaba Hōjō Tokimasa, el suegro de Yoritomo, para hacerse cargo del prisionero Taira Munemori y comunicar a Yoshitsune que tenía prohibida la entrada a la ciudad. El joven general permaneció acampado en el lugar durante tres semanas, pidiendo más de una vez poder entrar en Kamakura, incluso escribiendo a su hermano; pero en cada ocasión recibió una negativa. A principios de julio le devolvieron a Munemori para que lo llevase a Kioto, donde fue ejecutado, y solo su cabeza volvió de nuevo a Kamakura, para ser exhibida en público.

Los Taira de la familia de Kiyomori habían sido derrotados y exterminados, Yoritomo no cometió el error de apiadarse de ninguno de ellos, tal y como había hecho Kiyomori con él y sus hermanos, pero —como hemos visto en el capítulo anterior— había muchas otras ramas del clan

¿Etapa feudal?

Con el final de las guerras Genpei empieza el periodo Kamakura (1185-1333) y con él entramos en la comúnmente llamada «etapa feudal» o «etapa medieval» de la historia japonesa, aunque estrictamente no sea demasiado correcto utilizar estos términos. Se trata de conceptos propios de la historia europea que, etnocéntricos como somos, nos empeñamos en hacer encajar en la historia de otras sociedades. Dicho esto, está claro que tampoco se trata de un uso completamente gratuito y aleatorio, se denomina «feudales» a estos periodos porque comparten algunos de los aspectos sociales y económicos de la Europa feudal, como la existencia de una élite de tipo militar que se articula mediante una estructura de relación señor-vasallo, por ejemplo, aunque esta relación funcione de una forma bastante diferente en el caso japonés. De todas formas, pese al debate al respecto entre historiadores, y, sobre todo, a falta de una alternativa mejor, lo cierto es que estos términos son ampliamente usados en la gran mayoría de la bibliografía disponible acerca del tema, y por ello van a ser aplicados también aquí tras haber hecho esta matización.

Le demos el nombre que le demos, lo que es cierto es que con el periodo Kamakura se entra en esa parte de la historia japonesa que nos viene más rápidamente a la cabeza cuando pensamos en eso, en la historia japonesa. Es también la etapa favorita dentro del imaginario colectivo japonés, la idealización de un pasado lleno de valerosos y leales bushi combatiendo por fidelidad hacia su señor, una imagen más atractiva para la mayoría que la de los afectados y lánguidos cortesanos del periodo Heian que vierten una lágrima por la belleza de un poema acerca del florecimiento de una peonía, por ejemplo. Dejando de lado lo idealizada y romantizada que pueda ser la visión que tenemos tanto nosotros como los japoneses acerca de esta época, algo parecido quizá a lo que pasa con la Edad Media europea, lo que no puede negarse es que se trata de unos momentos muy interesantes de la historia que han definido gran parte de la cultura y la sociedad japonesas incluso actuales.

Taira, casi todas luchando en el bando que hemos denominado de los Minamoto, así como otras en el bando enemigo, a las que no se persiguió tras la guerra... Algunos historiadores opinan que Hōjō Tokimasa, cuyo clan provenía también de los Taira, se ocupó de que esto fuese así.

Yoshitsune, no teniendo permitido ir a Kamakura, permaneció en Kioto. Mantenía una buena relación con el emperador retirado Go-Shirakawa, y en esto Yoritomo veía también un peligro potencial, temiendo la posibilidad de que la corte decidiese enfrentarse a Kamakura, usando a Yoshitsune como general. Finalmente, Yoritomo llegó a la conclusión de que su hermano era un riesgo demasiado grande, por lo que debía ser eliminado, y para ello envió un pequeño ejército de casi cien soldados a la capital. El ataque a la residencia de Yoshitsune se produjo la noche del 10 de noviembre, pero los hombres de Yoritomo fueron derrotados y, unos días después, capturados y ejecutados. Podríamos decir que la lealtad del joven Minamoto para con su hermano mayor y líder desapareció —no sin motivos— con ese ataque nocturno, que denunció ante Go-Shirakawa para solicitar el permiso de la corte para atacar a Yoritomo. Le fue concedido, pero Yoshitsune no pudo reunir un ejército mínimamente capaz de suponer una amenaza seria, y con apenas doscientos hombres salió hacia Kamakura a finales de noviembre. Por si fuera poca desgracia, unos días más tarde, habiéndose hecho a la mar, un tifón destruyó la pequeña flota con la que viajaban y acabó con la expedición, Yoshitsune y sus hombres más cercanos se refugiaron entonces en la provincia de Yamato, actual prefectura de Nara. Mientras tanto, Yoritomo había enviado a su suegro a Kioto, donde se estableció como representante del gobierno de Kamakura en la capital y consiguió que la corte, muy dada a cambiar de bando dependiendo de hacia dónde soplase el viento, le otorgase un permiso para perseguir y castigar a Yoshitsune por su insurrección.

Pasaron los meses sin que la situación variase, Yoshitsune permanecía en paradero desconocido, escondido, y de nuevo nos encontramos con relatos de diversas aventuras que supuestamente corrió durante este tiempo en distintos lugares de Japón. Lo que sí sabemos es que en la primavera de 1187 llegó a la gran provincia del norte de Japón, Mutsu, controlada por el señor Fujiwara Hidehira, quien había sido su protector años atrás. Hidehira no solo controlaba esta provincia, sino también la de Dewa, otro gran territorio adyacente a Mutsu, ocupando entre ambas una cuarta parte de todo el país, constituyendo así otra gran preocupación de Yoritomo junto con la que suponía su hermano. Así, sus dos mayores amenazas potenciales se encontraban ahora en el mismo lugar.

Hidehira era en ese momento un anciano de más de noventa años, por lo que su fin estaba cerca, pero antes de morir —a finales de ese mismo año 1187— hizo prometer a sus hijos que seguirían protegiendo a Yoshitsune pasase lo que pasase. Y lo que pasó fue que Yoritomo no tardó demasiado en saber que Yoshitsune estaba en Mutsu y que el señor de esa provincia había muerto, habiendo heredado su cargo su hijo mayor, Fujiwara Yasuhira (1155-1189). Así, en abril de 1188, Yoritomo envió emisarios a Mutsu pidiendo a Yasuhira que Yoshitsune fuese ejecutado, orden que fue refrendada poco después por la corte —a petición nuevamente de Yoritomo—. Como el nuevo señor de Mutsu seguía negándose a obedecer, el líder Minamoto volvió a hacer una petición a la corte, esta vez para enviar sus tropas a castigar a Yasuhira, petición que —ya no debería sorprendernos— le fue concedida. Cuando las noticias llegaron a Mutsu, Yasuhira cedió a la presión y decidió enviar un gran contingente de soldados a atacar la residencia de Yoshitsune, en lo que se conoce como la batalla de Koromogawa, el 15 de junio de 1189. Muy superados en número, los hombres del joven Minamoto no pudieron hacer nada por su señor esta vez, y Yoshitsune decidió acabar con la vida de su familia primero y de sí mismo después. En cuanto a Benkei, su fiel compañero, defendió el puente que daba entrada a la residencia hasta el último momento de su vida e incluso algo después —si hacemos caso a la leyenda, claro—, puesto que, tras matar a decenas de hombres de Yasuhira que osaron intentar cruzar el puente, fue literalmente acribillado a flechazos, pese a lo cual permaneció de pie en todo momento y no fue hasta después de haber acabado la batalla cuando sus enemigos se dieron cuenta de que llevaba muerto bastantes minutos, hecho que se conoce como «la muerte en pie de Benkei».

Yoritomo pudo así obtener lo que tanto ansiaba, la cabeza de Yoshitsune, que Yasuhira le hizo llegar acompañada de la de su propio hermano menor, quien sí había permanecido fiel a la promesa que hicieran a su padre. Yasuhira pretendía demostrar así su sumisión a Kamakura. Pero, como ya hemos visto, Yoritomo no era demasiado amigo de dejar cabos sueltos, por lo que siguió adelante con su plan de enviar su ejército a Mutsu. Cuando este —formado por nada menos que 280 000 hombres— empezó a avanzar hacia el norte, Yasuhira envió emisarios para negociar la rendición, pero Yoritomo no accedió a negociar y el señor de Mutsu decidió huir. Su retirada no duró demasiado, uno de sus propios hombres lo asesinó y llevó en persona su cabeza a Kamakura, acto que fue recompensado por Yoritomo ejecutándolo acusado de traición. Así, a finales de 1189, Yoritomo había eliminado a todos sus posibles competidores y podía dedicarse por fin a gobernar el país.

El *bakufu* de Yoritomo

Tras las guerras Genpei, Minamoto Yoritomo estableció la sede de su gobierno militar en la misma ciudad en la que había situado su cuartel general durante los años que había durado el conflicto, Kamakura —aunque la capital del país siguiese estando en Kioto— para escapar en lo posible a la influencia de la corte y beneficiarse de la riqueza agrícola de la llanura de la región de Kantō. Evitaba así también caer en los mismos errores cometidos por los Taira en las décadas anteriores, quienes se integraron en la corte, supuestamente perdiendo de vista su carácter militar y acomodándose a la vida placentera de la capital. Algunos historiadores creen incluso que el principal objetivo de Yoritomo era el de gobernar de forma autónoma únicamente sobre la parte oriental del país, más que hacerse con el control de todo Japón, y que esto último fue solo consecuencia de lo primero. Ya durante los años que duraron las guerras Genpei, Yoritomo fue tejiendo el sistema de alianzas políticas y militares sobre las que basaría posteriormente su *shōgunato*. De hecho, no viajó a la capital hasta 1190, una vez estuvo seguro de haber organizado su gobierno y afianzado su autoridad en la zona este del país. Para extender esta autoridad sobre el resto del territorio, tendría que esperar a ser nombrado shōgun, algo que no sucedió hasta la muerte de Go-Shirakawa, quien se oponía firmemente a otorgar este cargo.

Con el nombramiento por parte del emperador, Yoritomo buscaba la legitimidad que ello le aportaba, puesto que, pese a haber establecido un gobierno militar, el papel central y sagrado de la familia imperial nunca llegó a ser cuestionado. En un plano teórico, Yoritomo actuaba en representación del emperador, aunque *de facto* se tratase de una figura

Shōgun y bakufu

La palabra *shōgun* significa literalmente comandante del ejército, una versión acortada del título *daishōgun* o gran comandante del ejército y en este caso, además, es una versión acortada del título completo de *seiitaishōgun*, algo así como gran comandante apaciguador de bárbaros. Este había sido hasta entonces un cargo temporal concedido al general encargado de combatir a los pueblos bárbaros del norte del país, los emishi, y usado por poco más de media docena de generales del siglo VIII al X. Yoritomo reclama ese título, que debe ser concedido por el emperador, para utilizarlo de forma permanente y hereditaria, y no para combatir a los bárbaros del norte, sino para gobernar sobre todo el país, inaugurando así un concepto completamente novedoso. De nuevo, a menudo se ha buscado para este término una traducción fácil de comprender, intentando hacer encajar un concepto más cercano a la tradición occidental, con lo que muchas veces nos encontramos con que shōgun se traduce como «dictador militar», «caudillo» e incluso como «generalísimo», aunque ninguno de estos conceptos sea exactamente correcto. A su vez, al gobierno del shōgun solemos llamarlo *shōgunato* o, a la japonesa, *bakufu*, palabra que significa «gobierno de la *maku*», siendo *maku* una especie de cortina o tienda de campaña en la que los generales se situaban durante las batallas para dirigir a las tropas desde alguna colina cercana, dejando así claro que se trata de un gobierno de carácter militar. A diferencia de los otros dos shōgunatos que hubo en la historia japonesa —el Ashikaga y el Tokugawa—, este no recibe el nombre del clan de su fundador, sino el de la ciudad en la que se instaló, Kamakura. El motivo es fácil de descubrir teniendo en cuenta cómo se desarrollaron los acontecimientos, pero no nos adelantemos.

completamente autónoma. Gobernaba directamente en la zona de Kantō y de forma diferida en el resto del país, ostentando tanto el poder político como el militar, y encargándose también de tareas policiales, funciones que a la corte tampoco parecían interesar demasiado mientras alguien asumiese la tediosa tarea de mantener la paz, así como de recaudar impuestos. Poseía un gran número de shōen, aunque la mayoría de ellos seguía aún en manos de miembros de la corte y de grandes monasterios, e incluso era propietario de nueve provincias en la zona de Kantō y de siete más en otras regiones.

Fig. 3.1. Retrato del shōgun Minamoto Yoritomo. Templo Jingo-ji, Kioto.

Los sistemas y estructuras del gobierno samurái no se plantearon de forma sustitutoria a los existentes dentro del sistema imperial, en funcionamiento desde la Reforma Taika en el año 645, sino que se implantaron añadiéndolos a estos. La autonomía del bakufu, pese a ser real y estar basada en sus propias condiciones y normas, buscaba estar legitimada por el poder existente, encajándose dentro del marco legal de este. De todas formas, la administración imperial estaba ya bastante debilitada y en algunos casos se limitaba a un papel puramente nominal, sobre todo a medida que fue avanzando el tiempo, decantándose la balanza de poder cada vez más del lado del bakufu. Esta situación no propició demasiada oposición por parte de la corte, como quizá cabría esperar, puesto que, en el día a día, la tranquila vida de los cortesanos y la familia imperial no se vio demasiado afectada por todos estos cambios, y Kioto continuó siendo la capital de la alta cultura.

Yoritomo contaba, ya desde antes de hacerse con el poder, con la ayuda y la lealtad de un grupo de vasallos de confianza, los llamados *go-kenin*, «hombres de la casa», que eran en un principio miembros de su clan, el Minamoto, aunque esto iría cambiando paulatinamente incorporando a este selecto grupo a bushi de otros clanes, dándose la irónica circunstancia de llegar a incluir a numerosos miembros del clan Taira. Algunos de estos go-kenin eran enviados a provincias fuera del ámbito de influencia directa de Yoritomo, donde le representaban; en otros lugares, firmaba alianzas con los clanes de una determinada provincia, antiguos enemigos en muchos casos, convirtiéndolos en vasallos. Para controlar y administrar cada provincia, Yoritomo creó dos nuevos cargos, designados por el mismo shōgun: el de *jitō*, una especie de lugarteniente encargado de administrar un shōen, que recaudaba los impuestos y mantenía la paz en dicho territorio; y el de *shugo*, de carácter superior, algo así como un gobernador, que supervisaba toda una provincia. Con el tiempo, ambos cargos pasarían a ser hereditarios. Colocando a vasallos leales en estos puestos de responsabilidad, Yoritomo tejió una red de confianza en cuyo centro se situaba el bakufu de Kamakura. Esta relación de vasallaje era recompensada con tierras que se habían conquistado a los Taira en las guerras Genpei así como con un porcentaje de los impuestos que cada jitō y shugo recaudaba en la zona que administraba. El sistema del gobierno de Kamakura demostró ser más eficiente que el anterior sistema imperial, haciendo que la productividad de los shōen aumentase y los beneficios agrícolas fuesen mayores de lo que habían sido hasta entonces, algo que colaboró a la tranquilidad de la corte de Kioto, puesto que sus cortesanos eran propietarios de un gran número de territorios que ahora les procuraban mayores riquezas.

La muerte de Yoritomo

En 1199 murió Yoritomo y en el bakufu se planteó un problema al no haber un sucesor directo que pudiera heredar el puesto de shōgun. Como hemos visto antes, tras vencer en las guerras Genpei, una de las primeras cosas que había hecho Yoritomo, que recelaba de todo y de todos, especialmente de los más allegados, fue acabar con aquellos familiares y miembros de su propio clan que creyó que podrían intentar usurpar su poder, empezando por su hermano Yoshitsune. Así, siendo sus hijos aún demasiado pequeños para gobernar, no había ningún Minamoto que pudiese optar claramente a hacerse cargo del bakufu. Su viuda, Hōjō Masako, perteneciente al poderoso clan que había apoyado a Yoritomo durante el conflicto con los Taira, fue quien se hizo con el poder, rodeada de su padre y otros miembros de su clan; de hecho, el sobrenombre que se le dio a partir de entonces fue el de *ama shōgun*, «monja shōgun», porque al enviudar decidió convertirse en monja budista, aunque todos sabían que era ella quien gobernaba en la sombra.

Tres años más tarde, el hijo mayor de Yoritomo, Minamoto Yoriie (1182-1204), pasó a ser mayor de edad y, por tanto, heredó el liderato del clan y el puesto de shōgun, por lo que su madre y su abuelo, Hōjō Tokimasa, el líder de los Hōjō, vieron amenazado el poder que habían ostentado desde la muerte de Yoritomo. Por ello, decidieron crear un cargo nuevo dentro del bakufu, el de *shikken*, una especie de regente del shōgun, en teoría un cargo de confianza que debía asesorar al shōgun, pero que en la práctica era quien realmente controlaba el gobierno; en resumen, se trataba de la versión del bakufu del regente del emperador en Kioto. Y, lógicamente, el primer shikken fue precisamente Hōjō Tokimasa, el abuelo del actual shōgun. Pero Yoriie era mucho más cercano a la familia de su mujer, y se dejaba aconsejar mucho más por su suegro, el líder del clan Hiki, que por su propio abuelo y regente. Esto hizo que

Tokimasa temiese, de nuevo, perder el poder sobre el bakufu, por lo que urdió una estratagema para acabar con la vida tanto del suegro de Yoriie como con la de los principales miembros del clan Hiki, e incluso con la del propio hijo y heredero de Yoriie, de solo cinco años, su propio bisnieto. Tras estos trágicos hechos, en 1203, Yoriie abdicó, para ser posteriormente acusado de conspirar contra los Hōjō y condenado por ello a arresto domiciliario. Un año más tarde sería asesinado por miembros del mismo clan Hōjō, el clan liderado por su madre y su abuelo.

Con Yoriie fuera del camino de los Hōjō, el puesto de shōgun fue ocupado por su hermano pequeño, Minamoto Sanetomo (1192-1219), quien no fue más que un títere en las manos de su familia materna, dejando por completo el poder en manos del shikken. Durante el resto del periodo, este puesto sería siempre ocupado por un miembro del clan Hōjō, en un principio coincidiendo con el líder del clan, pero, a partir de mediados del siglo XIII estos dos cargos pasaron a ser independientes, tomando realmente todas las decisiones en la sombra el jefe del clan, con lo que esta tradición tan japonesa del poder ejercido de forma indirecta daba una vuelta más de tuerca. Hagamos un repaso: en Kioto, el poder supremo está teóricamente en manos del emperador, pero en la práctica el poder real recaía en su regente o *kanpaku*; esta influencia se veía un poco equilibrada por la figura del emperador retirado, quien tras abdicar ejercía un poder en la sombra como líder de la familia imperial. Por si esto no fuese ya complicado, nos encontramos con que en Kamakura, el shōgun es quien, en representación del emperador, gobierna en todo el país; pero ya hemos visto que esto no es así, puesto que el shikken, el regente del shōgun, siempre del clan Hōjō, es quien gobierna en realidad; y, tal y como acabábamos de comentar, a partir de cierto momento, es el líder del clan Hōjō el que toma las decisiones en la sombra en lugar del shikken. Y aún podemos complicarlo un poco más, porque a partir de la muerte de Sanetomo, ningún otro Minamoto ocuparía el cargo de shōgun —es por esto por lo que este shōgunato recibe el nombre de la ciudad de Kamakura y no el de los Minamoto—, desde ese momento y hasta el final del periodo se haría habitual que el cargo, ya completamente vacío de poder real, recayese en miembros del clan Fujiwara o en príncipes de la familia imperial, en un intento de legitimar la figura del shōgun.

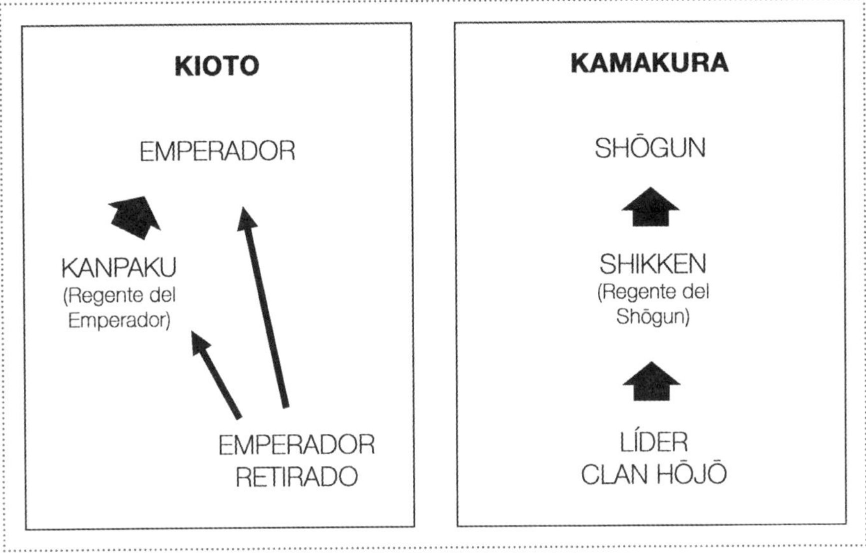

Fig. 3.2. Esquema del «poder diferido» en el Japón de la época. Elaboración propia.

La decadencia y caída del shōgunato Kamakura

Debemos ahora volver un poco atrás en el tiempo. En 1198, el emperador Go-Toba fue obligado a abdicar por orden de Yoritomo, ascendiendo al trono su hijo mayor, por lo que desde entonces mostró una fuerte oposición al gobierno de Kamakura desde su nuevo puesto como emperador retirado, cargo que había perdido poder notablemente desde la existencia del shōgunato, algo que, obviamente, también contribuía a acrecentar su descontento. Una serie de disputas en torno a los procesos sucesorios, tanto de la familia imperial como del shōgunato, hicieron que el emperador retirado acabase perdiendo la paciencia. En 1221, Go-Toba inició una rebelión en contra del gobierno de Kamakura, la llamada Rebelión Jōkyū, respaldado por una mezcla poco homogénea de opositores al bakufu, como familias del clan Taira, otros clanes de la zona oeste, enemistados con el Gobierno por diferentes motivos, o los monasterios cercanos a la capital, pertenecientes a las sectas tradicionales, que estaban deseosos de acabar con la influencia creciente de las nuevas sectas budistas, localizadas principalmente en la zona de Kamakura. Una semana después de la declaración de guerra de Go-Toba, los Hōjō tenían ya listo un ejército de casi doscientos mil guerreros, dirigidos por el shikken del momento, un hijo de Tokimasa, que emprendieron la marcha inmediatamente hacia la capital, reclutando aún a más soldados a su paso. Acabaron fácilmente con la oposición que fueron encontrando por el camino y tomaron Kioto desde tres flancos distintos, aplastando completamente a las tropas de los aliados de Go-Toba.

El conflicto se había resuelto en menos de un mes y acabó con el destierro a diferentes lugares del emperador retirado y sus dos hijos, habiendo sido uno de ellos también emperador anteriormente y siendo el otro el emperador en ese mismo momento; ascendió así al trono un nuevo emperador, hijo del anterior, y nieto, por lo tanto, de Go-Toba. La aplastante victoria de Kamakura sirvió además al bakufu para afianzar su autoridad en todo el país con una serie de medidas políticas y administrativas. Primero, estableció una especie de sucursal del gobierno de Kamakura en la ciudad de Kioto, llamada Rokuhara Tandai, desde donde podía controlar más estrechamente todo lo que sucedía en la capital. Además, el Gobierno se reservó el derecho de participar muy activamente en decisiones que hasta entonces había tomado exclusivamente la corte, como asuntos relativos a la sucesión al trono o a la regencia imperial. Por último, se confiscó una gran cantidad de shōen pertenecientes tanto a la familia imperial como a todos aquellos que habían apoyado la rebelión de Go-Toba, y en estos shōen se colocaron de forma estratégica una serie de jitō cercanos al gobierno de Kamakura, muchos de ellos miembros del mismo clan Hōjō. Tras afianzarse así el poder del bakufu, sofocando esta rebelión y pasando a controlar de cerca la capital, el siguiente medio siglo se caracterizó por ser pacífico y estable, gracias también a un eficiente gobierno por parte de los Hōjō. Pacificado así el país, la siguiente amenaza vendría del exterior, con dos intentos de invasión de Japón por parte de los mongoles y que explicaremos con detalle en el siguiente capítulo.

Pese a haber evitado la conquista de Japón, los intentos de invasión mongola provocaron al bakufu una enorme crisis financiera y social que, en solo medio siglo, acabaría desembocando en su caída. Por un lado, el Gobierno había tenido que hacer frente a grandes gastos para la defensa del país, que al vencer, no se habían compensado con ninguna nueva tierra conquistada ni ningún botín económico. Además, la posibilidad de un tercer intento de invasión hizo que se mantuvieran las costosas medidas de seguridad durante décadas. Tampoco pudo recompensar a los bushi que habían ayudado en la defensa del país, por el mismo motivo, esta vez no se había vencido a un clan enemigo al que desposeer tras la victoria de sus tierras para repartirlas entre los generales aliados. Así, por primera vez se rompía la norma de «recompensa por servicios» sobre la que se asentaba gran parte del sistema, con lo que la autoridad del shōgunato se empezó a poner en duda.

Agravando aún más el problema, algunos monasterios budistas se atribuyeron el mérito de la doble victoria ante los mongoles, curioso hecho provocado por la aún más curiosa forma en la que transcurrieron los acontecimientos durante las batallas; el famoso monje Nichiren (1222-1282) incluso proclamó haber predicho los intentos de invasión mongola, como una especie de castigo divino a los líderes del país. Curiosamente, sí se recompensó a algunos monasterios por su supuesta ayuda en la batalla, algo que contribuyó considerablemente al descontento samurái. Entre la clase guerrera crecía un sentimiento de desconfianza hacia un shōgunato títere en manos del clan Hōjō, atrás había quedado el tiempo en el que jurasen lealtad a Yoritomo. Los Hōjō empezaban incluso a perder las simpatías de miembros del mismo Gobierno y de la aristocracia bushi pertenecientes a otras familias, puesto que, cada vez más, los puestos de responsabilidad de todo el país eran ocupados por miembros de su clan de forma casi exclusiva.

Difusión del budismo

En esta misma época empiezan a aparecer nuevas sectas budistas, bastante diferentes de las tradicionales ubicadas en la zona de Nara, con una doctrina mucho más sencilla, lo que hace que sean capaces de llevar el budismo —hasta entonces y desde su llegada a Japón a mediados del siglo VI, algo propio de la aristocracia— a las clases más populares. Aclaremos antes de seguir que la palabra secta se utiliza aquí como una corriente o escuela dentro de una religión, sin las connotaciones negativas que hoy suelen darse a este término. Estas nuevas sectas se dividen básicamente en dos grandes corrientes: la de la Tierra Pura y la zen. La primera de ellas se caracteriza por su veneración a Amida Buda y por rechazar la necesidad de sacerdotes y rituales, enfocando la práctica de la religión como algo mucho más personal e íntimo. De una secta inicial que da nombre a esta corriente budista, Jōdo-shū, «Escuela de la Tierra Pura», surgieron otras, como la Jōdo Shinshū, «Verdadera Escuela de la Tierra Pura». Valga como prueba de la importancia de estas dos sectas el que hoy en día son las que cuentan con un mayor número de fieles en Japón. El principal símbolo de la ciudad de Kamakura, el Gran Buda del templo Kōtoku-in, pertenece a esta corriente del budismo.

Fig. 3.3. El Gran Buda de Kamakura. Fotografía tomada por el autor, febrero de 2015.

La otra gran corriente religiosa que gozó de una gran difusión en este periodo fue la zen, que en cierto modo actuó como una especie de puente entre las sectas tradicionales y las nuevas, y que contó con algunas sectas muy importantes como la Rinzai y la Sōtō, siendo la primera de ellas muy poderosa y que ejerció una gran influencia sobre el bakufu de Kamakura y, en general, sobre la cultura samurái.

Algo más tarde, pero también dentro de este periodo, apareció una nueva secta budista que no se engloba en ninguna de estas dos corrientes y que con el tiempo desembocó en numerosas sectas, se trata de la Hokke-shū, «Escuela del Loto», aunque se la conoce más habitualmente por el nombre de su fundador, el monje Nichiren. Su doctrina tiene un marcado carácter nacionalista y es además muy combativa con el resto de sectas.

La aparición y difusión de todas estas nuevas sectas no implicó necesariamente que las tradicionales, como Tendai o Shingon, se debilitasen, más bien al contrario, el momento álgido que vivió el budismo en general gracias a su adopción por parte del pueblo llano hizo que también estas sectas antiguas disfrutasen de un notable resurgimiento. Se cree que uno de los motivos para este auge del budismo fue el clima general de pesimismo, causado por varias catástrofes naturales y numerosas guerras civiles y conflictos, por lo que gran parte de la población empezó a creer que todo ello era causado porque el fin del mundo estaba cerca y recurrió al consuelo espiritual que les ofrecía la religión.

Esta situación coincidió con una subida totalmente desproporcionada del precio del arroz y del auge de actividades como el comercio, la manufactura o las transacciones de tipo monetario. Todos estos factores contribuyeron a que parte de la clase samurái, que al fin y al cabo vivía de la agricultura, aunque no la practicase directamente, empezase a empobrecerse de forma rápida. Para hacer frente a esta situación, muchos de ellos, los de rango más bajo e incluso algunos jitō, no tuvieron más remedio que empezar a vender o, sobre todo, empeñar propiedades endeudándose; por supuesto, esta crisis no afectó a los samuráis más poderosos y privilegiados. El preocupante endeudamiento de gran parte de los samuráis hizo que el bakufu tomase una decisión de emergencia en 1297, declarando una amnistía que anulaba todas las deudas contraídas por la clase guerrera. Obviamente, esta medida únicamente solucionó el problema a corto plazo para agravarlo a la larga, ya que ahora los samuráis, pese a estar libres de sus deudas, seguían siendo igual de pobres que antes y se vieron obligados a recurrir a los servicios de los prestamistas, y estos, temiendo una posible nueva amnistía del Gobierno, endurecieron enormemente las condiciones de sus préstamos, con unos intereses tan altos que empobrecieron aún más a la clase samurái. A principios del siglo XIV el descontento de gran parte de los samuráis, de casi todos excepto los Hōjō y pocos más, estaba llegando a un punto casi incontenible.

Se hace necesario ahora retroceder de nuevo unas pocas décadas, a 1246, cuando el emperador Go-Saga (1220-1272) abdicó en favor de su hijo Go-Fukakusa (1243-1304) para, trece años después, presionarle hasta conseguir su abdicación en favor de su hermano menor, Kameyama (1249-1305).

Fig. 3.4. Estatua de Nichiren en el templo Honnō-ji, en Kioto. Fotografía de Chris Gladis.

Tras la muerte de Go-Saga se establecieron dos líneas sucesorias a partir de sus dos hijos, líneas que recibieron el nombre de los lugares en los que vivía cada familia, Daikakuji y Jimyō-in, eligiéndose a cada nuevo emperador de forma alternativa entre ambas líneas. Este peculiar sistema de sucesión provocó, lógicamente, fuertes tensiones dentro de la corte y la sociedad de la capital en general, llegando a polarizarse incluso aspectos culturales o religiosos: había un tipo de literatura preferida por los Daikakuji, otra por los Jimyō-in, que era lógicamente favorecida respectivamente cuando reinaba un emperador de esta rama; una secta religiosa preferida por cada rama; un estilo de caligrafía, etcétera.

El shōgunato se encargaba de organizar la sucesión, decidiendo cómo se alternaba entre ambas ramas, pero, llegado un punto, decidieron que este sistema era insostenible a largo plazo, por lo que establecieron una serie de normas encaminadas a acabar unificando de nuevo la línea sucesoria. Una de estas normas dictaba que el emperador Go-Daigo (1288-1339), quien ocupaba el trono desde 1318, no pasase a ningún heredero su derecho al trono, empezando así a cortar una de las dos líneas.

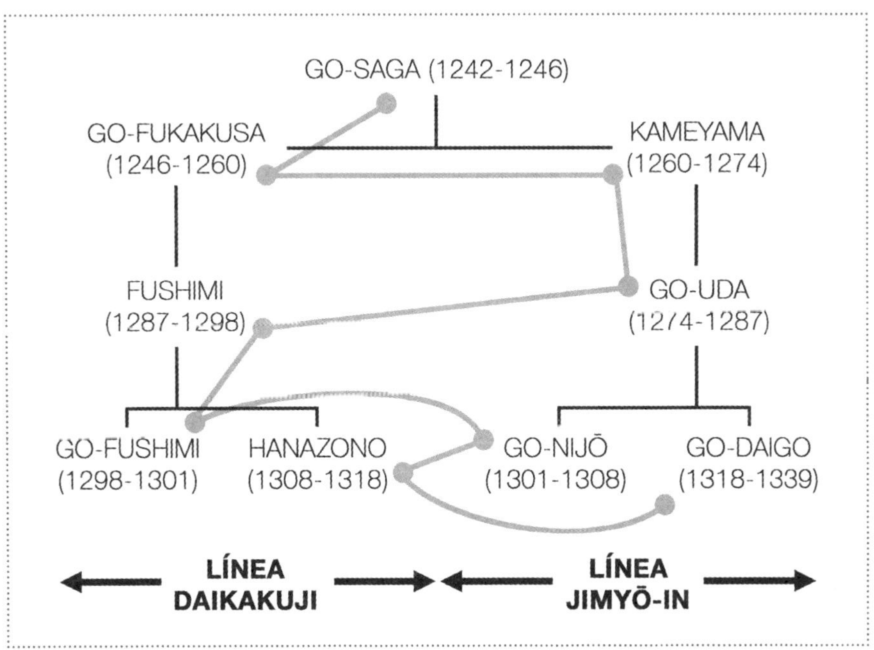

Fig. 3.5. Esquema de la sucesión alterna al trono. Elaboración propia.

Obviamente, esto no gustó nada a Go-Daigo, quien además había subido al trono ya con treinta años y estaba bastante lejos de ser un emperador sin voluntad que dejase hacer a los demás en su nombre tranquilamente. Aprovechando el momento de debilidad por el que pasaba el bakufu, el emperador vio una buena oportunidad para acabar con él y hacerse con el poder real. Después de un primer intento en 1324, el conflicto acabó estallando en 1331, en lo que se conoce como la guerra Genkō.

Tal y como hiciese su antepasado, el emperador Go-Toba, más de un siglo antes, Go-Daigo buscó apoyos en los clanes guerreros descontentos con el gobierno del shōgunato, así como entre los monasterios de la zona de Kioto. En 1332, el propio emperador fue capturado por el ejército del bakufu y desterrado al mismo lugar donde también había sido desterrado Go-Toba, aunque a partir de este momento no corrieron la misma suerte. Su hijo, el príncipe Moriyoshi (1308-1335) y uno de sus generales más fieles, Kusunoki Masashige (1294-1336), continuaron combatiendo al ejército de Kamakura durante el año que tardó Go-Daigo en escapar de su destierro. La guerra dio un giro inesperado en 1333 cuando el general enviado por los Hōjō para tomar Kioto, un descendiente de una de las líneas del clan Minamoto llamado Ashikaga Takauji (1305-1358), cambió de bando y decidió apoyar la causa imperial. Así, al llegar a Kioto, atacó el Rokuhara Tandai, la delegación del gobierno del shōgunato, y tomó la capital en nombre del emperador. Paralelamente, en la zona de Kantō, otro líder samurái, Nitta Yoshisada (1301-1338), jefe del clan Nitta, emparentado con los Minamoto, se levantó también en contra de los Hōjō, conquistando rápidamente Kamakura y acabando así con el shōgunato.

4

Los intentos de invasión de los mongoles

La gran amenaza continental

A mitad del capítulo anterior dimos un pequeño salto, no entrando a narrar los dos intentos de invasión mongola de finales del siglo XIII. Y esto lo hemos hecho para poder dedicarles un capítulo propio, algo que sin duda merecen por importancia, singularidad e interés. Hablamos de un fenómeno único en la historia, por la naturaleza de los contendientes, siendo la primera vez que vemos a los samuráis luchar no entre ellos, sino contra enemigos del exterior, y no representando a su clan, su provincia o su señor, sino a todo su país; singular también por su número de participantes, pues tardaremos siglos en volver a ver batallas con tal despliegue de soldados; y, sobre todo, por su sorprendente desenlace, que lo ha hecho entrar en el ámbito de la leyenda pese a tratarse —gran parte de ello— de hechos históricos documentados.

Tras sofocar el intento de rebelión protagonizado por la corte imperial en 1221, el bakufu de Kamakura, liderado por el clan Hōjō, no solo afianzó su poder sobre el país y debilitó el de la corte, también llevó a Japón a unas décadas de considerable estabilidad que solo se truncarían a causa de esta amenaza proveniente del exterior. Ya desde principios del siglo XIII habían ido llegando a Japón noticias acerca de la fulgurante expansión del Imperio mongol por buena parte de Asia —en realidad, habían llegado incluso a invadir zonas de Europa y Oriente Medio, en el que fue el mayor imperio de la historia—, pero llegó el momento en el que los mongoles llamaron también a las mismas puertas de Japón.

En el continente, un nieto del casi legendario Genghis Khan había heredado buena parte de su imperio, llegando al trono con el nombre de Kublai Khan (1215-1294), y controlando Mongolia y gran parte de China. En Europa sabemos bastante acerca de Kublai ya desde el siglo XIV, pues es en su corte donde residió durante dos décadas el famoso viajero veneciano Marco Polo (1254-1324) —aunque algunos historiadores actuales cuestionan no solo muchas de las afirmaciones contenidas en los libros que narran sus viajes, sino incluso que él llegase a poner un pie en China—. En su avance por el territorio chino, los mongoles irían desplazando hacia el sur a la dinastía Song (960-1279), conocida por ello desde 1127 con el nombre de Song del Sur, y fundando Kublai Khan su propia dinastía, la primera de origen no chino, a la que bautizó como Yuan (1279-1368), y que consiguió dominar todo el país en 1279 tras acabar definitivamente con los Song. Japón había mantenido relaciones amistosas y diplomáticas con la dinastía Song ya desde el periodo Heian, unas relaciones que posteriormente fomentó Taira Kiyomori y que se mantuvieron durante el gobierno de Kamakura hasta la conquista mongola de toda China. A partir de ese momento cesaron los contactos oficiales y las expediciones diplomáticas, pero siguió habiendo cierto contacto tanto a través de monjes japoneses que visitaban grandes templos chinos como de comerciantes chinos en puertos japoneses, y viceversa; así, Japón recibía información de lo que sucedía en el continente.

Fig. 4.1. Kublai Khan, pintura del artista nepalí Anige. Museo Nacional del Palacio, Taipei.

Con otros territorios de Asia Oriental los mongoles establecieron relaciones tributarias gracias a la amenaza que suponía una posible invasión y conquista en caso de no someterse, siguiendo un patrón que vemos repetido ya en tiempos de Genghis: los mongoles enviaban una embajada a otro territorio y con ella pedían, por un lado, su vasallaje y tributo, y por otro, que su rey visitase la corte del khan. En muchas ocasiones, tras este primer contacto solían buscar mediante provocaciones una reacción poco amistosa de ese otro territorio, y la utilizaban como pretexto para declararle la guerra, como *casus belli*. Eso habían hecho, por ejemplo, con Goryeo —lo que hoy llamamos Corea, incluyendo ambos Estados actuales—, invadida fácilmente por los mongoles y convertida en reino vasallo en 1260, aunque esto no supusiese un gran cambio en este caso, pues Corea siempre ha estado en mayor o menor medida sometida, o protegida, por otro país, normalmente China. Y eso mismo intentaron hacer también con Japón. Así, el primer acercamiento de los mongoles fue diplomático y amistoso, cuando en 1268 Kublai hizo llegar una carta a través del rey de Goryeo al emperador japonés, aunque de todo el asunto se encargó el gobierno dirigido entonces por Hōjō Tokimune (1251-1284), quien era tanto shikken como jefe del clan pese a tener solo diecisiete años de edad. Dicha carta decía:

> Del emperador de la Gran Mongolia al rey de Japón. Desde tiempos inmemoriales, incluso los dirigentes de pequeños países han buscado mantener relaciones amistosas con sus vecinos. Nosotros, el Gran Imperio Mongol, hemos recibido el Mandato del Cielo y nos hemos convertido en los amos del universo. Por eso, innumerables países de tierras remotas han anhelado establecer vínculos con nosotros. Tan pronto como ascendí al trono, cesé la lucha con Goryeo y les devolví sus tierras y sus gentes. En agradecimiento, tanto su dirigente como su pueblo vinieron a nosotros para convertirse en nuestros súbditos; su alegría es comparable a la de un hijo con su padre. Japón se encuentra cerca de Goryeo y desde su fundación ha enviado en numerosas ocasiones emisarios al Reino Central [China]. Sin embargo, esto no ha sucedido desde el inicio de mi reinado. Esto tiene que deberse a que no estáis correctamente informados. Es por esto que os hago este envío especial para informaros de nuestro deseo. De ahora en adelante, entremos en relaciones amistosas entre nosotros. A nadie le gustaría tener que recurrir a las armas. (Recogido en Ishii, 1990. Traducción propia.)

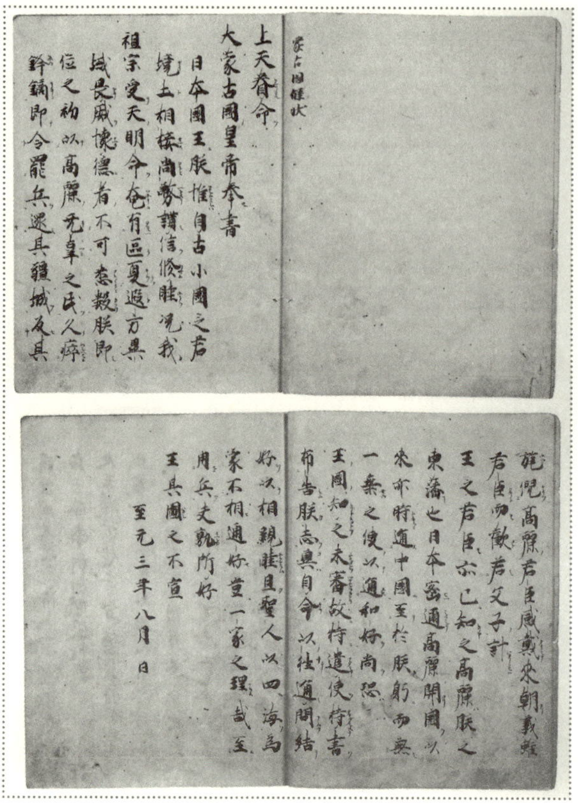

蒙古國牒狀

上天眷命
大蒙古國皇帝奉書
日本國王。朕惟自古小國之君，境土相接，尚務講信修睦。況我
祖宗受天明命，奄有區夏，遐方異域，畏威懷德者，不可悉數。朕即
位之初，以高麗無辜之民久瘁鋒鏑，即令罷兵，還其疆域，反其
旄倪。高麗君臣感戴來朝，義雖君臣，歡若父子。計
王之君臣亦已知之。高麗，朕之東藩也。日本密邇高麗，開國以
來，亦時通中國，至於朕躬，而無一乘之使以通和好。尚恐
王國知之未審，故特遣使持書，布告朕志。冀自今以往，通問結
好，以相親睦。且聖人以四海為家，不相通好，豈一家之理哉。以至
用兵，夫孰所好。
王其圖之。不宣。
至元三年八月 日

Fig. 4.2. Carta de Kublai Khan al emperador de Japón. Templo Tōdai-ji, Nara.

Excepto la última frase, la carta no resultaba especialmente amenazadora, y venía además acompañada de una nota que el rey de Goryeo había añadido, en la que afirmaba que los intereses del khan se centraban más en el prestigio que en la conquista militar. Pero la información acerca de los mongoles de la que disponía el Gobierno japonés era bastante negativa, en parte porque les había llegado a través de los Song, que en aquel momento aún resistían en el sur de China. Además, en la misma carta se ponía como ejemplo el caso coreano, dejando claro que estos se habían convertido en súbditos de los mongoles, no en meros amigos. Por ello —y pese a que la corte imperial se mostró favorable a rendirse a las peticiones mongoles—, Tokimune decidió no dar ninguna respuesta a Kublai, ignorando completamente su carta. Desde el bakufu, las palabras del líder mongol sonaban intolerablemente arrogantes y orgullosas, y se consideró un insulto que él se otorgase a sí mismo el título de emperador, mientras que llamaba «rey» al de Japón. En los años siguientes los mongoles enviaron más cartas, y todas fueron ignoradas, incluso una que llegó en 1271 y donde se afirmaba que, de no obtener respuesta, el ejército mongol se dirigiría a Japón a finales de año. Pese a este ultimátum, en mayo de 1272 y marzo de 1273 enviaron dos cartas más, que fueron nuevamente ignoradas por los japoneses, haciendo que Kublai perdiese definitivamente la paciencia y abandonase la vía diplomática.

La realidad es que, pese a todos estos intentos pacíficos de entablar relaciones con Japón, los mongoles habían ordenado ya hacía tiempo a Goryeo construir mil barcos y preparar unos diez mil soldados que se destinarían, junto con tropas mongoles, a luchar contra los Song del Sur o a atacar a Japón si llegaba a ser necesario. Por su parte, Tokimune había empezado también a preparar las defensas de Japón ya tras la primera carta de Kublai, reforzando la presencia militar en la isla sureña de Kyūshū, la entrada lógica a Japón desde el continente. Así, ambos bandos estaban preparados para el encuentro que estaba a punto de producirse. Los soldados japoneses contaban con la desventaja de llevar casi un siglo viviendo en paz, desde el final de las guerras Genpei, mientras que los mongoles habían estado combatiendo hasta ese mismo momento. Por otro lado, en este momento, todos los samuráis del país funcionaban al unísono y eran un bloque compacto que lucharía unido contra el enemigo exterior, lo que les daba una fuerza mayor a la que hubieran tenido de presentarse la amenaza mongola en un momento de luchas internas.

Por desgracia, no contamos con fuentes tan fiables para estos sucesos como las que hemos tenido para los dos capítulos anteriores, porque una de las crónicas más importantes de esta época, conocida como *Azuma Kagami*, termina justamente en el año 1266 y los registros posteriores que se conservan son algo incompletos e incluso caóticos en algún momento. Pero volvamos al punto donde estábamos y pasemos a la acción.

Primer asalto, 1274

El 3 de octubre de 1274, la flota mongola partió de costas coreanas rumbo a Japón llevando a quince mil soldados mongoles y ocho mil soldados coreanos, aunque estas cifras varían algo dependiendo de la fuente. Dos días después desembarcaron en la isla de Tsushima, donde en una jornada vencieron con facilidad al centenar escaso de soldados japoneses destacados allí —comandados por el clan Sō, descendiente de los Taira—. Tras la victoria quemaron las casas, acabaron con la vida de numerosos civiles y partieron unos días después llevándose a las mujeres con ellos.

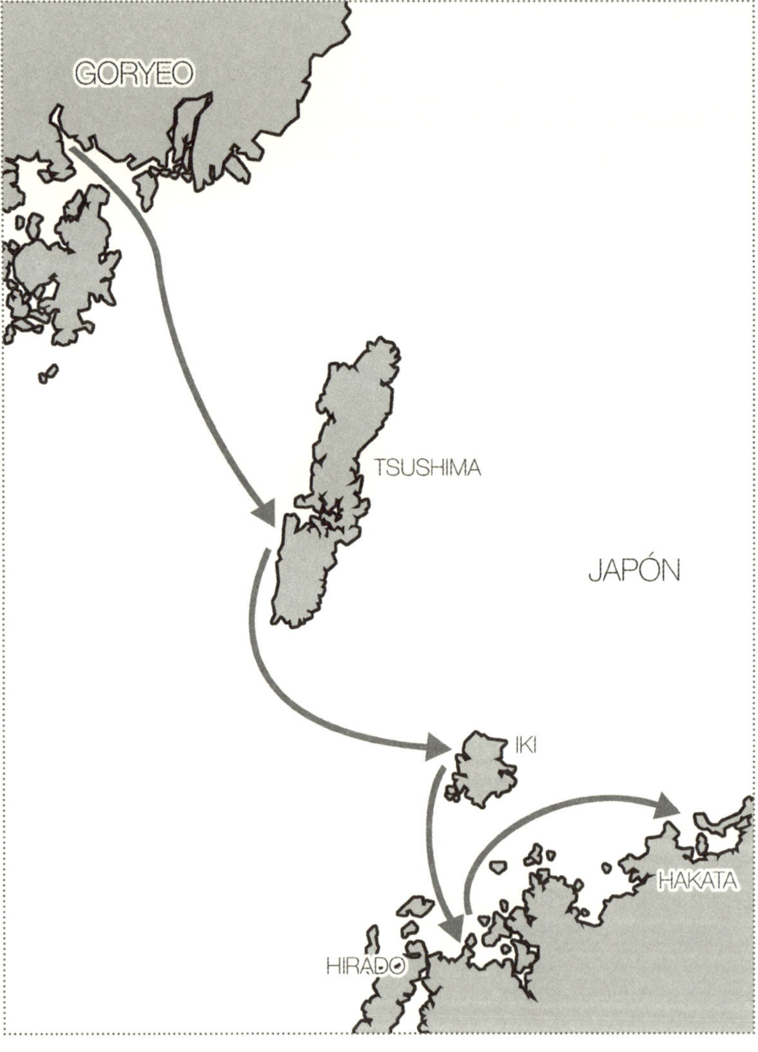

Fig. 4.3. Recorrido de la flota mongola en el intento de invasión de 1274. Elaboración propia.

Su siguiente parada fue la cercana isla de Iki, donde desembarcaron el 14 de octubre. Al gobernador de la isla, Taira Kagetaka (¿?-1274), ya le habían llegado noticias de lo sucedido en Tsushima, por lo que no solo preparó a su centenar de samuráis, también armó a los civiles de la isla con cualquier cosa que pudiese ser utilizada contra los mongoles. Pese a esta preparación, la resistencia fue inútil. Kagetaka participó directamente en el combate, pero acabó huyendo a su castillo, donde se suicidó acompañado de su familia. Entonces, y siempre según las crónicas japonesas, los mongoles cometieron todo tipo de crueldades, como agujerear las palmas de las manos de las mujeres para colgarlas a los lados de sus barcos antes de partir. Se sabe también que algún samurái pudo escapar y llegar a Kyūshū para dar aviso de la llegada del enemigo. Desde allí se informó a Kamakura, donde Tokimune inmediatamente dio la instrucción de que se avisase a todos los señores del sur del país y se les ordenase enviar a la zona a todos los soldados que pudiesen reunir. Esto finalmente no llegó a producirse porque resultó no ser necesario.

No sabemos con certeza cuántos samuráis esperaban en Kyūshū cuando los mongoles desembarcaron en la bahía de Hakata el 19 de octubre, pero sí que se trataba de un número muy inferior al del ejército mongol, y suelen darse cifras en torno a los seis mil soldados. Pese a esta inferioridad numérica el ejército japonés, aunque tuvo que retroceder unos kilómetros, pudo contener el ataque de ese primer día de batalla, causando un gran número de bajas entre sus enemigos, replegándose al llegar la noche, a la espera de la llegada de refuerzos, que se supone que serían enormemente superiores en número al ejército invasor.

Tras quemar completamente la ciudad de Hakata y el santuario de Hakozaki, y temiendo un ataque nocturno japonés —que sería devastador por tratarse de un combate a distancia corta, el que favorecía a los samuráis—, los generales mongoles ordenaron a sus tropas pasar la noche a bordo de sus barcos para descansar y rearmarse antes de continuar avanzando a la mañana siguiente. Además, los marinos coreanos creían que se acercaba una tormenta, y era más seguro pasarla en el mar que en tierra firme. En efecto, en cuestión de horas, el tiempo en la zona empezó a empeorar rápidamente, pero mucho más de lo que los coreanos habían pronosticado y, antes de que los pilotos pudieran sacar la flota de la bahía, las naves quedaron atrapadas en ella. Aunque parece que no llegó a convertirse en tifón, la tormenta fue lo suficientemente

Distintos estilos de combate

Los mongoles contaban con otras ventajas aparte de su superioridad numérica y su mayor experiencia en el combate: eran conocidos por la potencia de sus arcos, que utilizaban provocando una gran lluvia de flechas con cientos de arqueros al unísono; legendaria era también su gran habilidad en el combate a caballo; y utilizaban algunos recursos como flechas con la punta envenenada y catapultas que lanzaban bolas explosivas, algo que no se había visto nunca en Japón. El estilo del combate también era muy distinto al de los bushi; los mongoles no eran en absoluto tan protocolarios como los japoneses, y atacaban en grupos organizados en formaciones que maniobraban dirigidas por el sonido de tambores y gongs, un estilo que los samuráis no solo consideraban extraño, sino también inferior al suyo. Se cuenta que los caballos japoneses se volvían ingobernables, asustados por el sonido de tambores, gongs y bolas explosivas, lo que desorganizó en un principio a las tropas samuráis. Pero pese a todas estas ventajas, la bahía de Hakata era un terreno bastante cerrado donde resultaba muy complicado para los mongoles maniobrar y llevar a cabo sus grandes cargas de caballería, y era además bien conocido por los samuráis de la zona.

potente como para acabar con buena parte de la flota mongola, destrozando por completo cientos de barcos y ahogando a miles de soldados. Las naves que sobrevivieron consiguieron llegar a Goryeo más de un mes después, el 27 de noviembre, llevando de vuelta a solo un tercio del ejército. Los mongoles y coreanos que nadaron a la playa de Hakata fueron apresados y llevados a Kioto, donde fueron interrogados y ejecutados.

De nuevo, tenemos la versión clásica de lo sucedido, que es la que acabamos de explicar, y la apuntada por historiadores posteriores e incluso actuales, quienes cuestionan todo lo que tiene que ver con esta tormenta. Por un lado, finales de octubre queda algo fuera de la temporada de tifones en Japón, y por otro, sabemos que una estrategia habitual de los mongoles era la de enviar una primera pequeña expedición destinada a sondear las fuerzas enemigas para, posteriormente, volver al ataque con un ejército mucho mayor. Tendría sentido que fuese esto lo sucedido, puesto que no parece creíble que Kublai pretendiese invadir todo Japón con algo más de veinte mil hombres. Sí hubo una tormenta aquella noche, tal y como recogen varias crónicas tanto coreanas como japonesas, y alguno de los barcos de la flota quedó atrapado en la bahía, pero el resto podría simplemente haber decidido volver al continente.

Sea como fuere, en la corte imperial empezó rápidamente a correr el rumor de que un viento sagrado enviado por los dioses había acabado con la amenaza enemiga, y que esto era gracias a las plegarias realizadas en todos los templos y santuarios del país, especialmente en el Gran Santuario de Ise. Y todas estas plegarias se habían llevado a cabo porque ya desde 1260 se habían dado una serie de extraños fenómenos en el cielo, como cometas y eclipses, que habían sido interpretados como malos presagios y aviso de grandes calamidades que estaban por venir; cuando, tras la primera embajada de Kublai, apareció en el horizonte la posibilidad de una invasión, esta rápidamente se asoció con esos malos augurios. Ahora que, desde su punto de vista, las plegarias habían surtido efecto, se redoblaron los esfuerzos en este sentido de cara al siguiente ataque mongol, un hecho que en Japón se daba por descontado. El gobierno de Hōjō Tokimune, bastante más pragmático, decidió que, vista la inferioridad del ejército japonés, deberían prepararse mucho mejor. Entre las medidas defensivas que se proyectaron llegó a planearse una invasión de Goryeo, aunque el plan no pasó de esa primera fase —Japón lo retomaría tres siglos más tarde, pero ya llegaremos a eso—; lo que sí se hizo fue levantar una muralla en Hakata de veinte kilómetros de largo y de unos tres metros de alto a ambos lados de la bahía, a unos cincuenta metros de la orilla, construida durante cinco años por los campesinos de la zona y cuyos restos aún pueden visitarse en la actualidad. Además, se construyó un gran número de pequeñas y rápidas embarcaciones de guerra y se destinó un ejército mucho mayor a la zona. Y no fue esa la única área que se reforzó, ya que los mongoles podrían usar una ruta marítima más larga y tomar tierra más al norte, incluso en la parte de la costa del mar de Japón más cercana a Kioto, atacando la capital, por lo que había que tenerlo todo previsto.

Por su parte, Kublai volvió a intentar un acercamiento amistoso, creyendo que después de esa primera demostración de fuerza Japón estaría dispuesto a reconsiderar su propuesta y acceder a convertirse en un reino vasallo, por lo que envió una nueva embajada diplomática a las islas en abril de 1275 en la que incluso exigía que el emperador japonés —a quien seguía degradando a rey— fuese a visitarle a su corte en Pekín. Pero Kublai no podía estar más equivocado, y esta vez el bakufu, en lugar de ignorar a los emisarios como en todas las anteriores ocasiones, decidió sencillamente decapitarlos y exponer las cabezas en las calles de Kamakura como respuesta. Pero pese a este claro desafío japonés, los mongoles estaban demasiado ocupados por aquel entonces luchando contra los Song del Sur como para responder, y no pudieron volver a pensar en Japón hasta hacerse definitivamente con el control de toda China en 1279. En ese momento, sorprendentemente, Kublai volvió a insistir una vez más en la vía diplomática, enviando una nueva embajada y advirtiendo que, si Japón no se rendía, correría la misma suerte que los Song. La respuesta de Kamakura fue una nueva decapitación de los emisarios mongoles en cuanto pusieron un pie en territorio japonés. Así, de nuevo, se había agotado la vía pacífica.

Segundo asalto, 1281

Kublai Khan planeó esta vez, en 1281, un ataque mucho mayor, creando incluso un ministerio dedicado exclusivamente a la conquista de Japón, desde donde se ordenó a Goryeo construir novecientos barcos de guerra y a las zonas recién conquistadas del sur de China, otros seiscientos más, que se unirían a la enorme flota arrebatada a los Song. El ataque, pensado para una ocupación permanente del archipiélago, se compondría inicialmente de dos divisiones: la de la ruta del este, con diez mil soldados coreanos, diez mil soldados del norte de China y treinta mil soldados mongoles que partirían desde Goryeo a bordo de novecientos barcos; y la de Chiang-nan, que saldría del sureste de China con tres mil quinientos barcos ocupados por nada menos que cien mil soldados chinos, provenientes de zonas acabadas de conquistar a los Song. Con la suma de ambas divisiones, se trataba de la mayor flota naval jamás desplegada hasta entonces, un ejemplo de lo importante que era la invasión de Japón para Kublai. De nuevo, no tenemos datos acerca del número de soldados que componían el ejército japonés, pero se trataba sin duda de una cifra muy inferior a la del gigantesco despliegue mongol-chino-coreano.

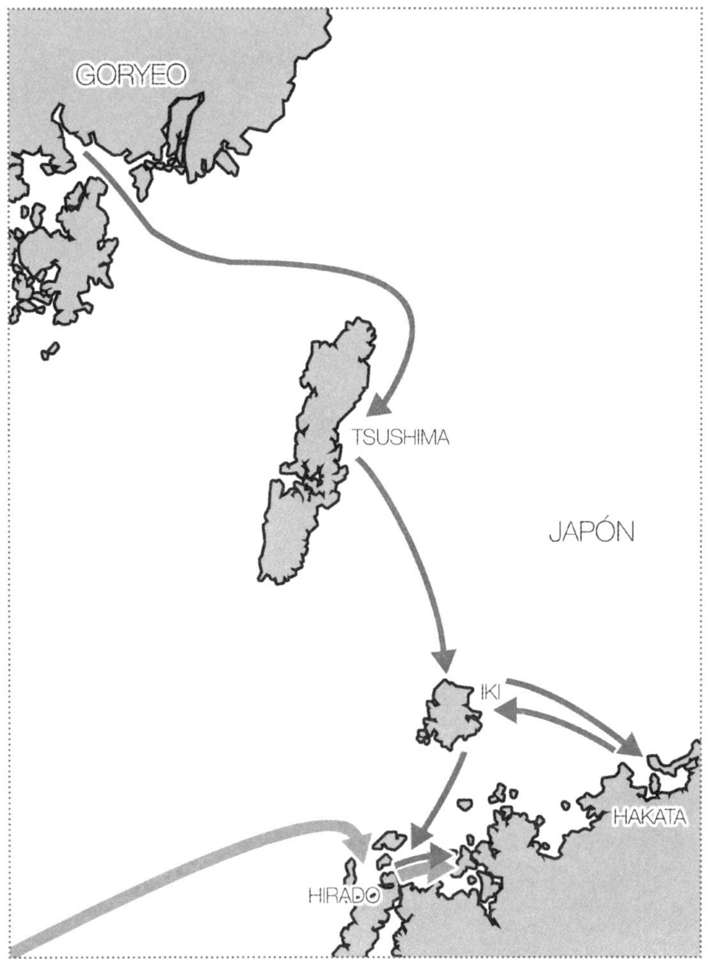

Fig. 4.4. Recorrido de las flotas mongolas en el intento de invasión de 1281. Elaboración propia.

Según el plan inicial, la división coreana debería esperar en la isla de Iki la llegada de la división china y, entonces, partir unidas hacia Kyūshū, pero la primera, que había salido de Goryeo el 3 de mayo, decidió no seguir lo planeado y dirigirse hacia Japón sin esperar más a la flota del sur, después de haber atacado con cierta dificultad la isla de Tsushima primero e invadido bastante fácilmente la de Iki poco después. Finalmente, llegaron a la playa de Hakata el 21 de junio, y no tenemos ninguna certeza de lo que sucedió desde ese momento hasta el 15 de agosto, pues, de nuevo, las fuentes al respecto son bastante ambiguas, confusas e incluso contradictorias en algunos puntos, pero intentaremos explicarlo tal y como la mayoría de historiadores cree que sucedió. Sabemos que al desembarcar se encontraron con la muralla japonesa que describíamos anteriormente, desde donde los arqueros samuráis causaron un gran daño a los soldados mongoles, obligándoles finalmente a volver a embarcarse. Al ver al enemigo retirarse a sus barcos, los soldados japoneses salieron en su persecución con las pequeñas embarcaciones que se habían construido para ello, mucho más ágiles en las cerradas aguas de la bahía, abordando e incendiando numerosos barcos coreanos. Algunas crónicas nos hablan de episodios especialmente peculiares —sean ciertos o no—, como el protagonizado por un grupo de unos treinta bushi que llegaron nadando a una embarcación enemiga, la abordaron y cortaron la cabeza a todos sus ocupantes; o el de un capitán samurái llamado Michiari, de quien se dice que se dirigió con sus hombres a bordo de dos pequeños botes directamente al grueso de la flota mongola y que estos, pensando que nadie podía estar tan loco, supusieron que se trataría de un emisario japonés dispuesto a proclamar su rendición, por lo que no dispararon sobre ellos, viendo después con sorpresa al puñado de bushi trepar a un gran barco enemigo y acabar con todos los que en él viajaban. Sea como fuere, sabemos que el ejército invasor se vio forzado a abandonar el plan de tomar Hakata en solitario y volvió a la isla de Iki para esperar la llegada de la otra división, tal y como estaba planeado en un principio.

Por fin, a mediados de julio, la gran flota de la división de Chiang-nan llegó a Japón, a Hirado en lugar de a Iki, donde se reunieron ambas divisiones para dirigirse juntas a la cercana bahía de Imari. El plan consistía entonces en avanzar por tierra desde allí hacia el norte para poder tomar Hakata desde detrás de la muralla, pero parte del ejército japonés les estaba esperando igualmente y defendió la posición durante dos semanas de batalla. Se cree que uno de los motivos por el que los samuráis pudieron repeler el ataque de sus enemigos, impidiendo que traspasasen la línea defensiva japonesa, pese a su clara inferioridad numérica, era la falta de entrega y motivación de las tropas del sur de China por encontrarse luchando para quien hasta hacía muy poco era su propio enemigo. De todas formas, la situación de tablas no podía durar demasiado, puesto que la superioridad numérica de los mongoles antes o después tendría que empezar a desequilibrar la balanza en su favor. Pero, de nuevo, sucedió lo imprevisto.

Fig. 4.5. El muro defensivo levantado en Hakata. Obra de Takezaki Suenaga.

Durante los días 15 y 16 de agosto, un potente tifón asoló por completo la zona, flota mongola incluida, y esta vez sí tenemos documentación suficiente en número y calidad al respecto, aunque haya discrepancias en cuanto a la dirección en la que se movía el viento. Sin poder desembarcar a causa de los ataques de las pequeñas embarcaciones japonesas e incapaces de llegar a aguas más tranquilas, se cree que el terrible tifón acabó con alrededor del treinta por ciento de los barcos de la división coreana y el ochenta por ciento de la china. La gran mayoría de sus ocupantes perecieron ahogados en el mar, pero algunos consiguieron llegar a la orilla, se cree que unos tres mil, siendo apresados por los samuráis, llevados a Hakata y ejecutados. De los más de cuatro mil barcos que habían partido del continente, se cree que solo unos doscientos fueron capaces de regresar.

Kublai organizó en 1283 un nuevo ministerio para planear un tercer intento de invasión, pero la operación tuvo que irse aplazando por asuntos que requerían una mayor urgencia, como la conquista del sureste asiático —zonas como Vietnam, Birmania o Java, que acabaron sometiéndose como vasallos—; para cuando pudo volver a poner la mirada en Japón, ya era demasiado tarde para él, el gran khan murió en 1294 y su sucesor, Timur Khan (1265-1307), ordenó abandonar el proyecto. Todo este episodio supuso la mayor y una de las pocas derrotas del poderosísimo Imperio mongol que, después de haber conquistado la mitad del mundo conocido, teóricamente debería haber podido invadir el territorio japonés con facilidad.

Obviamente, la forma en la que terminó el segundo intento de invasión mongola no hizo sino acrecentar la creencia en una salvación divina que ya se había dado tras el primer intento, con religiosos como Nichiren atribuyéndose el mérito de la victoria japonesa debido a sus plegarias a los dioses. De hecho, tanto la corte como el bakufu aceptaron esto como cierto y se recompensó más a los distintos monasterios, templos y santuarios que a los propios samuráis que habían estado luchando sobre el terreno, a los que tampoco se pudo gratificar con tierras, puesto que no se había conquistado ningún nuevo territorio. Por otro lado, el Gobierno japonés volvió a considerar la idea de invadir Goryeo para evitar un tercer intento de invasión, pero finalmente volvió a preferir mantener las defensas en Kyūshū, defensas que mantuvo durante dos décadas más, y que finalmente no fueron necesarias porque los mongoles no volvieron nunca. Para Japón, el ataque supuso la primera amenaza exterior de su historia, puesto que a China nunca le había interesado conquistar Japón ni, en general, ningún otro país, y Corea nunca había llegado a ser lo suficientemente poderosa como para ni siquiera llegar a pensarlo. La victoria ante los legendarios mongoles significó para Japón el nacimiento de un fuerte sentimiento patriótico y de unidad, hasta entonces desconocido a causa de las frecuentes disputas internas y de la ausencia de un enemigo externo. Pero también supuso el inicio de la crisis que acabaría con el shōgunato de Kamakura, como hemos visto en el capítulo anterior.

Kamikaze

Tras las dos victorias ante los mongoles, a ojos japoneses quedó demostrado que Japón era sin duda el país de los dioses, puesto que no podía explicarse de otra forma la salvación por dos veces gracias a la llegada del viento divino. Así, no es de extrañar que, la siguiente vez que el país se sintió a punto de ser invadido por un enemigo exterior, casi setecientos años más tarde, se bautizase una de sus estrategias militares, la más desesperada, justamente con el nombre de *shinpū*, «viento divino». A finales de la Segunda Guerra Mundial se creó una unidad especial de la aviación militar japonesa llamada Shinpū tokubetsu kōgeki tai, «Unidad Especial de Ataque Shinpū», destinada a intentar dañar la flota naval norteamericana por medio de ataques suicidas, lanzando en picado pequeños aviones cargados de explosivos contra sus barcos y portaaviones. A estos aviones, y a sus pilotos, se les conoce en Occidente como kamikaze, palabra que ya hemos incorporado a nuestro vocabulario y que usamos para cualquier tipo de ataque suicida.

Normalmente se cree que esta palabra surge de un error de lectura por parte de los traductores del ejército americano: el término *shinpū* está formado por dos caracteres que, de forma individual se leen «kami» y «kaze», pero que cuando van unidos se deben leer «shin» y «fū» —este segundo se acaba deformando a la pronunciación «pū»—, así, los traductores podrían haber elegido una lectura incorrecta, como ha sucedido con otras palabras japonesas popularizadas en Occidente. Aunque, repito, esta es la explicación que suele darse y yo mismo la he dado en más de una ocasión, muy recientemente he descubierto que podría no ser así. Permítaseme explicar aquí una experiencia personal. Estando en la ciudad de Ise en febrero y marzo de 2015, en un curso realizado en la Universidad Kogakkan, un profesor japonés comentó que a esta ciudad se la conoce desde hace muchos siglos como «la ciudad del viento divino», ya que, por un lado, es un lugar muy ventoso y, por otro, allí se encuentra el Gran Santuario de Ise —el más importante para el sintoísmo—. Todo esto lo dijo en japonés y me sorprendió que utilizase la palabra *kamikaze* y no *shinpū*, como yo pensaba que se decía correctamente en ese idioma. La curiosidad me llevó a hacer una pequeña investigación y encontré efectivamente algunas referencias muy antiguas a la ciudad de Ise donde su nombre se acompañaba o directamente se elidía colocando en su lugar la palabra *kamikaze* —de la misma forma en que podríamos utilizar «Ciudad Condal» al hablar de Barcelona o «la Gran Manzana» para Nueva York, una figura que en japonés se denomina *makurakotoba*—. Como ejemplo, este poema anónimo recogido en la antología poética *Man'yōshū*, la más antigua de

Japón, terminada en el año 759: *Kamikaze ya / Ise no hamaogi / orishikite / tabine ya su ran / araki hamabe ni.* La traducción —pidiendo disculpas por su nula calidad— vendría a ser algo así como: «Rompiendo los juncos de la playa de Ise, la del viento divino, ¿los usa para dormir en la orilla de un mar embravecido?». Así, aunque quizá el uso del término *kamikaze* en todo el mundo tras la Segunda Guerra Mundial se popularizó a causa de un error de lectura, demostrado queda que la palabra ya existía desde muchos siglos antes.

5

Un siglo de guerra civil

De la caída de Kamakura al inicio de la guerra

Volvemos ahora al punto donde lo habíamos dejado al acabar el capítulo 3. Cuando Ashikaga Takauji se hizo con Kioto, entregó inmediatamente la ciudad al emperador Go-Daigo, quien no tardó nada en empezar a organizarlo todo para poder tomar las riendas del país él mismo, sin estar supeditado a ningún shōgun o regente. De hecho, entregó el cargo de shōgun a su hijo mayor, el príncipe Moriyoshi —pese a ser un cargo militar y no cortesano—, y colocó en el puesto de gobernador a miembros de la aristocracia de la capital, desplazando así a la clase guerrera. Las tierras arrebatadas a los Hōjō las repartió también entre los nobles cortesanos, lo que obviamente provocó un gran descontento entre los samuráis, especialmente entre aquellos que habían combatido a favor del propio Go-Daigo. El mismo Takauji, pese a ser generosamente recompensado, vio como una injusticia no recibir el puesto de shōgun, tal y como había pedido al emperador, y no estaba de acuerdo con unos planes que pretendían dejar a los bushi fuera de cualquier cargo político y de la toma de decisiones. A este gobierno del emperador Go-Daigo se le conoce como Restauración Kenmu y suele tratarse como un periodo en sí mismo, separando los periodos Kamakura y Muromachi (1336-1573), aunque se trató de un episodio de escasísima duración en el tiempo; y a estas alturas del relato, ya debería ser fácil adivinar el motivo de su corta vida: no suele ser buena idea ponerse a toda la clase samurái en contra, por muy emperador que uno sea.

En 1335, Takauji se alzó contra Go-Daigo deteniendo al shōgun y llevándoselo con él precisamente a Kamakura, donde había instalado

Fig. 5.1. Retrato de Ashikaga Takauji.

su base, por lo que rápidamente fue despojado de todos sus cargos oficiales y declarado enemigo del trono. Ordenó entonces la ejecución de Moriyoshi —heredando el cargo entonces su joven hermano Nariyoshi (1326-1344)— y a principios de 1336 salió a la cabeza de su ejército hacia Kioto, con intención de invadirlo y acabar con el gobierno de Go-Daigo; pero las fuerzas imperiales eran demasiado poderosas y le impidieron llegar a la capital, forzándole a desviarse hacia el sur hasta llegar a Kyūshū. Este desvío, más que un problema, resultó ser muy beneficioso para Takauji, pues a su paso muchos otros líderes samurái, descontentos con el emperador, se fueron sumando a su causa, animados además por las promesas que el propio Takauji les hacía, asegurándoles grandes recompensas tras la victoria. Así, al mando de un ejército mucho mayor, en mayo de ese mismo año 1336 volvió a marchar hacia la capital y esta vez no le resultó complicado tomarla, venciendo incluso a su antiguo aliado Kusunoki Masashige. Entró en la ciudad acompañado del príncipe Yutahito (1322-1380), hijo del antiguo emperador Go-Fushimi —y perteneciente a la línea Daikakuji—, quien amparado por Takauji se convirtió en el emperador Kōmyō. Para ello, se había obligado a Go-Daigo a entregar los Tesoros Imperiales, necesarios para reclamar legítimamente el trono, aunque este huiría después de la capital hacia el sur, hasta Yoshino, actual prefectura de Nara, para fundar allí una corte imperial paralela, afirmando poseer aún los Tesoros Imperiales, puesto que solo había hecho entrega a Takauji de meras réplicas sin ningún valor. Empieza así lo que podríamos denominar un subperiodo llamado Nanbokuchō, o «de las cortes norte y sur», que duraría hasta 1392 y durante el cual coexistirían —y no de forma pacífica precisamente— dos cortes imperiales con sus respectivos emperadores, la norte en Kioto y la sur en Yoshino.

Kusunoki Masashige

Como hemos visto hacia el final del capítulo 3, Kusunoki fue uno de los generales más fieles al emperador Go-Daigo y, junto con Ashikaga Takauji y Nitta Yoshisada, contribuyó a que este se hiciese con el control de Japón, acabando así con el bakufu de Kamakura. No sabemos demasiado acerca de sus orígenes, puesto que hasta ese momento solo había sido un líder samurái de poca importancia.

En 1336, cuando Takauji se había alzado en contra de Go-Daigo y marchaba hacia la capital desde Kyūshū, Kusunoki seguía siendo uno de los hombres de confianza del emperador. Famoso por sus dotes de gran estratega militar sugirió replegarse temporalmente en el monte Hiei, pero Go-Daigo se mostró en desacuerdo y le ordenó salir al paso de Takauji y atacarle frontalmente. Kusunoki estaba convencido de que esta era una estrategia completamente suicida que no podía funcionar de ninguna manera, pero pese a ello no dudó en obedecer la orden recibida. Así, reunió a sus tropas y, antes de partir, se despidió de su hijo de once años, recordándole que, pasase lo que pasase, debía ser siempre fiel al emperador —y, cierto o no, este es un momento histórico muy famoso en Japón—. La batalla de Minatogawa se produjo el 5 de julio en lo que hoy día es la ciudad de Kobe. Allí la estrategia demostró ser, en efecto, una pésima elección, y las tropas de Kusunoki pronto se vieron desbordadas por el ejército de Takauji, muy superior; tras resistir cinco horas retrasando lo inevitable, Kusunoki y sus hombres —los pocos que aún seguían con vida— se suicidaron antes de caer en manos del enemigo.

Lógicamente, Kusunoki Masashige fue considerado un rebelde y un traidor por el gobierno de los Ashikaga, pero pasados algunos siglos, en el periodo Meiji (1868-1912), con la supuesta restauración del emperador como máximo mandatario del país, su figura se recuperó y se le consideró un ejemplo de lealtad hacia el gobierno imperial. Pasadas unas décadas, con el auge del militarismo japonés de la década de 1930 y, sobre todo, con la entrada en la Segunda Guerra Mundial, esta exaltación de Kusunoki fue llevada aún mucho más allá y se convirtió en toda una inspiración para los jóvenes soldados japoneses, y en especial para los pilotos kamikazes que, como Kusunoki, se lanzaban a una muerte segura por lealtad al emperador.

Fig. 5.2. Estatua de Kusunoki Masashige, Palacio Imperial de Tokio. Fotografía tomada por el autor, febrero de 2015.

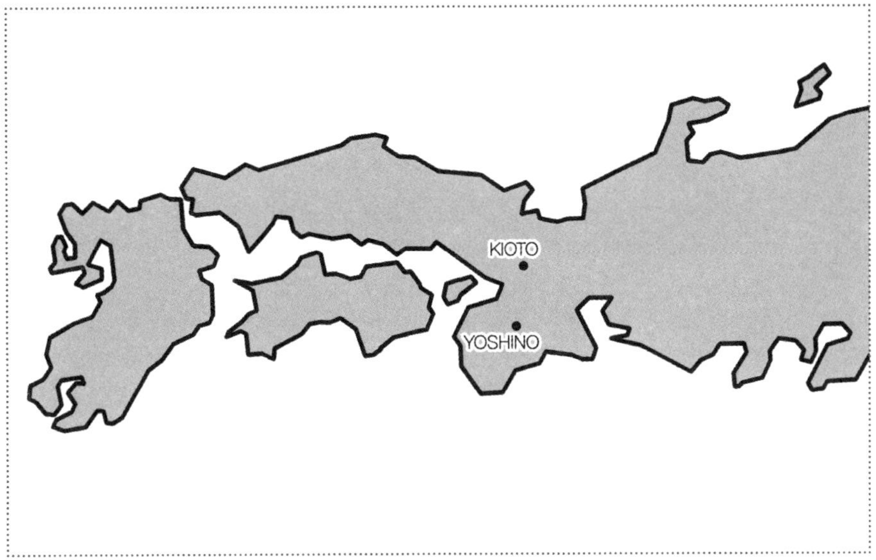

Fig. 5.3. Las dos cortes imperiales, separadas por unos ochenta kilómetros. Elaboración propia.

Por su parte, Takauji sería recompensado por el emperador con los más altos honores y finalmente, en 1338, con el deseado título de shōgun, inaugurando el segundo shōgunato de la historia, el Ashikaga, y haciendo así que en solo una década se sucedieran tres gobiernos distintos, en una nueva lucha entre el modelo imperial/cortesano y el samurái, como habíamos visto ya en las guerras Genpei siglo y medio antes.

La familia Ashikaga

Los Ashikaga, emparentados —aunque lejanamente— con los Minamoto, habían empezado a servir a Yoritomo ya en el año 1180, por lo que fueron recompensados con puestos de shugo una vez este se hizo con el control del país. Durante el periodo Kamakura se emparentaron, mediante el matrimonio de sus hijas, tanto con los Uesugi —que sería una importante familia posteriormente— como con los Hōjō, aunque, como sabemos, acabarían enfrentándose a ellos y derrotándolos.

Con la llegada al poder de los Ashikaga se da inicio además al periodo Muromachi, llamado así por ser el nombre de la zona de Kioto en la que se instaló el bakufu. Estamos hablando, sin ninguna duda, del periodo más conflictivo y caótico que ha visto jamás Japón, marcado por la fragmentación de la sociedad y la guerra casi endémica a nivel nacional.

Si en 1185 Minamoto Yoritomo había instalado su gobierno en Kamakura para escapar de las presiones de la corte, Takauji lo situó en Kioto justamente para lo contrario, para controlar a la corte y, de paso, obtener la legitimidad que ello le otorgaba, muy necesaria en su caso para gobernar en todo el país. Incluso así, el bakufu no llegó a ejercer una hegemonía total sobre todo el territorio japonés: en las provincias más alejadas del centro tuvieron que recurrir a líderes samurái locales, convertidos en shugo, que reconocían la autoridad del gobierno central, pero gobernaban *de facto* en sus territorios con gran autonomía. La famosa lealtad samurái —que tan en entredicho hemos visto hasta ahora, por cierto— se daba entre estos líderes regionales y sus hombres, pero no entre estos hombres y el shōgunato, cuyo poder fue difuminándose progresivamente, mientras que el de los señores de las provincias aumentaba, beneficiados también por el sistema impositivo, que les dejaba un enorme margen de lo recaudado —un cincuenta por ciento a partir de 1352—. Estos shugo, designados por el shōgun, se repartían 66 provincias y allí administraban la justicia, recaudaban los impuestos, se encargaban de tareas policiales, sofocaban posibles revueltas campesinas —bastante comunes en esta época a causa de numerosas hambrunas y epidemias— y tenían incluso jurisdicción sobre asuntos relacionados con las tierras. Las zonas más alejadas de la capital, Kyūshū al sur y el territorio desde Kantō hacia el norte, eran especialmente difíciles de controlar, por lo que allí se situaron dos oficinas regionales del bakufu.

Durante el gobierno tanto de Takauji como de su hijo Yoshiakira (1330-1367), las guerras contra la corte del sur fueron constantes, llegando los Ashikaga en varias ocasiones a perder brevemente el control sobre la capital o sobre Kamakura, o dándose la traición del propio hermano de Takauji al pasarse al bando enemigo para volver al primero pocos meses después y ser perdonado. Tendría que ser el tercer shōgun, Ashikaga Yoshimitsu (1358-1408), nieto de Takauji e hijo de Yoshiakira, el que acabase con el conflicto entre ambas cortes en 1392 y de manera pacífica, prometiendo volver al antiguo sistema de sucesión alterna entre ambas líneas sucesorias, algo que convenció al emperador de la corte del sur —un nieto de Go-Daigo— para volver a Kioto..., aunque el bakufu nunca cumplió su promesa y la línea de la segunda corte desapareció. Pero a efectos prácticos, la corte imperial de Kioto tampoco tuvo ningún poder real durante todo el periodo, como es habitual, por otro lado.

Yoshimitsu, una vez solucionado el tema de las dos cortes, acaparó mucho más poder que sus dos antecesores, reuniendo no solo el cargo de shōgun, sino todos los títulos que pudo conseguir, y situándose en lo más alto tanto de la escala militar como de la cortesana —algunos historiadores creen que incluso intentó usurpar el trono imperial—. Se creó el puesto de *kanrei*, una especie de viceshōgun, que poco a poco fue convirtiéndose en algo parecido a los shikken del shōgunato Kamakura y que, pese a no ser hereditario, era ocupado casi siempre por un miembro de una de tres familias en concreto, los Hosokawa, los Shiba y los Hatakeyama. Yoshimitsu estableció también una norma que perduraría en el tiempo y que tendría importantes consecuencias un par de siglos después: a partir de ese momento, para obtener el título de shōgun, sería necesario demostrar parentesco con los Minamoto. Se convirtió además en un gran mecenas del arte y la cultura, que vivieron una etapa de esplendor especialmente durante su gobierno, y fue un importante protector y promotor del budismo zen, a cuyos templos y monasterios benefició notablemente con, por ejemplo, leyes que establecían la obligación de cada provincia de tener un gran monasterio de esta doctrina. Él mismo abandonó el puesto de shōgun y se retiró de la vida pública en 1395 para dedicarse a ser monje, aunque en realidad continuó dirigiendo el país hasta su muerte en 1408 —como hemos visto y veremos en numerosas ocasiones . Buscó legitimidad también fuera de las fronteras de Japón, retomando los contactos con Corea y con China, en manos ahora de la dinastía Ming (1368-1644), ante quienes se presentaba a sí mismo como «rey de Japón». El principal impedimento para las relaciones con los Ming seguía siendo la antigua costumbre china de tratar al resto de países como vasallos suyos, aunque Yoshimitsu parecía creer que los beneficios comerciales que se podían obtener a cambio bien merecían soportar su vanidad.

Tras Yoshimitsu, el poder del shōgunato empezó a decaer. Tal y como les había pasado a los Taira unos siglos antes, los samuráis del bakufu fueron acostumbrándose al mundo de la corte y sucumbiendo a su

Fig. 5.4. Ashikaga Yoshimitsu, ya en su etapa de monje, en una pintura de la época.

lujoso y despreocupado estilo de vida, gastando su dinero en alcohol, fiestas y prostitutas. Esto coincidió con una grave crisis financiera, fruto de la pésima administración fiscal del gobierno central, que se intentó solucionar con una subida generalizada de los impuestos —que llegaron incluso al setenta por ciento de la cosecha— y la creación de nuevas tasas que gravaban las propiedades inmobiliarias, el licor, el uso de caminos, etc. Lógicamente, esta política fue rápidamente aplicada también por los shugo en las provincias, interesados en aumentar su riqueza. Una presión impositiva tan alta acabó desembocando en situaciones de hambruna, como en 1454 y 1461, que provocaron importantes rebeliones populares y descontento generalizado entre la población. Por otro lado, también se intentó acabar con el endeudamiento de muchos samuráis decretando una serie de amnistías que anulaban sus deudas —nuevamente—, lo que, como es lógico, fue muy perjudicial para el comercio y la industria.

Las élites de la capital, sin embargo, permanecían ajenas a esta realidad, y el mismo Ashikaga Yoshimasa (1436-1490), nieto de Yoshimitsu, quiso abdicar de su puesto de shōgun en la década de 1460 para dedicarse a tiempo completo a vivir la placentera vida cortesana de Kioto.

El Kinkaku-ji y el Ginkaku-ji

En la ciudad de Kioto podemos visitar actualmente dos muestras del arte de principios del periodo Muromachi construidas por orden de dos de los shōgun Ashikaga de los que hemos hablado en este capítulo, Yoshimitsu y su nieto Yoshimasa, se trata de los conocidos como Kinkaku-ji y Ginkaku-ji, el Pabellón de Oro y el Pabellón de Plata, respectivamente.

El primero fue edificado por orden de Ashikaga Yoshimitsu en el año 1397 dentro de su propiedad, en las colinas al norte de la capital. El que podemos ver en la actualidad es una réplica, puesto que el original fue destruido varias veces durante la guerra Ōnin e incluso incendiado por un monje en 1950. Se encuentra rodeado por un cuidado jardín y un bonito estanque en cuyas aguas se refleja, tal y como suele aparecer fotografiado, siendo sin duda una de las imágenes más famosas de Japón.

Fig. 5.5. El Ginkaku-ji (izquierda) y el Kinkaku-ji (derecha), en Kioto.

El segundo se construyó por deseo de Ashikaga Yoshimasa en el año 1474 en la zona este de la ciudad, con la intención de emular el levantado por su abuelo; aunque no pudo terminarse el proyecto tal y como estaba planeado, incluyendo, como su nombre indica, recubrir el edificio con plata, por lo que realmente lo que vemos es un pabellón de madera. Pese al nefasto momento económico y social por el que pasaba Japón en la década de 1470, con la guerra Ōnin ya en marcha, la capital casi destruida y el país entero encaminándose al caos más completo, Yoshimasa quiso inmortalizar su nombre por medio de este edificio. Allí solía celebrar ceremonias de té o reuniones poéticas, al más puro estilo cortesano, ignorando la cruel realidad de su época.

Al no tener hijos, convenció a su hermano menor, Yoshimi (1439-1491) para que abandonase su vida como monje y lo adoptó —las adopciones entre adultos era algo muy común en Japón— para convertirlo así en su heredero y poderle pasar el, para él, incómodo puesto de shōgun. Pero antes de que esto se pudiese llevar a cabo, Yoshimasa tuvo un hijo propio, Yoshihisa (1465-1489), y aunque él se mostró en un principio partidario de dejar las cosas como estaban, la madre del niño no pensaba de la misma forma. La situación se acabó de complicar también a causa de diversos conflictos sucesorios en los clanes Shiba y Hatakeyama, lo que —junto con todos los demás problemas de la época— terminó desembocando en la guerra Ōnin (1467-1477) y, con ella, en nada menos que un siglo entero de guerra civil.

La guerra Ōnin, ningún vencedor y muchos perdedores

En un principio, los dos bandos enfrentados eran los liderados por Hosokawa Katsumoto (1430-1473) y Yamana Sōzen (1404-1473), yerno y suegro, respectivamente. El primero, que había ostentado el cargo de kanrei hasta poco antes de ese momento, defendía al hermano del shōgun, de quien siempre había sido muy cercano, como sucesor al título. El segundo, cuya familia había quedado fuera de los puestos más importantes del bakufu, rápidamente se puso en contra de Hosokawa apoyando al recién nacido como justo heredero. El shōgunato en un primer momento no se posicionó y solo intentó evitar que estallase el conflicto armado, decretando que aquel que iniciase el combate sería declarado oficialmente rebelde —aunque el propio Yoshimasa no prestó demasiada atención a este asunto y prefirió seguir dedicándose a la poesía y la buena vida—. La medida del Gobierno no tuvo el éxito esperado y, en 1467, se desató la guerra.

Al inicio del conflicto, los combates se libraron en la misma capital, especialmente en la zona norte, que en muy poco tiempo quedó reducida a escombros, y ambos bandos se mostraron muy igualados. Pronto quedó claro que, para Yamana, el tema sucesorio no había sido más que una excusa para ajustarle las cuentas a su yerno, puesto que pese a apoyar al pequeño Yoshihisa como candidato al shōgunato, cuando este fue nominado oficialmente como heredero en 1469, pasó a apoyar a Yoshimi —en un giro de lo más curioso—. No contento con ello, en 1471 volvió a cambiar de parecer y pasó entonces a defender una causa completamente distinta, la de devolver el trono imperial a la corte del sur, reabriendo un conflicto que llevaba cerrado casi ochenta años. Llegados a este punto de la guerra, la capital estaba ya prácticamente destruida y los combates se trasladaron a la periferia, extendiéndose muy rápidamente a las provincias, donde distintos líderes samuráis empezaron a enfrentarse entre sí, muchas veces sin quedar muy claro a qué bando apoyaba cada uno, si es que estos bandos seguían estando claros para alguien. El verdadero motivo era sencillamente la conquista del territorio del vencido, aunque para ello se enarbolase la bandera de una u otra causa indistintamente. En 1473 se produjeron dos hechos que supuestamente deberían haber acabado con la guerra: por un lado, tanto Yamana como Hosokawa murieron, el primero en abril y el segundo en junio, desapareciendo así los supuestos líderes de los dos supuestos bandos enfrentados; por otro, Yoshimasa pudo por fin renunciar a su aburrido cargo y en diciembre, su hijo Yoshihisa, de solo ocho años de edad, fue nombrado shōgun. Pero ni una cosa ni la otra pudieron poner fin al conflicto, que aún se alargó nada menos que cuatro años más, hasta 1477, cuando cansados de una eterna situación de tablas y desgastados hasta la extenuación, ambos ejércitos acabaron abandonando la lucha. Y no solo eso, Yoshihisa y Yoshimi —su tío y su hermano adoptivo al mismo tiempo— hicieron las paces.

Pero esto fue únicamente el final de la guerra Ōnin, la que se había librado en la capital y sus alrededores, que poco o nada tenía ya que ver con las innumerables batallas que se estaban librando en las provincias y que ya nadie podía parar, porque allí la guerra no había hecho más que empezar.

Inicios del periodo Sengoku, la época de los grandes nombres

El periodo Sengoku —o deberíamos decir subperiodo, puesto que se engloba dentro del periodo Muromachi— se caracteriza por ser el momento más turbulento y complicado de la historia japonesa; su estudio es apasionante, pero, al mismo tiempo, puede resultar una pesadilla, pues son muchísimos los sucesos importantes, protagonizados por una infinidad de actores muy diversos, con muchos frentes abiertos simultáneamente, interactuando entre sí, y una gran cantidad de niveles de análisis posibles. No solo por esta complejidad, sino también por su importancia, en este libro vamos a abordar este periodo en nada menos que tres capítulos. En algunas cronologías la guerra Ōnin se incluye dentro del periodo Sengoku y en otras —como aquí—, no, pero el hecho no tiene demasiada importancia en la práctica, depende únicamente de qué criterio se utilice para delimitar cada momento. Del carácter bélico de este periodo se nos avisa ya desde el mismo nombre del periodo, Sengoku, que podría traducirse como «país en guerra» o, más apropiadamente aún, «países en guerra», puesto que sería más acertado pensar en el Japón de este momento como un territorio dividido entre varios países que combaten entre sí, mejor que como un país en guerra civil —aunque esta definición también es correcta y quizá más fácil de entender—. Un poema de la época define perfectamente el carácter de este periodo: «Un pájaro con / un cuerpo pero / dos picos / picoteándose a sí mismo / hasta la muerte».

Como decíamos al inicio de este capítulo, el shōgunato Ashikaga nunca llegó por sí mismo a controlar todo el país y en la mayor parte tuvo que depender de distintos líderes samuráis regionales, lo que ponía al gobierno central en una posición muy delicada. En este momento del periodo, pasada la década de 1470, los Ashikaga eran ya meros títeres en manos de las familias que se repartían el puesto de kanrei —como había pasado con los shikken y los shōgun de Kamakura—, especialmente los Hosokawa. Como hemos dicho antes, Yoshimasa pudo finalmente abdicar en favor de su hijo Yoshihisa, pero este murió a los veinticinco años sin descendencia, por lo que, en un curiosísimo giro de toda esta historia, Yoshimasa adoptó al hijo de Yoshimi —recordemos, su hermano menor e hijo adoptivo— de también veinticinco años, y lo convirtió en el shōgun Ashikaga Yoshitane (1466-1523). De todas formas, poco importaba ya quién estaba al frente del bakufu, ya fuese en el puesto de shōgun o en el de kanrei, porque el poder del gobierno central no llegaba mucho más allá de la capital y las regiones más cercanas. Y si el shōgunato pasaba por un mal momento, la familia imperial pasaba por uno peor aún, con una nula capacidad de ejercer cualquier tipo de autoridad; quizá por ello, entre 1465 y 1585, no vemos ni abdicaciones ni conflictos sucesorios, pasando el trono directamente siempre de padre a hijo, lo que nos indica que no se trataba de un puesto que levantase grandes envidias. Y no solo hablamos del poco poder real del emperador —lo que al fin y al cabo era habitual—, tampoco disponía de los recursos económicos de tiempos pasados, valga como ejemplo que al morir el emperador Go-Tsuchimikado (1442-1500), su cadáver tuvo que permanecer guardado en palacio durante cuarenta y cuatro días por falta de los fondos necesarios para la ceremonia fúnebre que marcaba el protocolo, y su sucesor en el trono no pudo ser oficialmente coronado hasta pasados nada menos que veintiún años por el mismo motivo.

Mientras tanto, en las provincias, los shugo fueron ganando más y más poder, y en algunas de ellas incluso clanes samuráis en principio menores se hicieron más fuertes en esta época y fueron ejerciendo un control de facto sobre algunos territorios. De esta mezcla de orígenes saldrían los grandes señores militares del periodo Sengoku, conocidos como *daimyō*, literalmente «gran nombre», aunque muchos de ellos tenían apellidos que hasta entonces no habían jugado un papel demasiado importante, como los Asakura, los Imagawa, los Oda, y otros. Lógicamente, las zonas en las que estos señores militares de las provincias tenían un mayor poder eran las más alejadas de la capital, y en especial la región de Kantō y la sureña isla de Kyūshū; desde estos lugares pronto se empezó a no enviar ningún tipo de impuesto hacia Kioto, lo que propiciaba una mayor riqueza de los líderes locales y un mayor empobrecimiento del ya empobrecido gobierno central. Así, estas grandes familias samuráis de la periferia se fueron independizando del bakufu en la práctica, eliminando allí la figura del gobernador, y llegaron incluso a quedarse como propias las tierras que pertenecían hasta entonces al emperador o a miembros de la corte, respetando únicamente aquellas que pertenecían a monasterios, templos o santuarios —los que también jugaron un papel importante en las guerras, con sus ejércitos de monjes guerreros—. Estos daimyō establecieron con sus hombres de confianza, sus generales, vínculos de lealtad recompensada con tierras y el control sobre las mismas y la gente que en ella vivía —por lo que desde la historiografía occidental se ha calificado esta relación como «feudal», como ya habíamos comentado anteriormente—. Dentro de sus dominios, estos grandes señores construirían grandes castillos en los que vivir y defenderse de posibles ataques, y en torno a estos irían surgiendo núcleos de comercio y, poco a poco, nuevas y mayores ciudades, convirtiendo a Japón en una de las sociedades más urbanizadas de la época.

A inicios de este periodo podemos contar más de doscientas familias samuráis luchando entre sí, aunque muchas de ellas irían desapareciendo, absorbidas o vencidas por otras más poderosas; también las fronteras variaban enormemente de un mes a otro. En la región de Kantō, por ejemplo, la familia más poderosa eran los Uesugi, aunque una serie de luchas entre diferentes ramas de la familia fue aprovechada por los Hōjō —un clan distinto al que habíamos visto en Kamakura—, para expulsarlos de la zona de Odawara a principios del siglo XVI, desplazándolos hasta la provincia de Echigo, actual prefectura de Niigata. La forma de combatir también estaba cambiando, con ejércitos mucho mayores cuyas campañas requerían de una mayor logística y dependían muchas veces de la disponibilidad de alimento y, por tanto, de la calidad de las cosechas del año en cuestión. El número de bajas, lógicamente, también era mucho más alto que en ninguna guerra anterior, y pasamos de decenas de muertos en batallas del siglo XII a varios miles de ellos a finales del XVI. La situación acabó llegando a una especie de tablas donde ningún daimyō era tan poderoso como para hacerse con el control de un territorio lo suficientemente significativo, o con la misma capital del país, puesto que cuando algo de ello parecía cercano, otros señores formaban alianzas para evitarlo, estableciéndose así un equilibrio de poder constante que parecía condenado a durar para siempre y sumir a Japón en una eternidad de guerras a lo largo y ancho de su territorio.

Los *Ashigaru*

Con el inicio de los conflictos a escala nacional, en los que cada líder regional debía conquistar territorios de líderes vecinos y evitar al mismo tiempo que los suyos fuesen conquistados por un tercero, lo único que legitimaba la autoridad de estos daimyō era su capacidad militar, pues ninguno contaba con el apoyo oficial del bakufu o del emperador. Así, tener el mayor ejército posible se convirtió en un asunto de vida o muerte, por lo que cualquier campesino era bienvenido como soldado; por otro lado, teniendo en cuenta que cada soldado era responsable de la adquisición y mantenimiento de su equipo y armamento, y que la gran mayoría de ellos eran incapaces de costearse un caballo, las tropas de infantería aumentaron enormemente.

El periodo Sengoku es el momento del auge de los soldados a pie, los llamados *ashigaru*, en detrimento de las tropas de caballería de las élites samuráis. Obviamente, un soldado a caballo es más efectivo que

Fig. 5.6. Recreación de finales del siglo XIX de un *ashigaru*. Fotografía de Ogawa Kazumasa.

uno a pie, pero un grupo de diez ashigaru armados con largas lanzas y unidos por vínculos de parentesco o de pertenencia a un mismo pueblo, luchando como una unidad y habiendo necesitado mucho menos entrenamiento del necesario para combatir a caballo, podía ser algo de lo más útil. La guerra ya no se decidía por gestas heroicas protagonizadas por guerreros de ilustre apellido cargando a caballo de forma individual, sino por grandes batallones de infantería moviéndose de forma compacta y organizada, dirigidos por un general situado en una colina cercana.

A causa de la ya comentada necesidad de ejércitos mayores y del crecimiento demográfico de esta época —causado en parte por una revolución agrícola que aumentó la productividad de los campos—, surgen ejércitos formados por decenas de miles de soldados, algo que hasta entonces se daba en muy contadas ocasiones y para lo que casi era necesario movilizar los recursos de todo el país; no pasarían demasiadas décadas hasta que, en el año 1600, veamos en el campo de batalla a dos ejércitos de más de cien mil soldados cada uno —pero no nos adelantemos—.

Pero a mediados del siglo XVI se produciría un fenómeno con el que nadie contaba y que ayudaría a que las cosas empezasen a cambiar, introduciendo un nuevo elemento en la ecuación que desequilibraría la balanza a favor de aquellos que supiesen adaptarse mejor al cambio.

6

El contacto con Europa

Portugueses en Japón

Por muy remota y aislada que una sociedad pueda parecer, al estudiar su historia es inevitable descubrir múltiples conexiones que a priori no esperaríamos encontrar. Así, para explicar el final del periodo Sengoku japonés y algunos importantes cambios que se produjeron en ese momento dentro del mundo de los samuráis, tenemos que hacer en este punto del relato un pequeño salto de miles de kilómetros hacia el oeste y unas cuantas décadas atrás en el tiempo. Se trata de un brevísimo resumen muy superficial —vaya por adelantado— pero necesario para comprender qué llevó a los europeos a cruzar el planeta y plantarse en las costas de Japón.

En el siglo xv, el Imperio otomano, en su imparable avance territorial —en el que destaca la conquista de Constantinopla en 1453—, cortó el acceso de Europa a la importante Ruta de la Seda, o Ruta de las Especias, que la había abastecido durante siglos de todo tipo de mercancías, algunas casi imprescindibles en la vida diaria europea. Por otro lado, ese mismo contacto con el mundo musulmán aportó al Viejo Continente importantes avances tanto tecnológicos como en el campo del conocimiento y la filosofía, descubriéndose o redescubriéndose la obra de antiguos sabios como Eratóstenes (276 a. C.-194 a. C.) o Ptolomeo (*c.*100-*c.*170), claves para materias como la geografía o la astronomía. Todo este saber, además, trajo a Europa un nuevo espíritu, un enfoque humanista cuyas ideas se difundieron rápidamente gracias a la imprenta y que acabaría desembocando en lo que conocemos como Renacimiento. Importantes figuras como las de Erasmo de Rotterdam (1466-1536) o

Martín Lutero (1483-1546) plantearían un desafío a los hasta entonces incuestionados dogmas del mundo cristiano, una verdadera revolución tanto en el campo religioso como en el político, fraccionando Europa en lo que se ha denominado la Reforma, cuando numerosos países abandonaron formalmente el catolicismo y, por tanto, dejaron de estar supeditados al control del Vaticano. De esta forma, los países católicos no solo perdieron —como el resto de Europa— el acceso a las mercancías que se traían desde Asia, además vieron disminuir drásticamente el número de creyentes de su doctrina en relativamente muy poco tiempo.

Tanto un hecho como el otro constituían motivos para lanzarse al mar a descubrir una nueva forma de llegar a Asia Oriental, para así poder comerciar directamente en aquellas tierras y, de paso, intentar evangelizar a sus poblaciones; además, los nuevos conocimientos en los campos de la geografía o la astronomía, instrumentos como el astrolabio y embarcaciones como la carabela ofrecían la posibilidad de intentarlo con muchas más garantías de éxito —aunque todavía pocas— que un tiempo antes; y así, teniendo los motivos y los medios, todo estaba preparado para empezar. Los primeros reinos que emprendieron esta búsqueda fueron Portugal y Castilla, contando ambos con la bendición papal y utilizando rutas muy diferentes entre sí. Los castellanos no nos interesan por el momento, puesto que, como es sabido, eligieron navegar hacia el oeste y así se acabaron encontrando, por casualidad, con el continente americano, lo que les abrió una vía comercial completamente nueva e inesperada, así como millones de nuevos católicos —aunque hubiese que convertirlos por el convincente pero discutible método de la espada, si no habían muerto antes contagiados de las enfermedades de los conquistadores—. Portugal, por su lado, fundó una moderna academia naval, la Escuela de Sagres, desde donde se planificó una ruta en principio más segura que la castellana, bordeando África sin alejarse demasiado de la costa.

Finalmente, el 23 de septiembre de 1543, los portugueses llegaron hasta Japón —se cree que casi naufragando y no por voluntad propia—, a las costas de Tanegashima, una pequeñísima isla —57 kilómetros de norte a sur por 12 de este a oeste— justo al sur de Kyūshū. Se trataba de únicamente tres comerciantes portugueses y la tripulación del pequeño junco chino en el que viajaban; sería precisamente uno de estos marineros chinos, haciendo las veces de intérprete, quien presentó a los

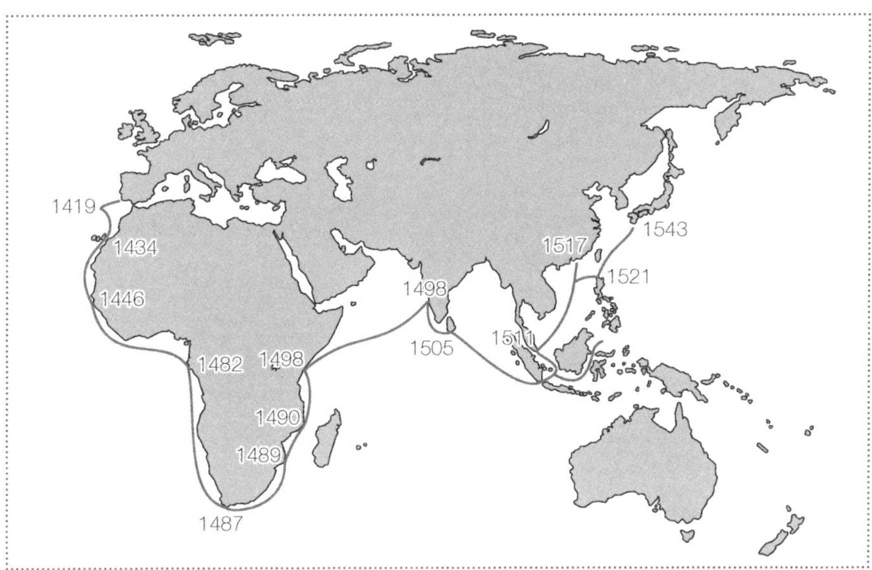

Fig. 6.1. Mapa del recorrido de los portugueses hasta Japón. Elaboración propia.

recién llegados como «bárbaros del sur», tal y como en China se denominaba a los portugueses —y posteriormente a los occidentales en general—, puesto que llegaron a su país desde esa dirección. Y así sería como se conocería también a los occidentales en el Japón de la época, con el nombre *nanban*.

La llegada y difusión de los arcabuces

Al final del capítulo anterior habíamos dejado a Japón en una situación de tablas en la que ninguno de los principales clanes samurái podía hacerse con todo el territorio o, por lo menos, con la zona de la capital. Con la llegada de los portugueses se producirían algunos cambios en este panorama, aunque nunca podremos saber qué habría sucedido de no haberse producido este contacto —ni es algo de lo que deban encargarse los historiadores—, y la mayor o menor importancia de este hecho es todavía objeto de debate académico; pero se suele estar de acuerdo en que, por lo menos, aceleró el desenlace del periodo de guerras. Y esto se debe, básicamente, a algo que los comerciantes portugueses, además de diversas mercancías más o menos interesantes para los japoneses, traían con ellos: las armas de fuego. Como hemos visto en el capítulo 4, los japoneses ya se las habían tenido que ver con la pólvora durante los intentos de invasión de los ejércitos de Kublai Khan, y también se sabe de un noble de Odawara que compró en 1510 una pistola a un comerciante chino; justo el mismo año en que entraron en Japón unos cuantos arcabuces de fabricación igualmente china, usados en 1548 en la batalla de Uedahara, aunque parece ser que se trataba de armas muy primitivas y no demasiado efectivas en combate —desgraciadamente, no existen ilustraciones de estos modelos—. En cambio, las nuevas armas llegadas de Europa sí constituían un cambio muy considerable en las reglas de juego.

El Tanegashima

Precisamente el lugar donde desembarcaron los primeros portugueses que llegaron a costas japonesas, la isla de Tanegashima, daría nombre desde ese momento a ese tipo de arcabuz en Japón. El daimyō del lugar, del clan Shimazu, rápidamente vio que estas nuevas armas podían marcar la diferencia respecto a los arcos, espadas y lanzas usadas hasta entonces, y los primeros arcabuces que se vendieron en Japón alcanzaron precios astronómicos. Muchos daimyō pusieron inmediatamente a sus artesanos armeros a trabajar en la fabricación de arcabuces, intentando copiar el modelo portugués desmontando y estudiando uno al detalle; en solo dos o tres años tuvieron éxito en su misión y una década más tarde ya había unos trescientos mil en todo Japón. Y no solo fueron capaces de copiar los modelos portugueses, sino que consiguieron fabricar arcabuces incluso de mayor calidad que los originales, sobre todo en los talleres de herrería de la zona central del país.

Fig. 6.2. Arcabuz Tanegashima.

Álbum de hombres del castillo de Chiyoda: visita formal al shogun (1897), de Toyohara Chikanobu (1838-1912).

Álbum de hombres del castillo de Chiyoda: visita de los daimyo (1897), de Toyohara Chikanobu (1838-1912).

Álbum de hombres del castillo de Chiyoda: práctica de yabusame (1897), de Toyohara Chikanobu (1838-1912).

Álbum de hombres del castillo de Chiyoda: práctica de kendo (1897), de Toyohara Chikanobu (1838-1912).

Álbum de hombres del castillo de Chiyoda: práctica de dakyu (1897), de Toyohara Chikanobu (1838-1912).

Álbum de hombres del castillo de Chiyoda: práctica de caza (1897), de Toyohara Chikanobu (1838-1912).

Álbum de hombres del castillo de Chiyoda: comitiva de un daimyo (1897), de Toyohara Chikanobu (1838-1912).

Álbum de hombres del castillo de Chiyoda: práctica de kyudo (1897), de Toyohara Chikanobu (1838-1912).

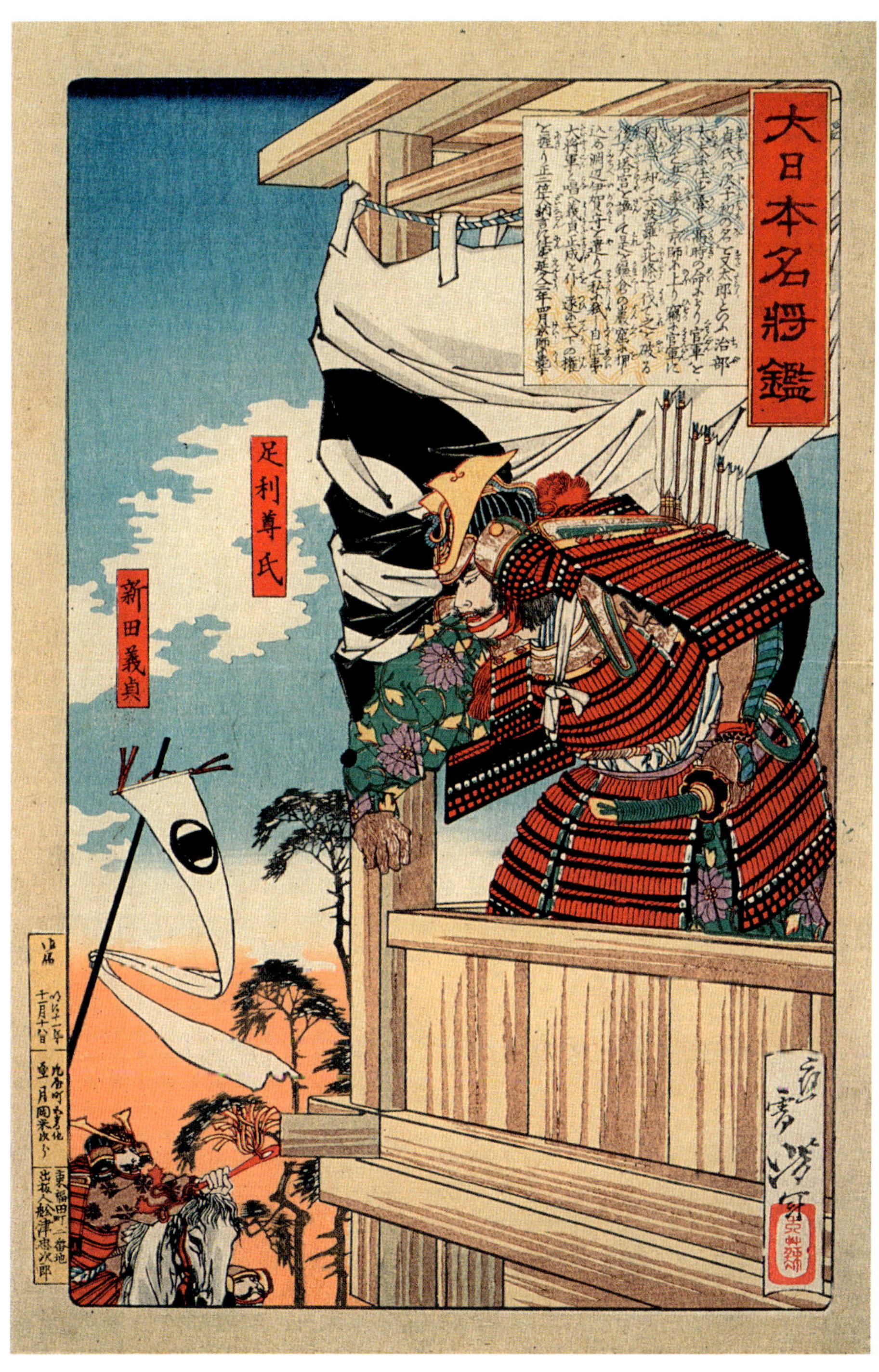

Ashikaga Takauji y Nitta Yoshisada, de la serie *Espejo de grandes guerreros de Japón* (1878) de Tsukioka Yoshitoshi (1839-1892).

La batalla de Kawanakajima (1857), de Utagawa Yoshikazu (act. 1850-1870).

Crónica de la subyugación de Kagoshima. Batalla frente al castillo de Kumamoto (1877), de Tsukioka Yoshitoshi (1839-1892).

El célebre general Takeda Harunobu Nyudo Shingen, de Utagawa Kuniyoshi (1797-1861).

Hatakeyama Shigetada, de la serie *Guerreros valientes de Yoshitoshi* (1883), de Tsukioka Yoshitoshi (1839-1892).

Los héroes del clan Shimazu (1877), de Tsukioka Yoshitoshi (1839-1892).

Kato Kiyomasa y Honda Tadakatsu se enfrentan con lanzas en la batalla de Komatsu, de Tsukioka Yoshitoshi (1839-1892).

Kato Kazuenokami Kiyomasa arrodillado ante un estandarte, de la serie *Espejo de Sabiduría, Benevolencia y Valor en Japón* (1878), de Tsukioka Yoshitoshi (1839-1892).

Detalle del tríptico *Los fantasmas del clan Taira atacando el barco de Minamoto Yoshitsune en la bahía de Daimotsu en 1185*, de Utagawa Kuniyoshi (1797-1861).

La segunda invasión mongola, tríptico de Utagawa Kuniyuki (act. 1880-1890).

Un día de lo más desafortunado, de la serie *Analogías de Kuniyoshi a las Seis Condiciones de la Naturaleza* (1860), de Utagawa Kuniyoshi (1797-1861). Mori Ranmaru alancea a Yasuda Sakubei durante la defensa del templo Honnoji tras el ataque de Akechi Mitsuhide.

Tomoe Gozen, de la serie *Espejo de bellezas del pasado y del presente* (1875-1876), de Tsukioka Yoshitoshi (1839-1892).

El último combate de Oda Nobunaga entre las llamas del templo Honnoji, de la serie *Espejo de célebres generales de Japón* (1876-1882), de Tsukioka Yoshitoshi (1839-1892).

Tomoe Gozen, la esposa de Kiso Yoshinaka, derrota a Uchida Saburo, de la serie *Célebres combates entre hombres valientes* (1865-1866), de Tsukioka Yoshitoshi (1839-1892).

Toyotomi Hideyoshi, autor desconocido (s. XVI).

Uesugi Kenshin Nyūdō Terutora cabalgando hacia la batalla, de la serie *Guerreros valientes de Yoshitoshi* (1883), de Tsukioka Yoshitoshi (1839-1892).

Luna en el monte Tobitsu (1887), de la serie *100 aspectos de la luna* (1885-1892), de Tsukioka Yoshitoshi (1839-1892). El grabado representa a un general dirigiendo sus tropas en la Batalla de Nagashino, 1575.

Cuaderno de pinturas (*Gajō*), de Matsumoto Fūko (1840-1923).

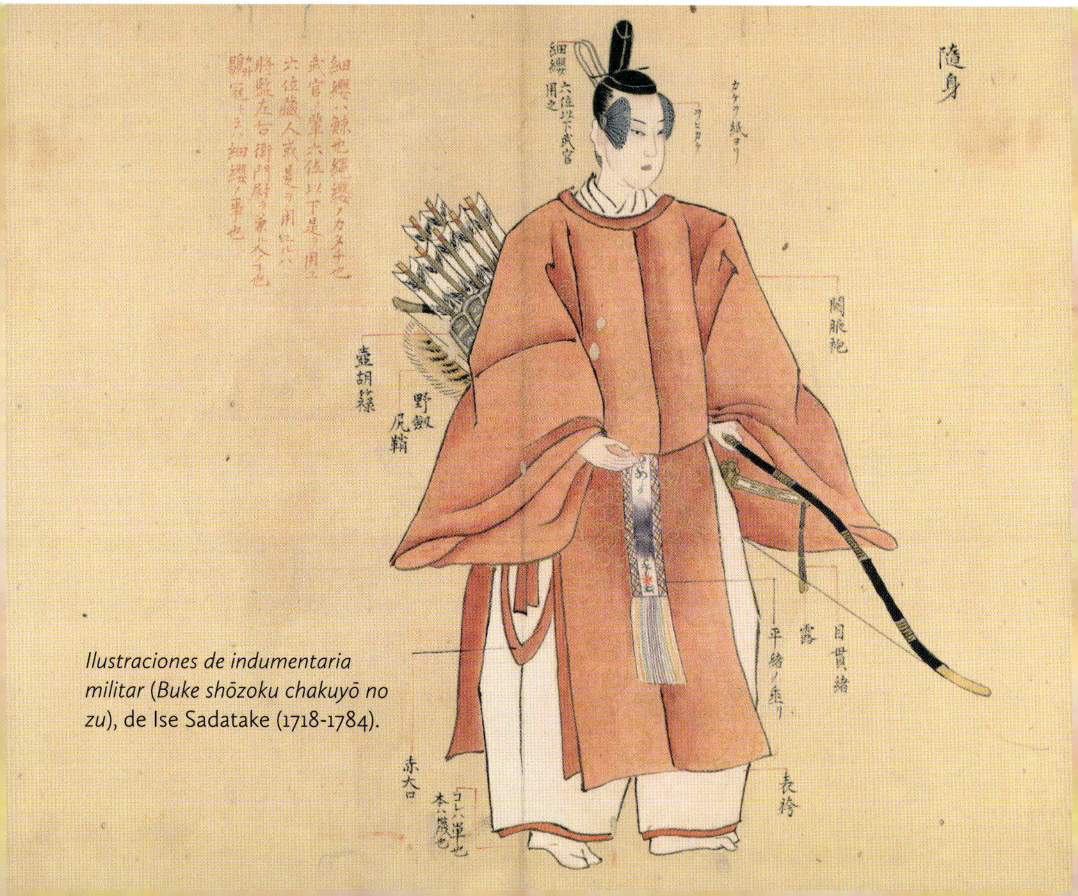

Ilustraciones de indumentaria militar (*Buke shōzoku chakuyō no zu*), de Ise Sadatake (1718-1784).

Colección de ilustraciones sobre cómo llevar armas y armaduras (*Katchū chakuyōzu*), de 1848, Yamaguchi Bisū (1794 -1848), arcabucero (arriba) y arquero (abajo).

Colección de ilustraciones sobre cómo llevar armas y armaduras (*Katchū chakuyōzu*), de 1848, Yamaguchi Bisū (1794 -1848), lancero (arriba) y samurái (abajo).

Minamoto no Yoshitsune,
rollo colgante de autor
desconocido (1800-1868).

Saigo Takamori (1828-1877) con sus oficiales, publicado en la revista francesa *Le Monde Illustré* el 5 de enero de 1878.

Hombre vestido con traje samurái de etiqueta (1870-1890), de Kusakabe Kimbei (1841-1934).

Koboto Santaro (1863), de Felice Beato (1834-1909).

Ota Genzaburo ejerció de intérprete misión diplomática enviada a Europa en 1862. La fotografía se tomó en un estudio londinense.

Hombre ataviado con armadura completa sujetando un arco (1870-1890), de Kusakabe Kimbei (1841-1934).

Hombre sentado y ataviado con armadura (1870-1890), de Kusakabe Kimbei (1841-1934).

Oficiales japoneses en Nagasaki en agosto de 1862, de Felice Beato (1834-1909).

Anciano samurái (c. 1890), de Tamamura Kozaburo (1856- c.1923).

Retrato de un anciano samurái en atuendo formal, de Ogawa Kazumasa (1860-1929).

Bushi, de Adolfo Farsari (1841-1898) fotógrafo italiano que se trasladó a Japón en 1873 y estableció su estudio en Yokohama.

El castillo de Kumamoto
en 1902.

Charles King Dillaway y sus estudiantes japoneses Hanabusa Kotaro, Hiraga Isasaburo, Tsuge Zengo y Aoki Yoshihira, ca.1890. Fotografía de Antoine Sonrel (?-1879).

Enviado a Inglaterra en 1862.

Enviado a Inglaterra en 1862.

Arquero, de Felice Beato (1833/4-1909) fotógrafo británico que residió en Japón entre 1863-1884.

Guerrero japonés con armadura, fecha y autor desconocidos.

La misteriosa fotografía de Verbeck

Guido Verbeck (1830-1898) fue un misionero protestante holandés que llegó a Nagasaki en 1859 y durante unos años dio clases de idiomas y de política y ciencia occidentales a jóvenes de familias samuráis, entre los que hubo algunos de los futuros líderes de la restauración y el gobierno Meiji. Años más tarde se convirtió en uno de los asesores extranjeros más influyentes del nuevo gobierno.

Esta fotografía de un grupo de samuráis rodeando a Verbeck constituye todo un misterio sobre el que los historiadores japoneses han discutido largamente. Los únicos hechos que podemos dar por ciertos son que aparece el mismo Verbeck y que fue tomada por el fotógrafo Ueno Hikoma (1838-1904) en su estudio de Nagasaki. La fecha no ha sido determinada con exactitud, aunque se cree que podría datarse entre 1865 y 1868. Este es un dato crucial puesto que, dependiendo del momento exacto, algunos de los samuráis que se cree que acompañan a Verbeck podrían o no estar efectivamente en la foto. Se duda incluso acerca de la identidad del niño que tiene el misionero sobre sus rodillas. La teoría más aceptada es que se trata de su hijo William, pero otros defienden que es su hija Emma. El propio Verbeck envió esta fotografía a Estados Unidos —de donde procedía pese a ser holandés— y en la carta que la acompañaba mencionó que algunos de los samuráis eran actualmente importantes políticos y que incluso uno de ellos era primer ministro. Algunos de los nombres famosos que se han barajado los hemos visto en este libro, como los de Saigō Takamori, Sakamoto Ryōma o Katsu Kaishū, pero sigue sin haber consenso al respecto.

Harakiri, de Kusakabe Kimbei (1841-1934).

Recreación de una ejecución, de Felice Beato (1833/4-1909) fotógrafo británico que residió en Japón entre 1863-1884.

Samuráis con armadura, de Kusakabe Kimbei (1841-1934).

Miembros de la Misión Ikeda en 1864 en París fotografiados por el fotógrafo francés Nadar (Gaspard-Félix Tournachon).

Vasallos del daimyo de Satsuma en 1863, de Felice Beato (1833/4-1909).

Samurái con arco, 1863, de Felice Beato.

Samurái con katana, 1863, de Felice Beato.

Retrato de oficiales japoneses en Nagasaki, 1868.

Joven noble de Satsuma retratado por Felice Beato (1833/4-1909).

Hombres ataviados como antiguos samuráis, de Kusakabe Kimbei (1841-1934).

Shimazu Hisamitsu, del clan Satsuma, rodeado de sus vasallos.

Ikeda Nagaoki (1837-1879).

Retrato de un samurái con armadura en 1880, de Adolfo Farsari (1841-1898).

Sakamoto Ryoma (1836-1867).

Los escoltas samurái de la misión diplomática holandesa en Nagasaki en 1863.

Samurái mirando a la derecha (1875), fotografía del Barón Raimund Von Stillfried (1839-1911).

Samurái (ca. 1890), retrato de Ogawa Kazumasa (1860-1929).

Samuráis del clan de Satsuma durante las guerras Boshin, de Felice Beato.

Shimazu Uzuhiko, 26 años, 1869, retrato de Uchida Kuichi (1844-1875).

Retrato de Hitotsubashi Yoshinobu durante su breve periodo como último shogun de la familia Tokugawa (1866-1867).

Shimazu Uzuhiko con los soldados del clan Satsuma durante las guerras Boshin.

Retrato del samurái Harada Kiichi en Nagasaki, de Ueno Hikoma (1838-1904).

Yakunin (ca.1860-1861),
fotografía atribuida
a August Sachtler.

Las armas de fuego encajaron a la perfección dentro de la anteriormente comentada tendencia hacia un mayor uso de la infantería en el campo de batalla, pues solo había que armar a algunas de estas unidades con arcabuces. De diseño simple pero efectivo, se trataba de armas considerablemente ligeras que podían apoyarse en el hombro sin necesitar de soportes externos —excepto algunos modelos de gran calibre fabricados posteriormente en Japón—, medían aproximadamente un metro de longitud, con un cañón liso de quince milímetros, y su detonación causaba bastante retroceso y una gran cantidad de humo. No podían utilizarse en condiciones de lluvia, lo que tampoco era un gran inconveniente porque esto afectaba tanto a los arcabuceros propios como a los enemigos, y no eran recomendables para un ataque por sorpresa a causa del potente ruido que producían al disparar. La cadencia de disparo era de solo uno cada quince o veinte segundos, y el radio de acción era de unos quinientos metros —en el más óptimo de los casos—, aunque un impacto desde doscientos metros o más no era demasiado letal y para nada preciso; bastante recientemente se han realizado pruebas en Japón con algunas de estas armas y a partir de cincuenta metros solo un veinte por ciento de los disparos acertaban a impactar en una figura humana, funcionando únicamente con objetivos mayores, como guerreros a caballo o tropas en formación. Aun así, implicaban una mejoría nada desdeñable. Un arquero experimentado podía disparar muchas más flechas en el mismo tiempo, y con mayor precisión, pero la ventaja de los arcabuces estaba en que aprender a manejarlos no requería demasiado entrenamiento, a diferencia del arco, lo que permitía la creación de batallones de arcabuceros formados por ashigaru de rangos bajos. Los armeros de la zona de Sakai, en el área de Osaka, llevaban unos años fabricando algunas copias de los rudimentarios arcabuces chinos, pero a partir de 1544 se dedicaron a copiar y fabricar el modelo portugués, tal y como empezaron a hacer los herreros de la villa de Kunitomo, en la actual prefectura de Shiga, por orden del shōgun. Uno de los avances que hicieron los fabricantes japoneses fue la estandarización del tamaño de los cañones de los arcabuces, que pasaron a fabricarse en dos o tres medidas fijas, a diferencia del caos de tamaños que se usaba en Europa y que hacía que casi cada unidad necesitase munición hecha a medida.

Aunque el mito samurái que ha llegado hasta la actualidad nos habla de que esta casta de guerreros rechazaba el uso de las armas de fuego

Fig. 6.3. Un samurái llamado Inoue Nagayoshi disparando un arcabuz de gran calibre en la guerra de Corea, por Utagawa Kuniyoshi.

por considerarlas indignas, la realidad es que sabemos que fueron rápidamente incorporadas al armamento habitual de las tropas samuráis sin ocasionar demasiados debates morales: se trataba de una herramienta más que podía ayudar a hacerse con la victoria en el campo de batalla, y en un momento de guerra absoluta y descarnada, el pragmatismo se impuso a la tradición. Pese a lo que comentábamos acerca de la batalla de Uedahara, en 1548, la que suele considerarse habitualmente como la primera vez que los arcabuces, esta vez el modelo portugués, entraron en combate en Japón, se dio en el año siguiente en Ōsumi, actual prefectura de Kagoshima, provincia a la que pertenecía la isla de Tanegashima, y obviamente fueron utilizados por el clan del lugar, los Shimazu. El poderoso daimyō Takeda Shingen (1521-1573) utilizó trescientos arcabuceros ya en 1555, reforzando con ellos la defensa del castillo de Asahiyama, y en 1569 afirmó: «A partir de ahora, las armas de fuego serán lo más importante, así que disminuid el número de lanzas y haced que vuestros hombres más capaces lleven arcabuces con ellos». Tanto su ejército como el de Tokugawa Ieyasu (1543-1616) los usaron al enfrentarse en la batalla de Mikatagahara, en 1572, y su utilización a partir de esta misma década estaba ya tan extendida que se da por asumida.

Los cañones

El uso de la artillería pesada no se popularizó de la misma forma que el de los arcabuces. Llegaron a Japón en el año 1551, cuando dos de ellos fueron regalados por los portugueses, de parte del papa de Roma, al daimyō cristiano Ōtomo Sōrin (1530-1587) —bautizado en 1578 como Francisco—; y también se intentaron copiar por parte de los armeros japoneses, pero nunca llegaron a conseguir la misma calidad de los originales. Se solían usar desde barcos o de forma casi fija en asedios, siendo el más claro ejemplo de ello el del castillo de Osaka en 1614 y 1615 —como veremos más adelante—, pero prácticamente no se utilizaron como piezas móviles en el campo de batalla.

Volviendo al momento en el que llegaron los portugueses, la China de los Ming había cesado recientemente su relación tanto comercial como diplomática con Japón en protesta por la ineficiencia del bakufu para evitar que los piratas japoneses, conocidos como *wakō*, atacasen sus costas; la realidad era que la gran mayoría de estos piratas era de origen chino, y que el Gobierno japonés, siendo incapaz de ejercer ninguna autoridad sobre su propio territorio más allá de la capital, no tenía manera de evitar estos ataques. La falta de comercio entre ambos países ofreció una excelente oportunidad para los comerciantes portugueses, que se convirtieron en intermediarios, vendiendo en Japón las mercancías chinas que obtenían en su base de Macao y consiguiendo así interesantes beneficios. Pero, estando el territorio japonés dividido en provincias casi autónomas y enfrentadas entre sí, cuando los barcos lusos llegaban a sus costas, eran muchos los daimyō que querían que su puerto fuese el elegido, y así tener prioridad a la hora de beneficiarse del comercio o —importante— de hacerse con las armas de fuego que los mercaderes traían desde Europa. Pero no eran precisamente los propios comerciantes portugueses quienes elegían libremente en qué provincia atracar sus naves, de ello se encargaban unos sacerdotes católicos. Pero ¿qué sacerdotes católicos?

Armas a cambio de almas, la misión católica en Japón

Para saber qué estaban haciendo estos religiosos en Japón, debemos regresar a Europa, donde el Vaticano contestó al proceso de reformas que exigían los protestantes con lo que se conoce como la Contrarreforma, una estrategia que, aunque contemplaba cierta renovación y normativización de la doctrina oficial y los ritos, y la creación o reactivación de órdenes religiosas, también fortalecía la autoridad del papa y la institucionalización de la Inquisición, entre otras estrategias. Una de estas nuevas órdenes religiosas fue la llamada Compañía de Jesús —los conocidos como jesuitas—, fundada en 1534 por Ignacio de Loyola (1491-1556) y seis compañeros de la Universidad de París y admitida en 1540 como orden religiosa por el papa Pablo III (1468-1549). Estaba formada por los hombres más y mejor preparados de la Iglesia, una especie de cuerpo de élite intelectual, altamente disciplinados y versados en todo tipo de conocimientos, que rendían cuentas única y directamente ante el mismo pontífice, y que tenían en la educación —especialmente la de las clases altas— uno de sus principales objetivos e intereses. El rey portugués Juan III (1502-1557), fervoroso católico, simpatizó rápidamente con los jesuitas y pidió al papa que fuesen estos los encargados de llevar la evangelización a los nuevos territorios portugueses. Por ello, durante los años en los que únicamente

Portugal mantuvo tratos con Japón y China, serían los jesuitas los únicos religiosos occidentales en la zona, disfrutando de un monopolio muy beneficioso para ellos.

En 1549, solo seis años después de la llegada de los primeros comerciantes portugueses y nueve años después de la aprobación de la orden, llegaba a Japón uno de sus fundadores, el sacerdote navarro Francisco Javier (1506-1552), acompañado de otros dos jesuitas. Javier había estado durante ocho años en otras zonas de Asia, como la India o Malaca, pero se mostraba descontento con los resultados de su evangelización y lo atribuía a la poca civilización de los habitantes de esas zonas. Precisamente decidió viajar a Japón cuando le llegaron noticias de que sus habitantes eran —como él mismo decía— «gentes que no se rigen sino por razón», por lo que creyó que, necesariamente —desde el punto de vista tomista imperante en la época—, habían de estar dispuestos a convertirse al cristianismo. Tras llegar a tierras japonesas, confirmó lo que le habían explicado del lugar y se mostró entusiasmado porque creía que la evangelización de Japón sería una tarea sencilla. En sus cartas encontramos constantemente grandes halagos hacia los japoneses, «[la gente japonesa] es la mejor que hasta ahora está descubierta (...) me parece que entre gente infiel no se hallará otra que gane a los japones». Además, descubrió que en todo el país se hablaba un único idioma, lo que facilitaba enormemente su misión al tener que aprender solo una lengua; que gran parte de la población sabía leer, lo que hacía más sencillo poder difundir las ideas cristianas; y que ya existían en Japón diferentes religiones y corrientes religiosas, lo que debería hacer más sencilla la introducción de una nueva doctrina. Otro factor favorecería la entrada de Javier —aunque quizá él no fuese consciente de ello—: el hecho de venir de la India, lugar que para los japoneses era la cuna del budismo, le otorgó un gran carisma. Su estrategia para evangelizar Japón pasaba por dos puntos principales: aprender todo lo que se pudiera sobre los japoneses, y adaptarse a su forma de vivir; y tenía como primer objetivo las clases dirigentes, se trataba de un plan orientado de arriba abajo, con la creencia de que una vez convertidas las élites, la conversión de las clases inferiores sería casi automática. Javier, siguiendo esta misma lógica, viajó a la capital para intentar ponerse en contacto con el emperador y pedirle autorización oficial para predicar en todo el país, solo para descubrir que en ese momento no había en Japón nada a lo que pudiera llamarse gobierno central y que el emperador no tenía ninguna autoridad; por lo que la misión pasaba por hacerse con los favores de los distintos señores de cada región. Javier estuvo apenas dos años y medio en Japón, pues al descubrir que para los japoneses, China era la cuna de la cultura en Asia, y siguiendo la misma estrategia descendente, decidió que era más importante convertir a China y que después el resto de países bajo su influencia cultural serían fácilmente evangelizados. Por ello se encaminó hacia ese país, tras pasar por la India, aunque moriría en 1552 en la pequeña isla de Sanchón, ante las costas continentales chinas.

Esta estrategia diseñada por Javier marcaría el carácter de la misión jesuita tanto en Japón como en el resto de Asia, y unas décadas después el napolitano Alessandro Valignano (1539-1606), la retomaría aún con más intensidad. Valignano pertenecía a una generación más joven y era italiano, por lo que había estado en contacto con el humanismo europeo y esto se nota en su forma de pensar; otorgaba un gran valor a la experiencia y por ello creía que en Asia él debía manejar las cosas a su manera, porque era él quien estaba sobre el terreno y tenía una experiencia

Fig. 6.4. Francisco Javier y Alessandro Valignano.

propia, algo de lo que carecían en el Vaticano. Al llegar a Japón en 1579 —y al contrario de lo que le había sucedido a Francisco Javier treinta años antes—, pasó por una fase de gran pesimismo debida a que no entendía cómo una sociedad podía ser tan completamente diferente de todo lo que él conocía, llegando incluso a temer que fuese imposible el éxito del cristianismo en esas tierras. Decidió dedicar un año entero únicamente a observar y aprender, sin tomar demasiadas decisiones hasta tener el suficiente conocimiento de la sociedad japonesa, y entonces llegó a la conclusión de que para que el cristianismo triunfase en Japón, era necesario adaptarlo, hacer las cosas al modo japonés, por lo que diseñó una completa estrategia de adaptación que lo abarcaba absolutamente todo. Los sacerdotes no solo debían hablar japonés, tenían que vestir como bonzos budistas, comer lo que ellos comían y vivir como ellos vivían. Llegó al punto de pretender aplicar un filtro al mismo Evangelio, manteniendo la esencia, la columna vertebral, pero adaptando el resto de forma que las partes menos importantes no entrasen en conflicto con la forma de pensar propia de los japoneses y acabasen haciendo fracasar toda la misión. Más aún, todo ello debía estar encaminado únicamente a una primera fase, pues el objetivo final de Valignano era que la Iglesia católica en Japón acabase siendo completamente japonesa, formada por sacerdotes e incluso obispos japoneses.

Y como, tal y según decíamos antes, eran los jesuitas quienes decidían con qué feudo o provincia comerciaban los mercaderes portugueses, los distintos daimyō se dieron cuenta rápidamente de que podía resultar muy útil llevarse bien con ellos. Por eso muchos de estos señores samuráis autorizaron a los jesuitas a desarrollar su tarea evangelizadora en sus tierras o incluso se convirtieron ellos mismos al cristianismo —algunas veces acompañados de sus familias o de la totalidad de sus súbditos—. La gran mayoría de historiadores —con la excepción de aquellos vinculados a la Iglesia— creen que por norma general era este, y no una auténtica devoción, el motivo de la mayor parte de las conversiones. Así, no es ninguna casualidad que los primeros daimyō cristianos fuesen también los primeros en incorporar el arcabuz a sus tropas.

En 1580, con la llamada Unión Ibérica, cuando tanto Portugal como Castilla pasaron a estar bajo la misma corona, la de Felipe II (1527-1598), se abría la posibilidad de que llegasen a Japón frailes franciscanos, agustinos o dominicos —órdenes mendicantes patrocinadas por Castilla—.

Fig. 6.5. Ejemplo típico del llamado arte *nanban*, mostrando un barco europeo llegando a puerto japonés, del que bajan comerciantes vestidos al estilo portugués y todo tipo de mercancías y animales, con esclavos africanos, y siendo recibidos por japoneses y jesuitas de largas túnicas negras. Biombo obra de Kanō Naizen, Museo de la Ciudad de Kobe.

Esta idea, obviamente, horrorizaba a los jesuitas porque podían perder su monopolio; el mismo Valignano detalló en un documento de 1583 los muchos inconvenientes que podían resultar de la llegada a Japón de dichas órdenes, argumentando que era precisamente la uniformidad y coherencia cristianas frente a la diversidad entre las diferentes sectas budistas uno de los principales motivos de muchos japoneses para convertirse al cristianismo, y que esta uniformidad se rompería si apareciesen otras órdenes. Añadía que para trabajar en un país tan completamente distinto a todo lo conocido, era imprescindible tener mucha experiencia sobre el lugar y sus costumbres, y que eso solo lo tenían los jesuitas; y que en Japón se temía a los castellanos por la forma en la que habían conquistado medio mundo, con lo que la llegada de sus frailes podría acabar de convencerles de la idea de la evangelización como primer paso antes de la conquista militar. Pese a esta resistencia, los sacerdotes mendicantes acabarían llegando a Japón en la década de 1590, y su presencia y costumbres ocasionarían no pocos incidentes, tanto con los jesuitas como con los propios japoneses, lo que sería una de las principales causas para que tanto el cristianismo como la presencia occidental acabasen siendo perseguidos. Pero todo esto se aleja ya demasiado de lo que aquí nos interesa, así que no iremos más allá por el momento.

En cuanto al supuesto éxito —temporal— del cristianismo en Japón, las fuentes jesuitas nos dicen que para inicios de la década de 1580 había en el país unos ciento cincuenta mil conversos —aunque es una cifra obviamente exagerada porque incluye a miles de personas que se consideraban automáticamente convertidas por haberlo ordenado así su daimyō—, mientras que otras nos hablan de cien mil, y otras los cifran en apenas quince mil en ese mismo momento. Encontramos la misma disparidad de datos en lo referente a décadas posteriores: para 1613, algunas fuentes nos hablan de trescientos mil conversos, mientras que otras llegan a cifras tan altas como setecientos mil, teniendo en cuenta que la población de todo Japón era por entonces de menos de veinte millones de personas. En general, desde Occidente se ha exagerado el impacto del contacto con Europa, sobre todo en lo que respecta a la acogida del cristianismo, en los manuales occidentales de historia japonesa este tema ocupa gran parte de lo que se explica acerca del siglo xvi, pero en Japón se explica como el siglo del auge de los daimyō, ocupando el contacto europeo un espacio muchísimo menor.

Cuando terminó el periodo Sengoku y el país entró por fin en una fase de unificación, los distintos gobernantes tuvieron una relación diferente con los misioneros europeos, dependiendo de su personalidad, sus intereses y el contexto político de cada momento, pero eso es algo que iremos viendo más adelante.

7
La unificación de Japón

Finales del periodo Sengoku: menos rivales más poderosos

Según fue avanzando el periodo Sengoku, las más poderosas de todas las familias samuráis, las que fueron sobreviviendo a los combates y haciéndose con más territorios, empezaron a contemplar un nuevo objetivo, mayor que la simple supervivencia o el deseo de más tierras: hacerse con el control de todo Japón. Para ello, se hacía necesario llegar primero a la capital, tomarla militarmente y convertir al shōgun en una marioneta que legitimase al daimyō en cuestión como una especie de unificador oficial, con derecho a combatir al resto de clanes desde ese momento y hasta hacerse con todo el país. Pero para conseguir este nuevo objetivo, no bastaba únicamente con ser más fuerte que el territorio vecino, se trataba de una tarea enorme que no podía ser llevada a cabo por ninguno de estos daimyō individualmente, por lo que comienzan a surgir numerosas alianzas entre distintos señores. Estas alianzas se rompían con la misma facilidad con la que se creaban y, de nuevo, asistimos a un sinfín de traiciones y cambios de bando —por mucho que la leyenda samurái insista en su inquebrantable lealtad—. Algunos daimyō estaban a priori en mejores condiciones para alzarse con la victoria, como los ya nombrados Uesugi en Echigo, los Takeda en Kai, los Imagawa en Mikawa, Tōtōmi y Suruga, y los Hōjō de Odawara en toda la región de Kantō; en zonas más alejadas también se había producido este proceso de supervivencia del más fuerte, dejando a los Shimazu en Kyūshū, los Chōsokabe en Shikoku, o los Mōri y los Date en el oeste y norte de Honshū, respectivamente, pero la considerable distancia con la capital los hacía candidatos menores a la victoria. La situación general había acabado llegando a una especie de tablas a mediados del siglo XVI, pero esto empezaría a cambiar cuando uno de estos poderosos daimyō se decidió a intentar la conquista de la capital.

Imagawa Yoshimoto (1519-1560) parecía el más indicado para hacerse con la victoria, ya que no solo poseía tres importantes provincias del centro del país, además contaba con solidas alianzas basadas en matrimonios —el suyo propio, el de un hijo y el de una hija— tanto con los Takeda como con los Hōjō. Con todas estas ventajas, en 1560 emprendió la marcha hacia Kioto, capitaneando un gran ejército —algunas fuentes hablan de veinte mil, otras de cuarenta mil soldados—. Tras varias victorias que hacían presagiar una campaña triunfante, al pasar por la provincia de Owari, su avance fue detenido, su ejército fue masacrado y su cabeza fue separada del resto de su cuerpo, y todo ello a causa de un pequeño ejército de solo tres mil samuráis, liderado por un daimyō menor que hasta hacía un año solo controlaba una parte de la provincia, rodeado por rivales de mucha más importancia.

Oda Nobunaga plantó el arroz...

Oda Nobunaga (1534-1582) era el líder del clan Oda desde 1549, cuando murió su padre teniendo él quince años, y se hizo con el liderazgo pese a la oposición de gran parte del clan, que creía que el joven Nobunaga estaba loco, debido a su estrambótico comportamiento en muchas ocasiones. Quizá ello se deba a que era una persona muy pragmática que hacía siempre lo que consideraba más adecuado en cada situación para conseguir sus objetivos, aunque ello contraviniese las tradiciones y el protocolo o ignorase las opiniones de los demás. Así, el mismo año en que se hizo con el liderazgo del clan, compró quinientos arcabuces para sus tropas, siendo uno de los primeros daimyō en confiar en el potencial de las armas de fuego y utilizarlas en el campo de batalla con estrategias de lo más innovador, incluso si las comparamos con la Europa del momento. Y como rápidamente se mostró interesado en estas nuevas armas, también se dio cuenta de que para conseguirlas, podía ser muy beneficioso tener buenas relaciones con los misioneros cristianos, por lo que se mostró muy permisivo con ellos y se reunió en numerosas ocasiones con algunos padres jesuitas. En el campo de batalla, sus tropas se movían mucho más velozmente que las de ningún otro daimyō, puesto que construyó en sus dominios nuevas carreteras y reparó y ensanchó las ya existentes, levantó puentes en muchos lugares y mandó construir grandes barcazas que podían trasladar rápidamente sus batallones de un lado al otro del lago Biwa —estratégicamente situado en el centro del país—. Son varios los factores que hicieron que Nobunaga acabase triunfando sobre el resto: al pragmatismo y la innovación que acabamos de comentar hay que sumar la localización óptima de su provincia, Owari, convenientemente cerca de la capital pero lo suficientemente apartada como para no verse afectada por los combates que la habían asolado. Además, la suerte le fue propicia en más de una ocasión, como veremos.

Nobunaga se hizo conocido en todo el país, colocándose de repente en la lista de los daimyō más poderosos, tras la batalla de Okehazama, en 1560, donde —como decíamos— aplastó de forma completamente inesperada al ejército de Imagawa Yoshimoto. Tras hacerse con un par de fortificaciones fácilmente, las tropas de los Imagawa estaban descansando y celebrando su exitosa marcha en un lugar llamado Dengakuhazama, una especie de cañón o garganta; y Nobunaga, consciente de que sus tres mil hombres no podrían hacer nada contra un ejército tan superior en número si se encontraban frente a frente en campo abierto, decidió aprovechar lo cerrado del lugar, que además conocía bien, para un ataque por sorpresa. Así, su pequeño ejército dio un rodeo para colocarse justo encima del desfiladero sin ser descubierto por los vigilantes del campamento de las tropas invasoras, y allí esperó el mejor momento para lanzar el ataque. La suerte quiso que el tiempo cambiase de repente y cayese sobre la zona una fortísima tormenta que hizo que los soldados enemigos corriesen a resguardarse bajo los árboles. Justo cuando la lluvia cesó, y aprovechando la confusión reinante mientras los soldados volvían al campamento, Nobunaga ordenó la carga, cayendo casi literalmente sobre el enemigo. Los soldados Imagawa, tomados por sorpresa, no supieron reaccionar al ataque y se produjo un completo caos en el que solo los hombres del clan Oda sabían lo que estaba pasando, acabando con sus rivales fácilmente. El propio Yoshimoto no supo que estaban siendo atacados y, al ver aproximarse a un samurái hacia él, pensó que se trataba de uno de sus hombres; para cuando se dio cuenta de la realidad, ya tenía una lanza clavada y, aunque reaccionó rápidamente desenvainando su espada y defendiéndose, un segundo enemigo le cortó la cabeza de un tajo. Con Yoshimoto muerto, los pocos oficiales de su ejército que quedaban con vida se pasaron al bando de Nobunaga y la batalla concluyó. Además, tras Okehazama, el líder del clan Matsudaira se convirtió en un importante aliado de los Oda —en 1567 cambió su apellido por el de Tokugawa, pero hablaremos de todo ello más adelante—. Esta es una de las batallas más importantes y célebres del periodo Sengoku, tanto por lo inesperado del desenlace como, sobre todo, por tratarse del primer paso de Oda Nobunaga hacia la unificación de Japón.

Fig. 7.1. Estatua de Oda Nobunaga en Kiyosu, prefectura de Aichi.

Después de Okehazama, Nobunaga pasó a tener un nuevo estatus entre los daimyō del país, y prueba de ello es que en 1565, en el contexto de la disputa sucesoria que se dio tras la muerte del shōgun Ashikaga Yoshiteru (1536-1565), uno de los postulantes al cargo, Ashikaga Yoshiaki (1537-1597), hermano menor del fallecido, pidió ayuda al líder del clan Oda —aunque es cierto que antes la había pedido a otros tres daimyō que no respondieron a su petición—. Nobunaga no solo accedió a colaborar con Yoshiaki, lo vio como una gran oportunidad para llegar a Kioto, justificando su campaña con la orden del nuevo shōgun... si acababa siendo una campaña exitosa, obviamente. Pero antes de ponerse en camino tuvo que prepararlo todo debidamente, pactando con algunos daimyō que controlaban zonas de importancia estratégica y acabando con otros que se oponían a ello. Finalmente, en 1568, Nobunaga entró en Kioto al mando de cincuenta mil soldados, tomó la ciudad e instaló a Yoshiaki como shōgun, consiguiendo así lo que tantos clanes samuráis ansiaban. Yoshiaki le concedió el título de kanrei, pero Nobunaga lo rechazó, puesto que ese cargo —recordemos, algo así como un viceshōgun— implicaba estar a las órdenes del shōgun, y eso no era para lo que él había tomado la capital, al contrario, su intención era la de utilizar a Yoshiaki como un títere que hiciera lo que él decidiese. Y así, como señor de las provincias de Owari, Ise y Mino, y legitimado por su control sobre el shōgun, se lanzó a la conquista del resto de Japón.

Desde ese momento y hasta su muerte, Nobunaga estuvo permanentemente en guerra en alguno o varios lugares del país, combatiendo aquí y sellando alianzas allá para avanzar en su objetivo. Uno de los principales obstáculos para conseguirlo estaba en el gran poder de algunos monasterios budistas de la zona cercana a la capital, que poseían tierras y ejércitos de la misma forma en que lo hacían los clanes samuráis. Para Nobunaga y su pragmatismo, si los monasterios se comportaban como cualquier daimyō, debían ser tratados como cualquier daimyō, y por ello los combatió con la misma ferocidad que a cualquier otro, olvidándose de tradiciones, consideraciones religiosas o supersticiones. Así, en 1570 asedió el Ishiyama Hongan-ji, una verdadera fortaleza y sede del poderoso grupo budista Ikkō-ikki, que llevaba décadas rebelándose en contra de cualquier gobierno de tipo samurái. No logró vencerles en esta ocasión, pero sí en un segundo asedio que duraría nada menos que cuatro años, entre 1576 y 1580. Más célebre sería su ataque al complejo monástico

Enryaku-ji del monte Hiei en 1571 —lugar que ya hemos visto aparecer en anteriores capítulos—, una verdadera masacre en la que Nobunaga desplegó treinta mil soldados que primero rodearon la montaña y luego fueron ascendiendo al unísono, quemando todo edificio que encontraron y acabando con la vida de cualquier persona que se cruzase en su camino, fuese un monje guerrero, un monje a secas, una mujer e incluso un niño; no se perdonó la vida de nadie. En una única jornada todo el monte Hiei quedó completamente arrasado, no quedó en pie ni uno de los tres mil edificios que había y se cree que murieron unas veinte mil personas. Paralelamente a dichas campañas contra estas instituciones religiosas, Nobunaga completó la conquista de la zona central del país, venciendo allí a algunos clanes como los Asakura o los Azai. Cuando tuvo toda esta zona bajo su control, pudo empezar a planear su avance hacia el oeste, pues de momento el norte, su retaguardia, estaba bastante segura gracias a su alianza con el líder de los Tokugawa, quienes habían acabado con los Imagawa —lo que quedaba de ellos tras la batalla de Okehazama— y poseían ahora las provincias de Mikawa y Tōtōmi, y mantenían controlados a los Hōjō; y gracias también a la testaruda rivalidad sin fin de los Takeda y los Uesugi, que les mantenía demasiado ocupados como para atacar a Nobunaga y les hacía temer que, de intentarlo, su rival aprovecharía la ocasión para atacar sus propias tierras.

La relación entre Nobunaga y Yoshiaki se había ido deteriorando desde casi el principio, en cuanto el segundo vio que el líder de los Oda tenía sus propios planes, y para 1572 era ya tan mala que el shōgun empezó a promover un complot para librarse del molesto samurái, contactando secretamente con los líderes de varios de los más poderosos clanes bushi, nada menos que los Mōri, los Uesugi y los Takeda. Estos últimos fueron los únicos que respondieron a su propuesta, y el mismísimo Takeda Shingen emprendió la marcha hacia la capital al mando de su ejército. Los Tokugawa los interceptaron cuando pasaban por sus tierras, cerca de su fortaleza en Hamamatsu, en la que se conoce como la batalla de Mikatagahara. Las fuerzas Tokugawa eran muy inferiores a las de los Takeda, unos once mil soldados contra treinta mil, y estos últimos contaban con un regimiento de caballería poco menos que legendario, así que los Tokugawa pronto no tuvieron más remedio que emprender la retirada. Cuando el líder de los Tokugawa consiguió llegar a Hamamatsu, ordenó que las puertas de la fortaleza se dejasen abiertas de par en par, en parte para permitir la entrada de cualquier soldado que consiguiese llegar allí escapando del enemigo, pero en parte también para dar una sensación de seguridad. Y su estrategia de defensa funcionó, pues los generales Takeda enviados a Hamamatsu para inspeccionar el lugar de cara a un ataque sobre el castillo, al ver las puertas abiertas, creyeron que debía tratarse de algún truco, y aconsejaron no atacar, librándose así los Tokugawa de una derrota casi segura. Tras esa batalla, Takeda Shingen, temeroso de un ataque por su retaguardia por parte de Uesugi Kenshin (1530-1578), decidió no seguir avanzando hacia la capital por el momento,

Takeda Shingen y Uesugi Kenshin

Como decíamos, Nobunaga no era a priori uno de los principales candidatos a hacerse con el control del país, muchos otros daimyō eran más poderosos que él y parecía lógico que lo pudieran conseguir con mayor facilidad, como el malogrado Imagawa Yoshimoto. Algo más al norte de las tierras de Imagawa, otros dos daimyō se estaban haciendo más y más poderosos, Takeda Shingen, de Kai, y Uesugi Kenshin, de Echigo, eran también conocidos como «el tigre de Kai» y «el dragón de Echigo», y suele decirse que ninguno de ellos llegó a hacerse con el control del país precisamente por enfocar sus esfuerzos en acabar el uno con el otro en lugar de intentar hacerse primero con la capital.

Los Takeda eran un clan muy antiguo, emparentados con los Minamoto —lo que les habría abierto las puertas al cargo de shōgun—, y Shingen se convirtió en su líder al llegar a la mayoría de edad, aunque para ello tuvo que arrebatarle el puesto a su padre, quien sentía un nada disimulado desprecio por él y pretendía hacer heredero a otro de sus hijos, por lo que fue desterrado. Pese a lo que su padre pensaba de él, Shingen demostró ser un gran líder del clan, muy respetado por todos sus hombres, y un gran daimyō, famoso por su habilidad como estratega militar y, sobre todo, por ser un brillante administrador de sus territorios, tarea de la que muchos otros señores se despreocupaban. Era también conocido por ser un gran devoto budista, un juez cruel con los criminales —a los que solía hervir en un gran caldero—, y un gran mujeriego —tuvo dos esposas, varias decenas de concubinas e incluso una relación bastante estable con uno de sus principales generales—. Al hacerse con el clan Takeda, y tras afianzar su provincia defendiéndola de algunos ataques de daimyō vecinos, decidió expandir sus dominios conquistando la adyacente provincia de Shinano. Su avance se vería frenado desde ese momento por quien se convertiría en su enemigo íntimo.

Uesugi Kenshin no pertenecía realmente a la familia Uesugi, su apellido al nacer era Nagao, unos vasallos de los Uesugi. Obtuvo el liderazgo de su familia enfrentándose a uno de sus hermanos y poco después conquistó toda la provincia de Echigo. Kenshin vivía por y para la batalla, le interesaba mucho más conquistar nuevos territorios que administrar los que ya poseía, y estuvo siempre en guerra con otros daimyō, luchando, por ejemplo, contra los Hōjō de Odawara en nombre de los Uesugi, un clan que había sido muy poderoso pero que estaba ahora muy debilitado, y que con el tiempo llegó a controlar, por lo que empezó a usar su apellido, de mucho mayor abolengo que el suyo porque los Uesugi estaban emparentados con los Fujiwara. Kenshin era también muy religioso, como Shingen, pero a diferencia de este, nunca se casó ni tuvo descendencia e incluso se cree que se mantuvo siempre célibe; eso sí, su religiosidad no le impedía consumir grandes cantidades de alcohol constantemente, una adicción que se cree ocasionó la enfermedad que acabó con él. Se le atribuye un alto sentido del honor, incluso para con sus enemigos —algo muy poco común en su momento, pese a lo que dicen las crónicas—. Ante el avance de los Takeda en la provincia de Shinano, otros daimyō le pidieron ayuda para frenar a los samuráis del tigre de Kai.

Shingen y Kenshin se enfrentaron cinco veces a lo largo de once años, en 1553, 1555, 1557, 1561 y 1564, en lo que se conoce como las batallas de Kawanakajima, pero excepto una de estas veces, se trató de pequeñas escaramuzas o enfrentamientos que apenas llegaron a darse por distintos motivos. La que ha pasado a la historia es la cuarta batalla de Kawanakajima, donde sí se enfrentaron directamente ambos ejércitos, cada uno con unos veinte mil soldados, y hubo un porcentaje de bajas altísimo, de casi dos tercios para los de Kai y de tres cuartos para los de Echigo. Kenshin se acabó viendo obligado a retirarse, pero tampoco puede decirse que la batalla fuese una gran victoria para los Takeda. El momento más famoso de esta contienda —pasase o no en realidad— se dio cuando el mismo Kenshin en persona consiguió llegar, a lomos de su caballo, hasta el campamento enemigo y allí cargó directamente sobre un sorprendido Shingen, quien tuvo que defenderse de varios golpes de espada con solo un abanico metálico que usaba para dirigir a sus tropas en el campo de batalla, antes de que sus hombres hiciesen retroceder al señor de Echigo.

Pero el tigre y dragón, como dice la tradición china, tienen el mismo poder, y en el cómputo global ninguno de estos dos poderosos daimyō acabó venciendo al otro, y tampoco ninguno de ellos consiguió unificar el país. Cuando Kenshin supo de la muerte de su rival, afirmó estar apenado por ello, prohibió que sonase música en su castillo durante tres días en señal de duelo y se negó a atacar a los Takeda aprovechando su debilidad en ese momento.

Fig. 7.2. Estatua de Takeda Shingen y Uesugi Kenshin en la que se representa la famosa escena de la defensa con el abanico, en Nagano, prefectura del mismo nombre.

volver a sus tierras, y retomar el proyecto pasados unos meses, cuando la nieve bloquease los caminos entre su territorio y el de los Uesugi. Así, en enero de 1573, los treinta mil samuráis Takeda volvieron a ponerse en movimiento, para poco después volver a detenerse cuando Shingen fue alcanzado por un disparo de arcabuz durante una batalla; en abril, cuando se recuperó de su herida, volvió a ponerse en marcha, pero entonces murió repentinamente —según unas fuentes, a causa de una enfermedad, y según otras, porque se volvió a abrir la herida de bala—. De una u otra forma, parece que la fortuna volvió a sonreír a Nobunaga.

Habiendo acabado con el poco exitoso complot del shōgun, en 1573 Nobunaga decidió terminar definitivamente con el problema, y de paso demostrar que era ya tan poderoso que no necesitaba la legitimación de la que se había valido desde 1568, y expulsó a Yoshiaki de la capital y de su cargo. De esta forma, el decimoquinto sería el último de los shōgun Ashikaga, terminando así además tanto el periodo Sengoku como el periodo mayor dentro del que este se sitúa, el Muromachi. El siguiente periodo recibe el nombre de Azuchi-Momoyama (1573-1603), compuesto por los nombres de los lugares donde situarían sus castillos primero Oda Nobunaga y después su sucesor. El nuevo gobernante del país, ahora ya en solitario y sin la ayuda de ningún shōgun, no se preocupó por obtener ni ese ni ningún otro cargo oficial igual de pomposo, su pragmatismo se aplicó también en este momento, creyendo que su poder militar era suficiente para legitimar su autoridad. Nobunaga estaba mucho más preocupado por seguir conquistando territorios hasta hacerse con todo el país.

Los castillos de los daimyō

Los pocos castillos auténticos que quedan en Japón —pues la gran mayoría son reconstrucciones bastante recientes— datan de finales del periodo Sengoku. En épocas anteriores, las fortificaciones solían ser más sencillas, no llegando a la categoría de castillos, y muchas veces no se utilizaban de forma permanente sino que su uso era temporal, para una campaña concreta. En la zona norte de Honshū, donde se combatía a los emishi, era común construir sencillas empalizadas aprovechando laderas, y vemos estas mismas estructuras incluso en momentos muy posteriores, como en las guerras entre las cortes del norte y el sur, en el periodo Nanbokuchō. Así, no empezamos a ver cambios significativos hasta principios del siglo xvi, cuando los diferentes daimyō, normalmente en guerra potencial con todos sus vecinos, empezaron a construir fortalezas en las fronteras de sus tierras, habitualmente aprovechando cimas de laderas; y una fortaleza aún mayor —un castillo— en el centro de su territorio, donde situaban su base de operaciones. Actualmente no queda en pie ninguna de estas construcciones, aunque sí hay algunas réplicas modernas, y lo que sabemos de ellas nos ha llegado a través de crónicas y pinturas o grabados de la época. Estos castillos suelen tener paredes de madera en su mitad inferior y de arcilla sobre una estructura de madera en la superior, coronadas por un tejadillo para evitar que la parte de arcilla se moje y debilite. Este tipo de paredes continuaría utilizándose, pero a finales del siglo xvi se añadiría un nuevo elemento, muy característico de este tipo de edificaciones: una enorme base de grandes bloques de piedra. Estas piedras estaban profundamente ancladas sobre un núcleo de tierra y, en su lado exterior, bastante pulidas y ensambladas de forma precisa con el resto de piedras, formando una pendiente, lo que hacía esta base muy difícil de escalar —y cuando se hacía, se corría el riesgo de ser acribillado con flechas o apedreado desde aberturas en la parte superior creadas para tal efecto—. Además, esta estructura de piedra actuaba como unos sólidos cimientos que permitían la construcción de grandes y altos edificios encima. Si añadimos que era habitual rodear el castillo con fosos, y que ante la puerta principal solía levantarse un largo puente de madera, podemos ya reconocer la imagen que solemos atribuir a los castillos samuráis.

Oda Nobunaga construyó su gran castillo, el de Azuchi, en 1576, convirtiéndose en el mejor exponente en su época de este tipo de fortificaciones: un castillo de grandísimas dimensiones pensado para impresionar a sus enemigos tanto por sus defensas como por el gran lujo de sus estancias. Fue destruido por Akechi Mitsuhide en 1582 y

Fig. 7.3. Castillo de Himeji, fotografía de Bernard Gagnon.

actualmente no queda más que la base de piedra; no se ha reconstruido —por lo menos en su localización original, aunque sí se ha hecho en una especie de parque temático llamado Azuchi-Momoyama Bunka Mura, en Ise—. Toyotomi Hideyoshi no quiso ser menos que Nobunaga y construyó el gigantesco castillo de Osaka, que puede visitarse en la actualidad, aunque se trate de una muy moderna reconstrucción que, sobre todo en su interior, poco tiene que ver con cómo era en su momento. Otro gran ejemplo es el castillo de Odawara, donde los Hōjō consiguieron repeler los ataques tanto de Uesugi Kenshin como de Takeda Shingen, aunque caerían en 1590; el castillo es actualmente la mayor atracción turística de la ciudad de Odawara, pese a tratarse de una reconstrucción contemporánea y mucho más pequeña que el original. El más famoso de los castillos originales que quedan en el país es, sin duda, el de Himeji, en la prefectura de Hyōgo, que fue declarado Patrimonio de la Humanidad por la UNESCO y considerado uno de los Tesoros Nacionales de Japón. Diversas guerras, incendios, terremotos, así como decisiones políticas durante el periodo Edo y, sobre todo, durante el Meiji, son las causas de la escasez de castillos auténticos en la actualidad.

A Takeda Shingen le sucedió como líder del clan su hijo Takeda Katsuyori (1546-1582), aunque este no había heredado las dotes de su padre ni como estratega militar ni como administrador de sus territorios. Solo dos años después, en 1575, intentó invadir Mikawa, la provincia de los Tokugawa, asediando allí el castillo de Nagashino. El general a cargo de la fortaleza, al ver que no podrían defenderla durante demasiado tiempo ante los quince mil soldados del clan Takeda, pidió ayuda al líder de su clan, los Tokugawa, y este a su vez pidió ayuda a Nobunaga. Entre los refuerzos enviados por uno y los enviados por otro, casi cuarenta mil soldados acudieron al rescate, dándose inicio así a la batalla de Nagashino, una de las más importantes de la historia de Japón. Nobunaga, teniendo en mente que el principal peligro de los Takeda era su poderosa caballería, diseñó una estrategia muy novedosa basada principalmente en el potencial de su batallón de arcabuceros, formado por nada menos que tres mil hombres. Ya hemos visto que utilizar arcabuces no era ya algo insólito en 1575, más bien todo lo contrario, pero Nobunaga añadió algunas novedades en Nagashino: construyó unas empalizadas detrás de las cuales se situarían para disparar, y las rodeó de soldados de infantería que portaban unas lanzas mucho más largas de lo habitual —de cerca de seis metros—, protegiendo así a los arcabuceros del impacto de la caballería que escapase a sus disparos; pero, más importante aún, colocó tres filas de arcabuceros, no solo una, para que tras una carga de la primera fila, los de la segunda ya estuviesen listos para disparar y que, tras la carga de la tercera, la primera ya hubiese tenido tiempo para recargar sus armas, en definitiva, una carga continua por relevos —adelantándose así en unas dos décadas a la primera vez que este revolucionario sistema se usaría en Europa—. Además, colocando sus hombres de forma que entre ellos y sus enemigos se encontrase un pequeño pero fangoso río, se garantizaba que la carga de caballería se viese ralentizada, teniendo después apenas doscientos metros para volver a ganar velocidad. Pese a tener todo esto en contra, empezando por la abrumadora superioridad numérica, Katsuyori hizo gala de su famosa valentía —más bien temeridad— y decidió cargar contra el enemigo de todas formas, creyendo que la fuerte lluvia de la noche anterior habría inutilizado la mayoría de los arcabuces de los Oda, por lo que su caballería sería capaz de penetrar en las líneas enemigas y dejar entonces espacio para la llegada de su infantería. Así, en la mañana del 28 de junio de 1575, los jinetes Takeda se pusieron en marcha, cruzaron el río y se lanzaron al galope contra la defensa de la coalición Oda-Tokugawa. Pese al lógico nerviosismo causado por ver a la mítica caballería Takeda avanzando a toda velocidad hacia ellos, los arcabuceros de Nobunaga esperaron a recibir la orden de abrir fuego, que no se dio hasta tener al enemigo a cincuenta metros de distancia, cuando un disparo de arcabuz era ya efectivo. Las armas funcionaron y el sistema de relevos también, y los samuráis atacantes, a caballo o a pie, empezaron a caer rápidamente bajo el incesante fuego de los defensores; aquellos que conseguían llegar a su objetivo eran entonces detenidos por las enormes lanzas que aparecían desde detrás de las empalizadas, y los que no, eran repelidos a espada y lanza —esta ya de tamaño normal— por los samuráis que esperaban su llegada. Tras unas horas de combate, los Takeda empezaron a retirarse, siendo perseguidos y muchos de ellos eliminados entonces por sus enemigos. Las bajas producidas fueron de unas diez mil en el bando atacante y aproximadamente la mitad en el defensor. La importancia de esta batalla viene dada por ser el punto de inflexión en la forma de entender y plantear la estrategia militar, el momento en el que las armas de fuego no solo participaron en una batalla, sino que fueron decisivas en su desenlace.

Tras la muerte de su gran enemigo, Takeda Shingen, Uesugi Kenshin empezó también a pensar en la idea de hacerse con la capital derrotando a Nobunaga, y ya en 1574 había iniciado su avance, conquistando algunos territorios y acercándose muy peligrosamente a Kioto tras vencer a los ejércitos de Nobunaga y sus aliados en varias batallas, entre las que destaca la de Tedorigawa en 1577. Pero cuando al año siguiente se preparaba para el ataque final, Kenshin murió, aquejado de alguna enfermedad en el transcurso de solo cuatro días —una muerte que ha dado lugar a todo tipo de teorías e historias—. De nuevo, Nobunaga se veía favorecido por la fortuna y, con el clan Uesugi muy debilitado tras la pérdida de su líder, no le costó demasiado acabar con ellos. También decidió terminar definitivamente con lo que quedaba del clan Takeda, para lo que en 1582 movilizó un masivo —y seguramente innecesario— ejército de ciento cincuenta mil soldados, enormemente superior a los veinte mil de que disponía Katsuyori, por lo que la victoria fue aplastante y, aunque el líder Takeda consiguió escapar con unas pocas decenas de sus samuráis, fue atrapado y asesinado poco después. De esta forma, en la zona central del país solo los Hōjō constituían ya una potencial amenaza, aunque

Fig. 7.4. Detalle de un biombo con escenas de la batalla de Nagashino, donde pueden verse las altas empalizadas, las tres filas de arcabuceros y, tras ellos, los ashigaru armados con largas lanzas. Museo Nacional de Tokio.

por el momento estaban controlados estrechamente por los Tokugawa; así que Nobunaga decidió entonces centrarse en la zona oeste del país, que estaba principalmente bajo los Mōri y sus aliados, y para dirigir esta campaña eligió a su mejor general —del que hablaremos más adelante—.

Pero en ese mismo 1582 se acabó repentinamente la buena suerte de Nobunaga, en el conocido como incidente Honnō-ji. Estando de camino desde su base de Ōmi, donde se levantaba su impresionante castillo de Azuchi, y dirigiéndose a supervisar la campaña contra los Mōri, decidió enviar por adelantado a uno de sus generales, Akechi Mitsuhide (1528-1582), mientras él se quedaba en Kioto un par de días a esperar la llegada del líder de los Tokugawa. Decidió alojarse en el templo Honnō-ji, como era su costumbre cuando visitaba la capital, aunque esta vez lo acompañaban solo un centenar de samuráis, y no los dos mil soldados que solía llevar con él. Mitsuhide, a medio camino en dirección a la campaña en el oeste, dio a sus tropas repentinamente la orden de desviarse hacia Kioto y, al llegar a la ciudad, al alba del 20 de junio, atacaron el Honnō-ji. Nobunaga y sus hombres, muy superados en número y en absoluto preparados para ser atacados, prefirieron prender fuego al templo y morir quemados antes que caer en manos de los traidores. Nobunaga cometió seppuku, aunque como su cuerpo nunca fue encontrado, el hecho dio lugar a todo tipo de historias. Inmediatamente tras el ataque, Mitsuhide ordenó a sus hombres hacer lo mismo en el castillo de Nijō, también en Kioto, donde se alojaba el hijo y heredero de Nobunaga, Nobutada (1557-1582), que terminó cometiendo seppuku igual que su padre. Los motivos para la traición de Akechi Mitsuhide han sido largamente discutidos por los historiadores que han estudiado el tema y se barajan varias hipótesis, siendo la más habitual una venganza personal por culpar Mitsuhide a Nobunaga de la muerte de su madre tres años antes; pero algunos estudiosos defienden que, sencillamente, el general quería hacerse con el control del país.

Yasuke, el samurái negro

La Compañía de Jesús, además de participar activamente en el comercio de mercancías entre Europa, China y Japón, tomó parte en un comercio también común en su época pero desde luego mucho más criticable desde la nuestra, el de esclavos —aunque no suela hablarse demasiado de ello—. Cuando Alessandro Valignano llegó a Japón en 1579, una de las personas que le acompañaban era un esclavo africano, de Mozambique según crónicas de los jesuitas, que medía cerca de un metro noventa y que trabajó al servicio de los sacerdotes bajo esa condición, la de esclavo. Cuando Valignano viajó a Kioto en 1581 lo llevó consigo, y su presencia causó tal sensación y asombro que la noticia acabó llegando a oídos de Oda Nobunaga. Así, el poderoso daimyō envió un mensaje a los jesuitas pidiéndoles que fuesen a verlo y llevasen con ellos a esa persona de color negro de la que todo el mundo hablaba. La visita se produjo el 23 de marzo de ese mismo 1581 según las crónicas japonesas, que describen al esclavo como un joven de unos veinticinco años, de apariencia sana, muy fuerte, con todo el cuerpo de color negro «como un buey» y que, además, hablaba algo de japonés. Nobunaga quedó impresionado por su apariencia, hizo que se desvistiese hasta la cintura y ordenó a unas criadas que frotasen su piel con toda clase de jabones, aceites y ungüentos para comprobar que ese color era natural y no alguna clase de tinte o pintura. Una vez estuvo seguro de que el portento era real, pidió a los jesuitas que el joven se quedase con él, a lo que los religiosos —a quienes interesaba mucho llevarse bien con quien era ya gobernante de la mayor parte del país— accedieron, «regalándoselo».

El nombre que se le dio a este esclavo negro fue Yasuke, hasta hace poco se ignoraba el motivo, pero muy recientes investigaciones llevadas a cabo en Japón afirman que su nombre real era Yasufe, y desde ese momento acompañó siempre a Nobunaga como una especie de guardaespaldas. Cabe destacar que a partir de entonces ya no fue un esclavo, puesto que estando al servicio del daimyō recibía un sueldo y gozaba de las mismas comodidades que el resto de vasallos, llegando a concedérsele la condición de samurái e incluso compartió mesa en ocasiones con el mismo Nobunaga, un privilegio que muchos de sus vasallos de confianza no tenían. Se sabe que estuvo al lado de su señor en el incidente de Honnō-ji, luchando contra los hombres de Akechi Mitsuhide, y que pudo escapar con vida, pudiendo llegar adonde se alojaba el hijo de Nobunaga. Cuando este fue también atacado, de nuevo luchó como uno más, con la única diferencia de que, cuando se vieron derrotados, él no cometió seppuku como muchos de sus compañeros, sino que se rindió ante el enemigo. Akechi decidió perdonarle la vida, aunque parece que no por misericordia, sino por desprecio, afirmando que Yasuke era más un animal que un hombre, por lo que no se le podía considerar un samurái y, por tanto, no tenía una responsabilidad que tuviese que pagar con su vida, como se esperaba de un samurái al ser derrotado. Así, fue devuelto a los jesuitas y a partir de ese momento la historia le pierde la pista, aunque se cree que acabó volviendo a su tierra. Muchas veces se atribuye a cierto marino inglés —del que hablaremos más adelante— la condición de ser el primer samurái occidental, pero Yasuke se le adelantó por unos cuantos años.

En el momento de su muerte, Nobunaga había conseguido unificar toda la zona centro del país, poniendo bajo su control 32 de las 68 provincias de Japón —aproximadamente un tercio del país si hablamos de extensión—. En estos territorios destacó su política de creación de ciudades en torno a castillos, donde apareció un nuevo espíritu de emprendimiento y comercio debido a las facilidades para la actividad comercial que promovía el gobierno de Nobunaga, una liberalización del mercado favorecida con medidas como la abolición de aranceles o peajes. En lo referente a su relación con los europeos, Nobunaga se mostró interesado en favorecer a la misión jesuita, con cuyos sacerdotes mantuvo reuniones amistosas en numerosas ocasiones; obviamente, es fácil ver una relación directa entre esta amistad con los misioneros y su uso masivo de los arcabuces: siendo una persona tan pragmática, Nobunaga entendió que llevarse bien con los padres católicos podía ser muy beneficioso para sus intereses, de la misma forma en que combatió a algunos monasterios budistas, dejando a un lado asuntos religiosos.

Akechi Mitsuhide, por su lado, tras conseguir acabar con la cúpula del clan Oda, se proclamó a sí mismo shōgun, algo que formalmente podía hacer, puesto que la familia Akechi estaba emparentada con los Minamoto, aunque no suele aparecer su nombre cuando se hace la lista de los shōgun de la historia japonesa porque, de todas formas, el cargo le duró bien poco, puesto que en apenas dos semanas el mejor de los generales de Oda Nobunaga consiguió vengar su muerte.

… Toyotomi Hideyoshi lo cocinó…

Toyotomi Hideyoshi (1537-1598) nació en la provincia de Owari, en tierras del clan Oda, siendo el hijo de un simple campesino llamado Yaemon que, como solían hacer los campesinos cuando la ocasión lo requería, había servido durante un tiempo como soldado raso en el ejército del clan y había muerto algo después, cuando Hideyoshi tenía siete años. Vemos así que esta es la historia de alguien que llegó a lo más alto desde el más humilde de los orígenes, algo no muy usual en la historia japonesa, una historia de grandes familias, largos pedigrís y rimbombantes apellidos. Al tratarse de alguien de clase baja, no tenemos demasiada información acerca de su infancia —y ese vacío, claro, se ha llenado con toda clase de historias y leyendas—, pero se cree que desde muy pequeño se dedicó a viajar por diferentes provincias trabajando al servicio de diferentes señores, siempre en tareas menores como mozo de cuadra o criado. Se supone que en 1558 volvió a Owari y empezó a trabajar para los Oda, desempeñando toda clase de trabajos, siendo el más conocido y célebre el de portador personal de las sandalias de Nobunaga.

Sus legendarias dotes de convicción y su supuesto talento natural para destacar por encima de los demás hicieron que protagonizase una carrera meteórica desde ese humilde puesto, aunque de nuevo no tenemos muchos datos al respecto hasta que, en 1570, obtuviese el cargo de comandante de tres mil soldados del ejército de Nobunaga en una

Fig. 7.5. Estatua de Toyotomi Hideyoshi en el santuario Toyokuni, en Osaka.

campaña contra el vecino clan Asakura. En 1574, tras vencer al clan Azai, fue recompensado por Nobunaga con el territorio de los vencidos, la provincia de Ōmi, y un estipendio de ciento ochenta mil *koku*, con lo que el hijo del campesino Yaemon pasaba a ser oficialmente un daimyō. Es poco después, en 1577, cuando empieza su biografía oficial, escrita por su secretario.

Los koku, el arroz como divisa

El koku era una unidad de medida de arroz, en teoría equivalente a la cantidad de arroz consumida por una persona en un año, aunque la cantidad fue variando, podríamos equipararlo a unos 150 kilos. Se calculaba en koku la riqueza de un feudo o el estipendio otorgado a un samurái.

Durante los años siguientes, además de gobernar en su provincia, Hideyoshi participó en numerosas campañas como uno de los principales generales de Nobunaga, contando sus batallas por victorias. Así, participó en la ya citada batalla de Nagashino en 1575 contra los Takeda, y posteriormente le fue encomendada la campaña contra el poderoso clan Mōri y sus aliados. En esta campaña, Hideyoshi demostró ser un grandísimo estratega y, sobre todo, un brillante negociador, puesto que muchas de sus victorias llegaban antes siquiera de poner un pie en el campo de batalla, atrayendo a sus enemigos a su propio bando. De una u otra forma, Hideyoshi fue avanzando hacia el oeste, ganando territorio tras territorio, por lo que en 1580 Nobunaga volvió a recompensarle, esta vez con dos de las provincias adquiridas en su avance, Tajima y Harima, donde trasladó entonces su base de operaciones, dispuesto a continuar luchando contra los Mōri. En 1582 le tocó el turno a la provincia de Bitchū, donde tuvo lugar una de las batallas más famosas de la carrera de Hideyoshi, el asedio al castillo Takamatsu. Aprovechando la orografía del terreno en el que se erigía el castillo y la cercanía de un río, Hideyoshi mandó construir un largo dique —casi tres kilómetros de largo, más de siete metros de alto, veintidós de ancho en la base y once en la parte superior—, de forma que sus aguas anegaron todo el territorio circundante a la fortaleza. Hideyoshi entonces, esperando que los Mōri acudiesen en ayuda de los defensores del castillo, pidió a Nobunaga que le enviase refuerzos, y este decidió mandarle un ejército dirigido por Akechi Mitsuhide, antes de ir él mismo a supervisar la operación. Y fue entonces cuando se produjo el ya comentado incidente Honnō-ji.

La estratagema de Mitsuhide contaba con que los principales generales de Nobunaga estaban en ese momento dispersos por diferentes lugares del país, combatiendo en distintos frentes. Entre todos ellos, el adversario más peligroso era sin duda Hideyoshi, pero Mitsuhide sabía que estaba entonces enfrascado en el asedio al inundado castillo Takamatsu y que no podría salir de allí porque, en caso de abandonar el lugar para dirigirse a la capital al enterarse de la muerte de Nobunaga, podía ser atacado por los Mōri desde la retaguardia. Por eso envió un mensajero a los Mōri, informándoles de la muerte de Nobunaga. Afortunadamente para Hideyoshi, se pudo interceptar a este mensajero y, solo dos días después, negociar con los Mōri un final pactado del asedio —muy provechoso para ellos—, sin que estos conocieran las noticias de lo que había sucedido en Kioto. Teniendo, pues, este asunto zanjado, Hideyoshi y sus tropas se dirigieron hacia la capital tan rápido como fue posible, recorriendo una media de cuarenta kilómetros por día. Mientras, Mitsuhide se proclamaba shōgun, presentándose en Kioto como el salvador del país, aquel que había acabado con el dictador que tenía secuestrado el poder central. Al enterarse de que las tropas de Hideyoshi se acercaban, decidió salir a su encuentro, aprovechando la ventaja de poder buscar un lugar óptimo donde hacerle frente. El choque de ambos ejércitos se produjo en un pueblo llamado Yamazaki, que da nombre a la batalla, y en solo un día, las tropas de Hideyoshi masacraron a todos los enemigos que no consiguieron huir del lugar. El propio Akechi Mitsuhide emprendió también la huida, pero únicamente para ser asesinado por unos bandidos en un pueblo cercano llamado Ogurusu. Habían pasado solo trece días del suicidio de Nobunaga, y Toyotomi Hideyoshi era el hombre que le había vengado.

Tras la muerte del líder de los Oda, en el clan se desató un conflicto entre los tres posibles sucesores, dos hijos y un nieto de Nobunaga, aunque en realidad se trataba de un conflicto entre tres facciones del clan, cada una apoyando a uno de estos posibles sucesores. Hideyoshi lideraba una de estas facciones y, tras combatir a unos y pactar con otros, apoyado además en la legitimidad que le otorgaba haber sido quien vengase a Nobunaga, consiguió hacerse con el liderazgo; el nieto de Nobunaga, al que supuestamente apoyaba como sucesor, se hizo nominalmente con el control del clan Oda, pero, teniendo solo dos años de edad, el poder *de facto* estaba en manos de Hideyoshi. En 1585 hizo que lo adoptase un noble de Kioto, de la familia Konoe, porque estos eran descendientes de los Fujiwara y, así, reclamó el título de kanpaku, o regente imperial. Solo un año después, en 1586, el emperador Ōgimachi (1517-1593) abdicó y Hideyoshi colocó en el trono al nieto del anterior, el emperador Go-Yōzei (1571-1617), de solo trece años, quien no fue más que un títere en sus manos. De esta forma, Hideyoshi consiguió poner bajo su control tanto al poder militar como al cortesano, concluyendo así su ascenso desde lo más bajo hasta lo más alto de la sociedad japonesa.

Durante la década de 1580 y en un tiempo asombrosamente corto conseguiría imponerse sobre todas las provincias de Japón —unificando así el país por primera vez en más de un siglo—, usando más la negociación que la batalla y consiguiendo poner de su parte a los que hasta entonces eran temibles enemigos. Hideyoshi, durante estos años, promovió la idea de la pacificación —y no la conquista— del país, incorporando a su bando incluso a muchos de los daimyō a los que vencía en el campo de batalla, lo que hacía disminuir la oposición de aquellos que aún eran independientes. De esta forma, tardó solo unos ocho años en controlar todo el país —como comparación, Nobunaga necesitó diez solo para vencer a los Takeda—. Los de las zonas más alejadas, como los Shimazu de Kyūshū, no eran tan conscientes de su poder y además se negaban a obedecer las órdenes del hijo de un campesino, pero en poco tiempo fueron derrotados por los cada vez más gigantescos ejércitos movilizados por Hideyoshi: doscientos mil samuráis para conquistar Shikoku o nada menos que doscientos ochenta mil para Kyūshū. En 1590 cayeron por fin los Hōjō, tras el célebre asedio al castillo de Odawara, y entonces el único territorio que quedaba fuera del alcance de Hideyoshi era el de los Date, que ocupaba gran parte del norte de Honshū, pero su líder, Date Masamune (1567-1636), se dirigió al campamento del kanpaku y le juró lealtad.

Terminaba así el largo proceso de unificación de Japón desde que el estallido de las guerras Ōnin hiciese saltar por los aires la ya débil estabilidad del país. Hideyoshi gobernó Japón de forma firme pero no dictatorial; él estaba realmente al frente de una federación de señores samuráis de todo el país, unos trescientos, de los que doscientos podían considerarse sus aliados desde tiempo atrás y los cien restantes antiguos adversarios. Él mismo poseía una cantidad de tierras bastante humilde —si las comparamos con las de anteriores gobernantes—, de un par de millones de koku. Entre muchas otras medidas, permitió la reconstrucción de los templos y santuarios que había destruido Nobunaga, pero se aseguró de que no volviesen a inmiscuirse en asuntos políticos. Desde un principio, ordenó elaborar un completo censo de las tierras y recursos productivos, e implementó profundos cambios a nivel político. Decretó que los campesinos serían a partir de ese momento propietarios de sus tierras, que tenían el deber de trabajar y por las que pagarían impuestos, dejando de pertenecerles a los samuráis. Estos fueron en su mayoría trasladados a las nuevas ciudades surgidas en torno a los castillos, donde recibían un estipendio en koku que salía de los impuestos que pagaban los campesinos de las tierras sobre las que tenían jurisdicción

Armas campesinas

Cuando Toyotomi Hideyoshi prohibió el uso de armas a todo aquel que no fuese un samurái, los campesinos quedaron desprotegidos de posibles ataques de bandidos, así que tuvieron que encontrar la manera de —si no desobedecer— esquivar esta nueva legislación. Es en este momento cuando se cree que varias herramientas utilizadas hasta entonces como aperos de labranza empezaron a usarse, tal cual o algo modificadas, como armas de combate, y así nacen armas como los *nunchaku*, las *tonfa*, el *kusarigama* y otras. El archipiélago de las islas Ryūkyū fue conquistado por Japón en 1609 y añadido a los dominios del clan Shimazu, que impuso allí la legislación japonesa del momento, la cual incluía esta prohibición de poseer armas. Se cree que fue allí, sobre todo en la isla de Okinawa, donde se originó el uso de estas herramientas como armas, de la misma forma en que se desarrolló un estilo de lucha con las manos vacías que posteriormente fue conocido justamente como karate, literalmente «manos vacías» en japonés.

y, además, a partir de ese momento, ellos serían los únicos autorizados a portar armas —que se requisaron a todo aquel no samurái que poseyera una, fuese espada, lanza, arco o cualquier otra—. Los campesinos ya no participarían en batallas y se dedicarían a trabajar sus tierras tranquilamente, tanto ellos como sus hijos, puesto que a partir de ese momento, la clase social se convertía en hereditaria —curiosa política viniendo del hijo de un campesino que había llegado a ser el más poderoso samurái del país—. Muchas de las instituciones y leyes creadas por Hideyoshi constituirían importantes fundamentos sobre los que se mantendría el Japón de los siguientes tres siglos.

En 1591 Hideyoshi abdicó de su cargo como kanpaku, pasando este a su sobrino Hidetsugu (1568-1595), a quien había nombrado su sucesor tiempo antes tras morir su único hijo varón a los dos años de edad, pasando él a ser *taikō* —regente retirado—; cargo por el que se conoce habitualmente a Hideyoshi y con el que, pese a la teórica condición del mismo, gobernó el país hasta su muerte. A partir del momento en que se hizo con todo el país, la biografía de Hideyoshi incluye algunos puntos que han sido muy criticados y que contrastan con su actitud hasta ese momento, como su acercamiento a las maneras y costumbres cortesanas —quizá para compensar sus orígenes humildes—, especialmente su gran dedicación a la ceremonia del té, celebrándola en ocasiones para un número enorme de invitados o mandando construir una lujosísima casita de té portátil para poder hacer la ceremonia en cualquier lugar. También se ha criticado mucho su decisión de invadir China y Corea —pero hablaremos de ello en el próximo capítulo— o que, poco después de conseguir tener un hijo varón en 1593, ordenase a su sobrino y hasta entonces heredero Hidetsugu cometer seppuku, acusado de estar conspirando en su contra —aunque esto no fuese más que una excusa para librarse de él ahora que tenía un hijo propio que le sucediese—; la misma orden se dio a toda la familia y vasallos de Hidetsugu, ejecutando a aquellos que no accedieron a suicidarse, niños incluidos, lo que, por otro lado, no era algo tan extraño en la época.

Desde que asumió el control del clan Oda, Hideyoshi se mostró tan tolerante e incluso amistoso con los misioneros cristianos como lo había sido Nobunaga, y por los mismos motivos. Pero una vez se hizo con el sur del país, en 1587, las cosas empezaron a cambiar: con Japón casi conquistado ya no le era tan urgente tener una buena relación con los europeos, y además empezó a darse cuenta de la fuerte influencia que estos ejercían sobre algunos daimyō, especialmente de Kyūshū, que habían llegado a destruir templos y santuarios al convertirse en cristianos, por ejemplo. Al llegar a esta isla pudo ver con sus propios ojos el poder que tenían allí los jesuitas, quienes incluso controlaban la ciudad de Nagasaki desde que se la regalase Ōmura Sumitada (1533-1587) —el primer daimyō convertido al cristianismo, llamado Bartolomeu tras bautizarse—. Empezó así a cobrar fuerza en la mente de Hideyoshi la idea de un posible intento de invasión de Japón por parte de castellanos y portugueses —ahora bajo una misma Corona—, ayudados por los ejércitos de los daimyō cristianos, una posibilidad que no estaba dispuesto a consentir. En julio de ese mismo 1587 proclamó el conocido como «edicto anticristiano», llamado en realidad Bateren Tsuihōrei, «Edicto de expulsión de los sacerdotes», que marcaría un punto de inflexión para el cristianismo en Japón, decretando —como su nombre deja claro— la expulsión de todos los sacerdotes católicos del país —que no del resto de extranjeros, los comerciantes—. Además, Nagasaki y el resto de propiedades de los jesuitas les fueron confiscadas y la ciudad portuaria pasó a depender personalmente de Hideyoshi. Los sacerdotes se mostraron lógicamente muy sorprendidos por este cambio repentino en la actitud hacia ellos del entonces kanpaku, y ganaron algo de tiempo argumentando que no podían marcharse de Japón hasta seis meses más tarde, puesto que no habría ningún galeón a Macao hasta entonces, a lo que Hideyoshi accedió. Llegado el día, los jesuitas decidieron desobedecer el edicto, simulando una partida en la que únicamente salieron del país algunos sacerdotes que tenían que ir a China por otros asuntos, y continuaron desde entonces desarrollando su actividad misionera, aunque de forma muy discreta y casi clandestina. Hideyoshi era obviamente conocedor de ello, pero optó por no hacer nada al respecto, y el edicto no se llegó a implementar, únicamente se destruyeron algunas iglesias y se obligó a algunos daimyō a renunciar a su fe. El kanpaku sabía que si expulsaba completamente a los sacerdotes, Felipe II no permitiría el comercio portugués en Japón, por lo que, de momento, esperaba que los jesuitas hubiesen captado el mensaje, evitasen inmiscuirse en asuntos políticos y procurasen desarrollar su misión sin hacer demasiado ruido; y además, llegado el caso, tenía ya una ley a la que acogerse si los religiosos volvían a confiarse y actuar libremente. Estos tenían que aprender que el periodo de guerra civil había terminado y que ya no valía de nada ganarse el favor de ningún daimyō, puesto que estos señores ya no eran gobernantes absolutos de sus territorios, sino hombres del kanpaku, sujetos a sus órdenes. Años más tarde, a finales de 1596 —cuando ya había en Japón sacerdotes de otras órdenes, como los franciscanos—, tras el conocido como incidente del galeón San Felipe, Hideyoshi volvió a retomar la persecución de la misión católica en Japón al resurgir con más fuerza la idea de un intento de invasión que utilizase a los religiosos como vanguardia. Este galeón, que cubría la ruta Manila-Acapulco, naufragó en costas japonesas cargado con una gran cantidad de mercancías, dinero y armas, y cuando un enviado de Hideyoshi interrogó a la tripulación, el piloto —con intención de impresionar a los japoneses— mostró en un mapa del mundo la enorme cantidad de territorios que estaban bajo el control de Felipe II, y al ser preguntado por la forma en que un solo monarca había conseguido tantísimas tierras, el piloto explicó que primero se enviaba a una nueva tierra a los sacerdotes y frailes, que se encargaban de convertir a una parte de la población y a las élites, y así era más fácil la conquista cuando poco después llegaban los ejércitos castellanos, que de esta manera se había hecho en Perú o Nueva España. Sobre todo este suceso hay muchas versiones, debates y polémicas, pero lo que es cierto es que Hideyoshi ordenó ejecutar a 26 hombres a

Fig. 7.6. Grabado europeo de 1628 que representa la crucifixión de los mártires de Nagasaki, por Wolfgang Kilian.

principios de 1597, crucificados y atravesados con lanzas, los conocidos como «mártires de Nagasaki», y... no sabemos cómo habría continuado su relación con la misión católica, puesto que Hideyoshi falleció solo un año más tarde.

Toyotomi Hideyoshi murió en septiembre de 1598 por causas naturales, pero antes constituyó un consejo de cinco regentes, sus cinco generales de confianza, a los que encargó gobernar el país hasta la mayoría de edad de su heredero, Hideyori (1593-1615), que entonces tenía solo cinco años. Pero, pese a su planificación, no pasó demasiado tiempo antes de que este consejo se dividiese y estallase la guerra entre sus generales, conflicto del que saldría victorioso el último de los tres grandes unificadores de Japón.

... y Tokugawa Ieyasu se lo comió

Tokugawa Ieyasu (1543-1616) nació con el apellido Matsudaira, siendo el hijo del líder de dicho clan, una familia considerablemente menor de la provincia de Mikawa que vivía rodeada de dos clanes más poderosos, los Oda y, sobre todo, los Imagawa. Para sobrevivir, los Matsudaira se vieron forzados a convertirse en vasallos de uno de estos dos clanes, enemigos entre sí, el padre de Ieyasu eligió a los segundos, y se le puso como condición enviar a su hijo y heredero como rehén para garantizar su sumisión —una costumbre bastante común en la época—. Así, a los cinco años de edad, Ieyasu fue separado de su familia para ir a vivir con los Imagawa, aunque la comitiva en la que viajaba fue entonces interceptada por los Oda y el joven heredero secuestrado. Un año más tarde, el padre de Ieyasu murió por causas naturales, convirtiéndose el pequeño de seis años en líder del clan Matsudaira, y un pacto entre los Oda y los Imagawa hizo que finalmente Ieyasu fuese a vivir con estos últimos, con los que pasaría su infancia y adolescencia. Los Matsudaira, desde Mikawa, no dejaron de reclamar a los Imagawa la liberación del que era ahora su líder, pero Yoshimoto se resistía a liberarlo de su condición de rehén y, pasados unos años, hizo que el joven Ieyasu empezase a participar en sus batallas, al frente del ejército Matsudaira pero siempre bajo las órdenes de los Imagawa. A Tokugawa Ieyasu se le atribuye en Japón una virtud por encima de cualquier otra: la paciencia; supo ver que muchas veces lo mejor era esperar tranquilamente la ocasión oportuna para actuar, y este episodio de su biografía es un buen ejemplo: ya llegaría el momento de dejar de ser un rehén.

Cuando en 1560 Imagawa Yoshimoto —volviendo al principio de este capítulo— empezó a avanzar hacia Kioto, una pequeña parte de su gran ejército estaba formada por hombres de Mikawa capitaneados por Ieyasu. Una de las victorias que estaban celebrando los soldados Imagawa cuando las tropas de Nobunaga cayeron sobre ellos en Okehazama era precisamente la conquista de una fortaleza por parte de los Matsudaira de Ieyasu, que gracias a ello no estaban en el fatídico lugar de la

Fig. 7.7. Estatua de Tokugawa Ieyasu en su ciudad natal, Okazaki, en la prefectura de Aichi.

batalla. Con la muerte de Yoshimoto, el joven Ieyasu quedó libre de su compromiso con los Imagawa —si no formalmente sí *de facto*— y volvió, por tanto, a su provincia, a Mikawa, para gobernar por fin su clan y sus dominios. Y una de las primeras cosas que hizo como líder de los Matsudaira fue precisamente aliarse con Oda Nobunaga, quien, en cierto modo, podríamos considerar su libertador; e inmediatamente después inició una campaña para liberar a su esposa, hijo y demás familiares, que eran aún rehenes del clan Imagawa, con el que acabaría definitivamente algunos años después. A partir de entonces —como hemos ido viendo anteriormente— su aportación a la unificación de Japón desarrollada por Nobunaga fue muy importante: si Hideyoshi era su mejor general y se le encargaba ir conquistando nuevos territorios, Ieyasu era el fiel aliado que permitía tener asegurada la estabilidad en la retaguardia, donde los Hōjō, Uesugi y Takeda eran siempre una amenaza, y lo consiguió tanto combatiendo contra ellos como firmando pactos y alianzas en momentos determinados —tantos y tan cambiantes que no vale la pena relatar aquí—. En 1567 cambió su apellido por Tokugawa y el año siguiente sus tropas formaron parte del ejército con el que Nobunaga tomó la capital y se hizo con el control de la importantísima zona centro del país. La prueba más importante —por lo menos, desde nuestra forma de ver las cosas— de la lealtad de Ieyasu hacia Nobunaga se daría en 1579, cuando la esposa y el hijo mayor del líder Tokugawa fueron acusados de estar conspirando junto a Takeda Katsuyori para acabar con Nobunaga; una acusación que Ieyasu resolvió ordenando la ejecución de su propia esposa y el seppuku de su heredero.

Al morir Nobunaga en 1582, Ieyasu permaneció casi al margen de las luchas por el liderazgo del clan Oda, entrando solo al final, apoyando a uno de los bandos que se oponían a Hideyoshi, pero pactando rápidamente una alianza con él, y no le importó permanecer a su sombra, tal y como lo había hecho antes con Nobunaga. Desde entonces, colaboró con Hideyoshi en la conquista del resto del país, destacando su participación en la caída de los Hōjō de Odawara en 1590; tras lo cual Hideyoshi le cambió a Ieyasu sus cinco provincias por las que habían conquistado al clan vencido. Lo hacía para apartarlo del centro de la política nacional y para romper el vínculo de los Tokugawa con su territorio, dos medidas destinadas en principio a limitar al cada vez más poderoso Ieyasu, por lo que muchos miembros de su clan vieron en este traslado poco menos que un exilio o incluso un destierro. Pero este cambio resultaría ser muy beneficioso para los Tokugawa. Pasaron a controlar toda la próspera región de Kantō, decidiendo establecer su base en un lugar llamado Edo, que entonces no era más que cuatro casas rodeando un castillo, pero que él convertiría en una próspera ciudad que llegaría a ser la más poblada de su tiempo y que hoy conocemos como Tokio. Asimilaron a los samuráis rurales de la zona e incluso aceptaron a muchos antiguos vasallos de los Hōjō manteniendo incluso su estatus, y empezando de cero en un territorio nuevo, Ieyasu pudo dedicarse durante la mayor parte de la siguiente década a organizar y administrar sus nuevos dominios, aplicando en gran parte los mismos sistemas que había aprendido tras arrebatar la provincia de Kai a los Takeda, pues una de las mayores virtudes de Takeda Shingen había sido la de ser un gran administrador. Ieyasu pudo dedicarles gran cantidad de tiempo a estos asuntos porque, habiéndose ya pacificado Japón bajo el gobierno de Hideyoshi, él no participó en las guerras con Corea y China, como sí hicieron muchos otros señores. Y este es uno de los motivos por los que el señor de Kantō se convirtió en el daimyō más poderoso de todo Japón, superado únicamente por el mismo taikō.

Por tanto, una vez murió Hideyoshi en 1598, Ieyasu era sin duda el más firme candidato a sucederle. Lógicamente, formaba parte del consejo de cinco regentes que el taikō había constituido para que gobernase hasta la mayoría de edad de su hijo Hideyori y, cuando —como decíamos anteriormente— se produjo una división entre los miembros de este consejo, Ieyasu estaba al frente de uno de los dos bandos enfrentados. Uno de los otros cuatro regentes había muerto por causas naturales y los tres restantes se habían unido, apoyando a quien se alzó como líder del bando que se oponía a Ieyasu, un daimyō llamado Ishida Mitsunari (1560-1600), que supuestamente defendía los intereses de Hideyori. Cada bando recurrió a alianzas y pactos con diferentes líderes samuráis del país y se formaron dos grandes federaciones de daimyō que, a grandes rasgos, podríamos resumir como este contra oeste, los primeros liderados por Ieyasu y los segundos por Ishida. Ambos bandos se enfrentarían en la célebre batalla de Sekigahara en el año 1600, la otra gran batalla de la historia samurái junto con la de Dan no Ura, que concluiría una serie de pequeñas batallas y asedios previos que se llevarían a cabo el mismo año.

Fig. 7.8. Detalle de un biombo en el que se representa la batalla de Sekigahara, en la imagen podemos identificar a Ishida Mitsunari sobre un caballo blanco, en la parte inferior derecha. Museo de Historia de la Ciudad de Gifu.

No hay datos oficiales acerca del número de soldados que participaron en la batalla de Sekigahara, pero los historiadores calculan en torno a los ciento ochenta mil o doscientos mil, lo que podría significar que hablamos de la mayor batalla que se haya dado nunca en suelo japonés, y en un principio este número se dividía casi por igual en ambos bandos. Las tropas de Ishida Mitsunari llegaron a Sekigahara, en la actual prefectura de Gifu, antes del amanecer del día 21 de octubre de 1600, unas horas antes que el bando enemigo, por lo que tuvieron tiempo para planear su estrategia. Esta pasaba por aguantar primero la arremetida de las fuerzas lideradas por Ieyasu en el centro de la batalla, para más tarde desplegar una maniobra envolvente en la que el ejército del joven Kobayakawa Hideaki (1582-1602) —sobrino de Hideyoshi— atacaría por el flanco izquierdo bajando desde una colina, seguido del propio Ishida por el derecho y de los Mōri por la retaguardia. La batalla empezó a las ocho de la mañana, aunque los ejércitos de la confederación del este habían llegado al lugar algo antes, porque hubo que esperar a que se dispersase una espesa niebla que impedía el combate. Cuando estalló la lucha, la acción se desencadenó en la zona central, donde las fuerzas de ambos bandos se mostraron muy igualadas, y durante las tres primeras horas se fueron turnando en situaciones de ataque o defensa sin que ninguno de los dos ejércitos aventajase al otro significativamente. Ambos ejércitos utilizaron arcabuces como parte de su arsenal, aunque no fueron decisivos como lo habían sido en Nagashino, y las fuerzas de Ishida llegaron incluso a utilizar cinco cañones, algo muy poco usual en el campo de batalla. Llegados a ese punto, en torno a las once de la mañana, Ishida decidió dar inicio a la maniobra envolvente, enviando una señal a Kobayakawa para que descendiese de la colina en la que estaba apostado con sus quince mil samuráis. Pero el sobrino de Hideyoshi permaneció inmóvil durante un buen tiempo y, cuando por fin reaccionó, lo hizo para ordenar a sus hombres atacar al ejército de Ishida, traicionando así a la confederación del oeste. Su primer objetivo entonces fueron los hombres de Ōtani Yoshitsugu (1559-1600), un daimyō que había luchado en Corea junto a Ishida Mitsunari, naciendo así entre ellos una fuerte amistad, y que participaba en la batalla pese a estar gravemente enfermo de lepra, ser ya prácticamente ciego y no poder mantenerse en pie, por lo que era llevado en un palanquín. Cuando Kobayakawa ignoró las órdenes de Ishida, Ōtani había sospechado de sus intenciones y, por si acaso, había desplegado a sus hombres para defender un posible ataque suyo, por lo que, cuando esto efectivamente sucedió, pudieron resistir más que si hubiesen sido tomados por sorpresa. Pero esta resistencia no duró demasiado y, viendo cerca la derrota de su ejército, Ōtani hizo que le bajasen de su palanquín y ordenó a uno de sus hombres que le cortase la cabeza y la escondiese para que no acabase cayendo en manos del enemigo. La traición de Kobayakawa supuso un desequilibro de fuerzas y acabó con la estrategia de Ishida, por lo que muchos de los clanes que luchaban en su bando decidieron no entrar en combate, como los Mōri y los Chōsokabe, e incluso huir los que ya lo habían hecho. Viendo que la victoria era ya completamente improbable, el propio Ishida Mitsunari decidió también abandonar el lugar, dándose por concluida la batalla en torno a las dos de la tarde.

Pocos días después de Sekigahara, Ishida fue capturado y ejecutado, y lo mismo sucedió con muchos de sus aliados; por otro lado, Ieyasu decidió enviar al pequeño Hideyori a vivir en el castillo de Osaka. Así, con el camino despejado después de haber sabido esperar el mejor momento durante décadas, se hizo con el control de Japón, y en 1603 obtuvo del emperador el deseado cargo de shōgun. Con ello termina el periodo Azuchi-Momoyama y empiezan tanto el periodo Edo (1603-1868) como el shōgunato Tokugawa, tercero y último de la historia..., pero de ello hablaremos más adelante.

8
La invasión de Corea

Posibles motivos y preparativos

Hemos dejado el capítulo anterior con Tokugawa Ieyasu recién convertido en shōgun, pero tenemos ahora que volver una década atrás para explicar algo que nos hemos saltado al hablar de Toyotomi Hideyoshi porque merecía sin duda un capítulo propio. Una vez Japón estuvo unificado, el taikō decidió que era un buen momento para lanzarse a una de las mayores ambiciones que un gobernante japonés podría pensar jamás: la conquista de China. Una vez conseguido esto, sus intenciones incluían trasladar a su capital al emperador de Japón, que pasaría entonces a ser emperador de China, mientras que uno de sus hijos ocuparía el trono japonés; no contento con ello, el siguiente paso sería conquistar la India y todo el sudeste asiático. Se ha debatido mucho acerca de los motivos que podía haber tras este gigantesco plan, y los más críticos con la figura de Hideyoshi suelen defender la idea de que se volvió poco menos que loco en sus últimos años de vida, desatándose en él una megalomanía enfermiza que le hacía querer ser una especie de monarca universal. A favor de esta idea suele esgrimirse la sentencia de muerte de su sobrino Hidetsugu, su repentino gusto por los lujos y las ceremonias cortesanas y, sobre todo, que él mismo manifestó en más de una ocasión que la conquista de China era una tarea que el cielo le había encargado desde su mismo nacimiento. Hay que reconocer que son motivos suficientes para apoyar esta teoría. Pero, en contra de esta supuesta locura repentina, sabemos que Hideyoshi barajaba la idea de invadir China desde hacía bastante tiempo, pues hay constancia escrita de una conversación ya en 1586 con el jesuita Gaspar Coelho (1530-1590) en la que le habló del tema; de hecho, esta idea ya aparece en algunos documentos jesuitas atribuyéndola nada menos que a Oda Nobunaga en 1582. Por otro lado, ya hemos dicho en el capítulo anterior que el episodio de Hidetsugu —por cruel que pueda parecernos— no era nada demasiado inusual en la época. Parece mucho más lógico pensar que, como cada vez más historiadores afirman, la idea de invadir el continente obedecía a una forma de mantener Japón unificado y en paz —además de a un alto grado de ignorancia acerca de sus dimensiones y características—. Además, hemos visto que Hideyoshi había conquistado muchas provincias japonesas sin llegar a combatir, convenciendo a sus daimyō para que se uniesen a él, y que incluso muchos de aquellos a los que venció en el campo de batalla fueron posteriormente perdonados e incorporados a su bando; y aunque se trata de un proceso que ahorra muchas vidas humanas y recursos en general, tiene también sus desventajas, como no poder premiar a los propios generales con los territorios arrebatados al enemigo vencido. Un escenario formado por un buen número de daimyō no recompensados tras años de guerra era una bomba de relojería que podía estallar en cuanto uno de ellos intentase expandir sus tierras a expensas de las del vecino, puesto que la unidad nacional era aún algo demasiado reciente y frágil, así que enfrascarlos a todos en una nueva guerra podía ser una buena solución.

Pese al nombre de este capítulo, el taikō nunca pretendió invadir Corea, su idea original era que este país se convirtiese en un vasallo de Japón y colaborase activamente en el ataque a China —lo que de nuevo es muestra de una gran ignorancia de la realidad de la región—, y así se lo comunicó al Gobierno coreano mediante el envío de una embajada. Los emisarios japoneses, que conocían la relación entre Corea y China mucho mejor que Hideyoshi, suavizaron el mensaje antes de entregarlo, resultando en solo una petición de paso a través de la península coreana. Pero Corea, un país históricamente vasallo y protegido de sus vecinos chinos, no accedió a las peticiones del líder japonés, por lo que —tras varias embajadas más, todas poco exitosas— Hideyoshi tomó la decisión de invadir primero Corea y después China. Al fin y al cabo, para un ejército supuestamente capaz de conquistar todo el territorio chino, no debería ser un problema añadir además el pequeño apéndice de tierra que supone la península coreana.

En septiembre de 1591, Toyotomi Hideyoshi ordenó a todos los daimyō de Japón empezar a recaudar más impuestos y preparar tropas

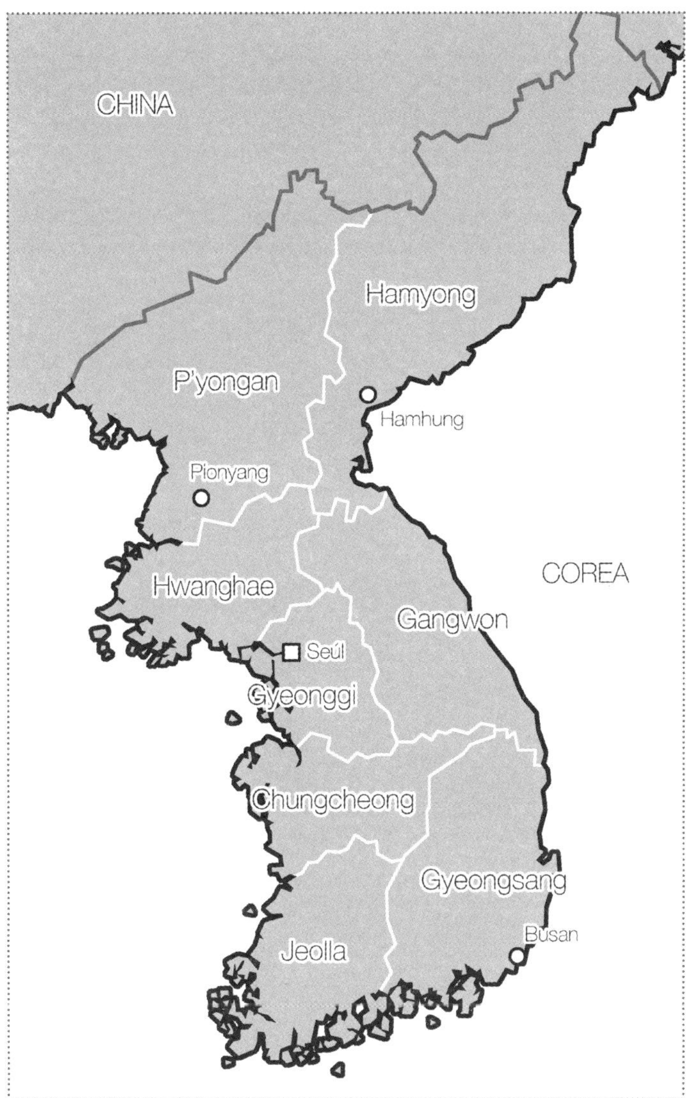

Fig. 8.1. Mapa de las provincias de Corea en la época. Elaboración propia.

para la invasión de China, pero aunque en un principio todos tenían que contribuir en este proyecto, el reparto resultó ser muy desigual, y vemos como los señores de Kyūshū aportaron muchísimos más recursos que los del este del país. Estos tuvieron que sufragar además los enormes gastos que comportó la construcción del gran castillo que Hideyoshi ordenó levantar desde cero en Nagoya —no se trata de la que es hoy día la cuarta ciudad más grande del país, en el centro de Honshū, sino de otra en la provincia de Hizen, la más cercana al continente, en Kyūshū—. El castillo era una gigantesca base de operaciones y cuartel militar que se empezó y terminó en solo seis meses, contaba con todos los lujos y comodidades exigidos por el taikō y podía albergar a decenas de miles de soldados. Tanto en esta gran obra como en la expedición al continente participaron además una gran cantidad de trabajadores que se encargaron de tareas de construcción y transporte, trabajadores que fueron obligados a participar. Entre los daimyō también eran muchos los que obedecieron la orden sin estar en absoluto de acuerdo, pero solo se dio un único caso de insurrección, que fue aplastada inmediatamente y de forma bastante cruel —incluyendo quemar viva a la esposa del insurrecto en cuestión—, como ejemplo de lo que pasaría a cualquier otro general que no se mostrase conforme... y funcionó.

Así, a principios de 1592 en Nagoya estaba ya preparado el mayor ejército que nunca había visto Japón, formado por nada menos que 158 000 hombres divididos en nueve divisiones, cada una bajo el mando de un general, más otros 27 000 que permanecerían apostados en Nagoya bajo la dirección personal de Hideyoshi, y otros 75 000 más que formarían la reserva, y que no viajarían a Corea —de momento—.

Fig. 8.2. Toyotomi Hideyoshi reunido con sus generales, planificando la invasión de Corea y China.

¿Castellanos contra samuráis?

Cuando a través de los cristianos de Kyūshū llegaron noticias de la enorme movilización de tropas japonesas a oídos de los castellanos de Manila, estos entraron en estado de pánico al creer que Hideyoshi se proponía conquistar Filipinas, y se apresuraron a mejorar las defensas de la ciudad como pudieron y a pedir a la corte de Felipe II el envío urgente de más dinero y más soldados. Pero para su tranquilidad, cuando la primera de las nueve divisiones salió de Japón en abril, lo hizo en dirección oeste y no sur, en dirección a Corea.

En relación con este asunto, es necesario aclarar que las tropas castellanas nunca llegaron a combatir con un ejército samurái, una idea que, como decíamos, aterrorizaba a los castellanos de Manila. Cada cierto tiempo aparece en la prensa española alguna referencia a una supuesta batalla en 1582 en la que soldados españoles vencieron a tropas samuráis, pero se trata de una tergiversación de los hechos, puesto que lo que se ha bautizado como combates de Cagayán fueron en realidad unas escaramuzas entre barcos castellanos comandados por el capitán Juan Pablo de Carrión (1513-¿?) y wakō, simples piratas chinos y japoneses. Una sencilla búsqueda en los documentos del Archivo General de Indias, en Sevilla, evidencia esta realidad con la crónica de los hechos escrita por el mismo Carrión, pero la historiografía española, especialmente la de mediados del siglo xx —poco dada al rigor histórico cuando este perjudicaba al orgullo patrio— se encargó de que esta tergiversación calase en el imaginario colectivo y sea aún hoy revivida a menudo para regocijo de algunos.

Primera invasión y tregua

El 23 de mayo de 1592, la primera división llegó al puerto de la ciudad coreana de Busan —curiosamente, el mismo del que habían zarpado las flotas continentales en los dos intentos de invasión de los mongoles en el siglo xiii—. Esta primera división, liderada por el daimyō cristiano

Konishi Yukinaga (1558-1600) arribó a la costa de Corea sin oposición y, una vez en Busan, pidió a las autoridades de la ciudad permiso de paso en su camino hacia China. La respuesta coreana volvió a ser tajantemente negativa, por lo que los japoneses atacaron entonces la ciudad y Busan fue conquistada en el transcurso de un solo día. La superioridad japonesa resultaba aplastante, principalmente por sus modernos arcabuces, que contrastaban con las pocas armas de fuego con las que contaban los coreanos, que eran unas anticuadas pistolas de mano chinas; además, hay que tener en cuenta que Corea llevaba unos dos siglos viviendo en casi completa paz, mientras que en Japón la guerra había sido casi continua durante medio milenio, en especial los últimos cien años, y sus samuráis estaban curtidos en mil batallas. En Busan se puso ya de manifiesto algo que sería una constante a lo largo de toda la guerra: la gran ferocidad con la que lucharon los soldados japoneses, mayor que en ningún otro momento de su historia, no perdonándose la vida a nadie e infligiendo un gran número de bajas.

Según el plan inicial, la primera división debía esperar en Busan la llegada de la segunda, liderada por el daimyō Katō Kiyomasa (1562-1611), para entonces dirigirse ambas hacia el norte, pero Konishi decidió avanzar en solitario, quizá a causa de su fuerte enemistad con Katō. La marcha de Konishi fue fácil, no encontrando demasiada oposición a su paso hasta llegar cerca de Seúl, donde días después se reunieron finalmente ambas divisiones —la segunda tampoco encontró resistencia en el camino— para decidir la mejor forma de tomar la capital. No fue una decisión fácil, puesto que tanto Konishi como Katō querían encargarse de la conquista de la ciudad y hacerse con la gloria personal que ello comportaría, y las crónicas cuentan que estuvieron a punto de llegar a las manos en la discusión. Finalmente se acordó que ambas divisiones marcharían hacia Seúl por dos rutas distintas y que la que llegase primero tendría el derecho de atacar, o dicho de otra forma, se retaron a una carrera. Konishi llegó antes, el 10 de junio, pero no se produjo ninguna gloriosa batalla porque lo que se encontraron fue una ciudad desierta, abandonada por el ejército y sin rey, pues el monarca coreano había huido solo un día antes hacia Pionyang. Con batalla o sin ella, los japoneses habían tomado la capital de Corea en menos de tres semanas de campaña en el país, un avance fulminante que ya no volvería a ser tan veloz en ningún otro momento.

Katō Kiyomasa y Konishi Yukinaga

Hideyoshi eligió para liderar las dos primeras divisiones de la campaña contra Corea a dos daimyō que ya para entonces habían demostrado no tener una muy buena relación, lo que tanto podría haber causado un obstáculo para su misión como suponerles una motivación extra que les hiciese competir por mayores éxitos en la batalla, y quizá fue esto lo que pensó el taikō al elegirlos. Lo que está claro es que Katō y Konishi eran rivales ya antes de ir a Corea, demostraron serlo estando allí y siguieron siéndolo tras volver a Japón.

Katō Kiyomasa había nacido en la provincia de Owari, igual que Hideyoshi, y entró a su servicio siendo aún muy joven, poco después de que el taikō se convirtiese en daimyō. Desde entonces, participó en diversas campañas dentro del proceso de unificación del país y su rango y estipendio fueron subiendo rápidamente. Durante la conquista de Kyūshū, Hideyoshi decidió recompensarle con aproximadamente la mitad de la provincia de Higo, arrebatada a un señor rival, convirtiéndose así en daimyō. Por su parte, Konishi Yukinaga era de Sakai,

Fig. 8.3. Estatuas de Katō Kiyomasa y Konishi Yukinaga, ambas en la prefectura de Kumamoto.

en la actual Osaka, y trabajaba para el daimyō de la provincia de Bizen, pero entró al servicio de Hideyoshi poco antes de que este conquistase la zona y formó parte, como Katō, de la conquista de Kyūshū, siendo recompensado con la otra mitad de la provincia de Higo. Desde ese momento, como daimyō vecinos, empezaron los problemas entre ambos, principalmente porque Konishi era cristiano —se bautizó con el nombre de Agostinho—, mientras que Katō era un acérrimo seguidor de la doctrina budista de la escuela de Nichiren y persiguió ferozmente el cristianismo en sus tierras, colindantes a las de Konishi.

Una vez en Corea, y además de competir por hacerse con un mayor número de conquistas, su diferencia de opiniones durante las negociaciones en la tregua con China fue más que evidente, porque Konishi defendía el entendimiento con los Ming para una salida pacífica del conflicto, mientras que Katō era firme partidario de una guerra total hasta sus últimas consecuencias. Este último, conocido por los coreanos con el sobrenombre de Kishokan, «general demonio», era famoso por ser un gran guerrero y vivir únicamente para el combate, siendo muy célebres los grabados en los que se le representa cazando tigres con su lanza en Corea durante la —para él— aburrida tregua.

Acabada la guerra tras la muerte de Hideyoshi, Katō acabó formando parte del bando de Tokugawa Ieyasu, siendo uno de los principales motivos que Konishi hubiera tomado partido por el bando contrario. Así, ambos lucharon en ejércitos enfrentados en la batalla de Sekigahara, tras la que se ejecutó a Konishi, quien, al ser cristiano, no quiso suicidarse tras la derrota como hicieron muchos de sus compañeros. Por su parte, Katō recibió como recompensa las tierras de su eterno rival, poseyendo así desde entonces toda la provincia de Higo.

Conquistada Seúl, Konishi y Katō tomaron rumbos distintos, el primero permaneció durante un tiempo en la capital, mientras que el segundo marchó hacia el norte en persecución del rey coreano huido. Pero como decíamos, el avance a partir de este momento se vio ralentizado considerablemente, y uno de los motivos fue la existencia en la zona norte del país de algunos anchos y caudalosos ríos de los que los

Fig. 8.4. Asedio a Dongnae, una de las primeras batallas de la guerra. Museo de la Academia Militar de Corea, Seúl.

coreanos habían retirado las barcazas utilizadas para cruzarlos y cuyas zonas menos profundas los japoneses desconocían por completo. Así, la segunda división se vio detenida durante semanas en la orilla sur del río Imjin y solo consiguió cruzarlo el 6 de julio gracias a la imprudencia del ejército coreano, el cual estando tranquilamente apostado en la orilla norte decidió cruzar el río con sus barcazas para atacar a los japoneses, siendo aplastado por estos, quienes obtuvieron así un medio de transporte para llegar al otro lado. En este momento se decidió que fuese Konishi quien avanzase hacia Pionyang en pos del rey coreano —acompañado de la tercera división— mientras Katō se encargaría de ir abriendo camino hacia la costa noreste de la península. El resto de divisiones, según fuesen llegando a Corea, se irían encargando de asegurar las provincias de la mitad sur, donde además se aplicaron las mismas políticas que se fueron poniendo en marcha en Japón en cada nuevo territorio que se incorporaba al bando de Hideyoshi; así, se recaudaban impuestos entre la población, se requisaban las armas, se hacían censos y se eliminaba a todo aquel que no estuviese conforme.

Hacia finales de julio, Konishi Yukinaga llegó con treinta mil samuráis a las afueras de Pionyang y en ese mismo momento el rey coreano —que no debía confiar demasiado en los diez mil soldados que defendían la ciudad— decidió volver a huir hacia el norte, refugiándose casi en la frontera con China. Los samuráis se encontraron allí con el mismo problema que habían tenido al llegar al Imjin, puesto que la ciudad de Pionyang se encontraba en la orilla norte de otro caudaloso río, el Taedong. La solución al problema japonés se hallaría, de nuevo, en la imprudencia y el exceso de confianza de los coreanos, que en lugar de permanecer a salvo dentro de su fortaleza, decidieron atacar el campamento japonés con tres mil soldados durante la noche del 22 de julio. Aunque en un primer momento la ofensiva coreana fue exitosa, tomando a los samuráis por sorpresa, la situación se invirtió rápidamente y los japoneses solo dejaron con vida a unos pocos soldados coreanos para poder ver cómo volvían a la ciudad, descubriendo de esa forma las zonas en las que el río era poco profundo y podía cruzarse. Así, dos días más tarde, el ejército de Konishi llegó a la orilla norte dispuesto a combatir a los siete mil soldados coreanos que debían de quedar en la ciudad, pero de nuevo se encontraron con un paisaje desierto: las tropas defensoras habían huido durante la noche.

Por su parte, Katō Kiyomasa llegó sin demasiada dificultad a la zona noreste de Corea, dejó a la mitad de sus soldados, diez mil, en la ciudad de Hamhung y empezó a avanzar siguiendo la costa, tomando distintas ciudades o fortalezas, muchas de ellas abandonadas después de que les llegase la noticia de la victoria japonesa en la batalla de Songjin el 23 de agosto. En un momento de la campaña, Katō cambió su rumbo y empezó a avanzar hacia el norte, separándose de la costa, tras ser informado de que dos príncipes coreanos habían huido en esa dirección. Y lo que se encontró al llegar a la ciudad de Hoeryong, casi en la frontera con China, es que los dos príncipes habían sido apresados por los propios habitantes de la ciudad, quienes pese a ser coreanos, no le tenían ninguna simpatía al lejano gobierno de Seúl. Así, entregaron los príncipes a Katō y acompañaron el regalo con la entrega también del gobernador de la provincia. Allí, estando tan cerca de la frontera, el general japonés decidió hacer una pequeña incursión en territorio chino, en la región de Manchuria, y en ese momento nada menos que tres mil hombres de Hoeryong se ofrecieron a acompañar a las fuerzas japonesas, tanto en calidad de guías como de soldados. Una vez en Manchuria se enfrentaron con la etnia que habitaba la zona, los yurchen —conocidos posteriormente como manchúes—, quienes se vieron obligados a retirarse después de sufrir casi diez mil bajas a manos de japoneses y coreanos. Tras esta victoria, las tropas japonesas volvieron a Corea, al extremo más al norte de su costa, y desde allí descendieron hasta el punto en el que se habían desviado para adentrarse en el interior, habiendo conquistado así toda la región de Hamgyong, y para el 12 de octubre se reunieron con los diez mil hombres que habían dejado en Hamhung.

Hasta este momento, el avance japonés —fulgurante en un principio y algo más lento después— había sido imparable y, aunque los generales samuráis eran mucho más conscientes de la gran dificultad de los objetivos de lo que lo era Hideyoshi desde Nagoya, de momento todo estaba saliendo bien para los intereses japoneses. Las cosas empezarían a cambiar a principios de 1593, cuando China decidió intervenir en el conflicto. Pero incluso antes que eso, otros dos factores habían empezado ya a debilitar la conquista japonesa desde dentro de la propia Corea. Por un lado, diversos grupos de civiles coreanos habían empezado a combatir a los samuráis a lo largo y ancho del territorio ya conquistado en una especie de guerra de guerrillas en la que también participaban monjes guerreros, perjudicando así de forma significativa la red de comunicación y transportes tejida por los japoneses. Por otro lado, y más importante aún, la flota coreana derrotó a la japonesa en algunas decisivas batallas navales, impidiéndoles conseguir un objetivo fundamental de su plan: dominar las rutas marítimas de la costa oeste para poder transportar rápidamente tanto soldados como armas y suministros hasta la zona norte del país, algo imprescindible de cara al posterior ataque a China. Estas victorias navales son aún hoy motivo de orgullo patriótico dentro de la historia coreana, en la que no abundan los triunfos precisamente, y siempre se destaca el uso de los famosos «barcos tortuga», unas embarcaciones cubiertas de una especie de armadura de madera. Pese a esta fama, la realidad es que la presencia de este tipo de barco fue poco más que anecdótica y que la diferencia radicó en el uso de artillería pesada por parte de las naves coreanas y, muy especialmente, en la maestría del almirante Yi Sun Sin (1545-1598), todo un héroe nacional en Corea —este sí, merecidísimamente—. Así, las derrotas sufridas por los japoneses en las batallas de Sacheon el 8 de julio o Hansando el 13 de agosto —entre otras menores— hicieron que los generales samuráis viesen la conquista de China como algo cada vez más inalcanzable.

Según avanzábamos antes, la situación se complicaría aún más con la entrada en escena del ejército chino, que decidió finalmente intervenir para defender a sus vasallos coreanos, incapaces de expulsar a los invasores por sí mismos. Un pequeño grupo de solo tres mil soldados ya había hecho una incursión a finales de agosto, atacando Pionyang por sorpresa, pero habían sido fácilmente eliminados por los cerca de veinte mil samuráis que se encontraban en la ciudad. Sería en febrero de 1593 cuando China entrase —esta vez de verdad— en la guerra, enviando un ejército de más de cuarenta mil soldados; a estos, además, se les unirían unos diez mil coreanos, entre soldados y voluntarios, y unos cinco mil monjes guerreros. Por su parte, las fuerzas de los samuráis estaban ya muy mermadas tras varios meses de escasez a causa de los pocos suministros que llegaban a la ciudad, casi aislada por acción de las guerrillas coreanas en las líneas de distribución japonesas. A partir de este momento, el sentido de la guerra cambió, y los japoneses tuvieron que ponerse a la defensiva, viéndose incapaces de dar el siguiente paso de su plan, pese a casi no haber perdido una batalla. En Pionyang, los generales chinos ordenaron un ataque directo y por todos los flancos, repelido en un primer momento por el fuego de los arcabuces japoneses, que causaron tantas bajas que los cadáveres caídos se fueron apilando de forma que pudieran utilizarse como rampas por los soldados atacantes. Muy superados numéricamente, la derrota japonesa era solo cuestión de tiempo, por lo que Konishi Yukinaga decidió que la única opción disponible era la retirada y —como habían hecho los coreanos anteriormente— los japoneses abandonaron la ciudad a escondidas durante la noche y se dirigieron hacia la seguridad de Seúl. Allí acabaron confluyendo unos cincuenta mil samuráis, puesto que en otros lugares del norte del país la situación era parecida a la de Pionyang, con escasez de suministros y la cercanía del ejército chino. Así, Japón se vio obligado a renunciar a toda la mitad norte de Corea, la que daba acceso al que en teoría era el principal objetivo de toda la campaña: China. Estando en Seúl, las cosas tampoco fueron mucho más sencillas: los soldados estaban cada vez más debilitados físicamente y, aunque se ganó alguna importante batalla como la de Pyokje el 26 de febrero, también se sufrió una dura derrota intentando asaltar la fortaleza de Haengju el 14 de marzo. Finalmente, los generales japoneses, pactando con los coreanos, tomaron la dura decisión de abandonar la capital y replegarse en la costa sureste de la península, en una serie de fortalezas en la provincia de Gyeongsang —la más cercana a Japón—. Así, a mediados de mayo, las tropas chinas entraban en Seúl y descubrían que la ciudad había sido prácticamente arrasada por los japoneses, que habían incendiado gran cantidad de edificios para cubrir su retirada.

Con los japoneses concentrados en la costa sureste se dieron algunas batallas más, entre las que destaca el asedio al castillo de Jinju, una fortaleza que había resistido un ataque ya en 1592 y cuya conquista Hideyoshi se tomó como algo personal, enviando refuerzos desde Japón solo para ello. El asedio duró unas cinco semanas y se saldó con la mayor derrota sufrida por Corea en toda la guerra, una masacre en la que murieron nada menos que sesenta mil coreanos. Fue también la última batalla de esta primera parte de la invasión, puesto que al haberse establecido una situación de tablas en la que los japoneses eran incapaces de ganar más territorio, pero parecían poder resistir indefinidamente en sus fuertes, ambas partes decidieron pactar una tregua y empezar un proceso de negociaciones para dar una solución pacífica al conflicto. Este proceso duraría unos cuatro años durante los cuales vivirían en Corea más de cuarenta mil japoneses —en unas fortalezas al estilo de los castillos samuráis, cuyas bases de piedra aún pueden visitarse en la actualidad—, dedicándose a lo mismo que habrían hecho en Japón en tiempos de paz. Así, la acción pasó entonces al ámbito diplomático, que a veces puede resultar tan o más peligroso que el campo de batalla.

Recuento e inspección de cabezas

Tradicionalmente, los samuráis acostumbraban a recoger las cabezas de los enemigos que habían vencido en la batalla para poder después demostrar a cuántos adversarios habían dado muerte, algo necesario para ser debidamente contabilizadas y así poder obtener una posterior recompensa. En el caso de las cabezas de generales o personajes de importancia, solía llevarse a cabo toda una ceremonia que empezaba con el lavado y peinado de la cabeza, y seguía con el ennegrecimiento de los dientes con un tinte especial, para ser posteriormente colocadas sobre una tabla o pedestal; era entonces cuando se presentaban ante el líder del ejército vencedor para su inspección y su posterior exposición pública en algunas ocasiones.

Es muy significativo el hecho de que estas negociaciones se diesen únicamente entre Japón y China, sin tener en cuenta estos últimos en ningún momento lo que Corea pudiese opinar al respecto, y que ni tan siquiera se les informase de lo que se estaba hablando, quedando así claro que China no ayudaba desinteresadamente a su Estado vasallo, sino que sencillamente estaba intentando que los japoneses se alejasen de su área de influencia, protegían lo que era suyo. En Asia Oriental, el papel del Imperio chino había sido desde la Antigüedad el de centro de la región, alrededor del cual pivotaba el resto de países, reconociendo a China su superioridad por medio de embajadas y tributos, una sumisión a cambio de la cual los chinos —entre otras cosas— otorgaban legitimidad a los reyes de cada país en cuestión, dándoles un sello de oro que les declaraba como monarcas reconocidos por China. Y este sistema sino-céntrico era lo que Japón se estaba atreviendo a atacar, alterando así el orden regional, como muestra el hecho de que el rey de Siam hubiese ofrecido ayuda militar a los Ming para combatir a los japoneses. Podríamos decir que las negociaciones entre China y Japón para terminar con la invasión de Corea nacieron ya muertas, puesto que los primeros ponían como condición imprescindible que los japoneses les reconociesen su vasallaje, y Hideyoshi no estaba en absoluto dispuesto a nada parecido, afirmando en más de una ocasión que Japón era «el país de los dioses». Así, durante los cuatro años de negociaciones no se dieron más que malentendidos; para empezar, porque el taikō poco menos que creía estar negociando la rendición de China, por lo que redactó un documento que establecía siete condiciones, incluyendo que las cuatro provincias de la mitad sur de Corea pasasen a pertenecer a Japón, que se retomasen las relaciones comerciales sino-japonesas o que una hija del emperador Ming se casase con el emperador japonés; unas condiciones que contrastaban claramente con la realidad. Por su lado, China estaba convencida de estar negociando la sumisión de Japón. Y esto era así sobre todo porque los encargados de mediar entre ambos gobiernos —Konishi Yukinaga por el lado japonés—, viendo que las condiciones que sus respectivos líderes demandaban eran demasiado ambiciosas e inaceptables por la otra parte, a menudo suavizaron las palabras originales que debían transmitir. De hecho, llegaron incluso a falsear el documento con las exigencias de Hideyoshi por uno en el que Japón reconocía la superioridad china a cambio de unas condiciones mucho más humildes que las originales, siendo una de ellas el reconocimiento del taikō como rey de Japón —algo que Konishi pensó que calmaría a Hideyoshi—. Los Ming se mostraron complacidos con esta nueva actitud japonesa y prepararon todo lo necesario para aceptar el trato, sello de oro incluido.

El 23 de octubre de 1596 debía ser el día en que se pactase el final de la guerra, con la visita de los emisarios chinos al castillo de Osaka pero, obviamente, reunidas las dos partes, no podía pasar demasiado tiempo antes de que se descubriese la verdad. En un principio, el taikō se mostró encantado con el sello de oro que le reconocía como rey de Japón, y en la ceremonia celebrada al día siguiente apareció vestido con las ropas de monarca de estilo chino que habían sido traídas por los emisarios como complemento al sello. La calma se hizo pedazos en el exacto momento en que se procedió a dar lectura al documento redactado por el gobierno Ming, que no incluía ni una sola de las siete condiciones de Hideyoshi y solo hacía referencia al vasallaje de Japón hacia China. El taikō entró en cólera, dio por terminadas las negociaciones y declaró el inicio inminente de una nueva invasión de Corea.

Segunda invasión y desenlace

Pese a que Corea no había intervenido en los malentendidos o engaños de las negociaciones, Hideyoshi culpó a los coreanos de todo lo sucedido desde antes del inicio mismo de la campaña por haberse negado a colaborar con Japón en la conquista de China. Y como culpables que eran, merecían ser castigados. Así, durante la segunda invasión —o segunda parte de la invasión, en realidad— el objetivo dejó de ser el territorio chino para pasar a ser el escarmiento y la conquista de Corea. De esta forma, las tropas japonesas combatieron aún más ferozmente y cometieron todo tipo de atrocidades con los soldados y la población coreana según iban avanzando hacia el norte del país. Desde Japón se envió una enorme cantidad de hombres que se sumaron a los que esperaban en las fortalezas de la costa noreste, formando un ejército de más de ciento cuarenta mil efectivos. Esta vez, el avance estaría encabezado por dos divisiones, llamadas «Ejército de la Derecha» y «Ejército de la Izquierda», formadas por treinta mil y cincuenta mil soldados, respectivamente.

La primera batalla se produjo el 28 de agosto de 1597 en Chilcheollyang, se trató de una batalla naval y fue la única de este tipo en la que los japoneses se hicieron con la victoria —quizá por ser la única en la que no intervino el almirante Yi Sun Sin—, prácticamente acabando con la flota coreana. Por su parte, desde la costa sureste, los dos ejércitos japoneses fueron avanzando mediante la conquista de ciudades y fortalezas; algunas ganadas por la fuerza, como en el asedio de Namwon el 26 de septiembre, y otras al encontrarse abandonadas al llegar los soldados japoneses, o ser entregadas sin apenas resistencia, como la fortaleza de Hwangseoksan. De esta forma, los ejércitos samuráis llegaron cerca de Seúl y establecieron allí su base, a la espera de los refuerzos y suministros que debían llegar por mar, bordeando la costa oeste coreana, imprescindibles para el asalto a la capital, puesto que los chinos tenían apostado allí un gran ejército para defender la ciudad. Pero estos refuerzos y suministros japoneses no llegarían nunca, truncándose así los planes de los samuráis y, de nuevo, por culpa del almirante Yi. El 26 de octubre de 1597 se produjo una importante batalla naval en Myeongyang, aproximadamente en el vértice entre las costas sur y oeste de la península. En lo que ha pasado a la historia de Corea como «el milagro de Myeongyang», el almirante Yi, con los únicos trece barcos de que disponía la Marina coreana, que habían sobrevivido a Chilcheollyang por haberse retirado a tiempo, se enfrentó a unos ciento treinta barcos japoneses, acabando con más de una treintena de ellos y cortando el transporte necesario para atacar Seúl. Cuando la noticia llegó a los generales japoneses apostados cerca de la capital, vieron que el ataque sería imposible y que la mejor opción era la de —nuevamente— replegarse y atrincherarse en las fortalezas de la costa sureste, pasando —una vez más— a la defensiva.

Crónica de las atrocidades

Contamos con numerosas crónicas japonesas acerca de la campaña coreana, pero casi todas se dedican a alabar las grandes gestas de los samuráis que participaron en los combates, relatos épicos y grandilocuentes muy parecidos a los gunki monogatari de los que hablábamos en el capítulo 2. Son sin duda una muy útil fuente de información, pero no podemos olvidar que estas crónicas están escritas con propósitos interesados, muchas veces por encargo de un determinado general para su mayor gloria y fama, por lo que debemos aproximarnos a lo que nos dicen con mucha cautela y siempre contrastando datos.

Pero decíamos que casi todas son así porque hay una excepción: entre todos estos documentos destaca el *Chōsen Nichinichiki*, escrito por Keinen (¿?-¿?), un monje budista que había viajado a Corea como médico, acompañando al daimyō de la provincia de Bungo. El diario que fue escribiendo Keinen dista mucho de ser un relato épico de la grandeza y el honor del combate, por el contrario, en él se detallan las atrocidades cometidas por el ejército japonés durante la segunda invasión, que es cuando el monje se unió a la campaña. Describe con todo detalle las escenas de las que él mismo fue testigo directo, y en numerosas ocasiones compara lo que ha visto con el mismo infierno, una idea perfectamente resumida en su frase: «el infierno no puede estar en ningún otro sitio». Este diario resultaría tan incómodo para los gobiernos japoneses que fue completamente ignorado y no se publicó durante nada menos que casi cuatrocientos años, hasta 1965.

Desde ese momento, el ejército japonés abandonó cualquier plan de ataque y la guerra se convirtió en una sucesión de intentos chinos y coreanos de expulsar a los samuráis de sus fortalezas y de Corea. Quizá la más importante de estas ofensivas sea el asedio de Ulsan, el 29 de enero de 1598, aprovechando que los muros que rodeaban el castillo estaban todavía a medio construir y que, por tanto, muchos soldados japoneses aún vivían acampados en el exterior, desprotegidos. En Ulsan, los chinos y los coreanos atacaron rodeando completamente la fortaleza, pero pese a ser superiores en número, se vieron impotentes contra el constante fuego de los arcabuces japoneses, describiéndonos de nuevo las crónicas la imagen de soldados trepando muros gracias a la cantidad de cadáveres amontonados unos sobre otros. Las fuerzas de Katō Kiyomasa pudieron aguantar dentro de la fortaleza hasta el 8 de febrero, cuando llegaron refuerzos a la zona y los generales chinos, temiendo ser atacados por la retaguardia, ordenaron la retirada. Ulsan fue un durísimo golpe para China, y los Ming no estaban dispuestos a que volviese a suceder, por lo que movilizaron un ejército aún mayor para combatir a los japoneses, llegando a tener más de cien mil soldados en suelo coreano y haciendo así que por primera vez el ejército de Hideyoshi se viese superado en número, sobre todo después de que unos setenta mil soldados japoneses saliesen de Corea porque las fortalezas del sureste no podían albergar más de sesenta mil hombres. La guerra, así, estaba condenada a durar aún bastante tiempo y a costar las vidas de otras decenas de miles de personas, puesto que ninguno de los dos bandos parecía dispuesto a abandonar, y en el horizonte solo se veían largos asedios a las bases japonesas —que podían ser reforzadas con más tropas llegadas desde Japón— por parte de un ejército chino que siempre podía ser apoyado por más efectivos.

Pero en septiembre de 1598 todo cambió con la muerte de Toyotomi Hideyoshi —de la que hemos hablado en el capítulo anterior—. Los cinco generales del consejo que le sucedió en el gobierno tenían muy claro que había que salir de Corea cuanto antes, intentando sacar con vida a tantos soldados japoneses como fuera posible. Para ello creyeron oportuno ocultar la muerte del taikō mientras se procedía a la evacuación de las fortalezas coreanas. Durante los tres meses que se tardó en completar el proceso y ajenos a las noticias, chinos y coreanos continuaron atacando sin descanso varias fortalezas, como Ulsan —de nuevo—,

Fig. 8.5. Fragmento de una pintura que representa el asedio a Ulsan. Museo de la Ciudad de Fukuoka.

Sacheon y Suncheon. En el segundo asedio a Ulsan los chinos se vieron obligados a retirarse, como la vez anterior; en Sacheon sufrieron la mayor derrota de toda la guerra, como atestigua aún hoy un gran túmulo en la zona en el que están enterrados nada menos que treinta mil cadáveres de soldados chinos —sin nariz—; y en Suncheon, la batalla se saldó con una nueva retirada de los atacantes. Como en la mayor parte del conflicto, los japoneses iban ganando las batallas, pero perdiendo la guerra. Se despidieron, eso sí, con una derrota, pues la última batalla de toda la campaña se daría en el mar, la batalla de Noryang, el 17 de diciembre de 1598, cuando los últimos japoneses estaban ya abandonando la península coreana y fueron atacados por el invencible e incansable almirante Yi Sun Sin. La flota coreana acabó con la mitad de los barcos japoneses que zarpaban ese día del continente, pero, no contento con ello, Yi ordenó entonces perseguir las naves que habían conseguido escapar del ataque, quizá en un exceso de avaricia que pagaría muy caro, pues un arcabucero japonés a bordo de una de las naves perseguidas acertó a disparar al almirante y acabó con su vida. Así, una de las últimas muertes de toda la guerra fue la de uno de los principales artífices de la derrota japonesa. A finales de ese mes de diciembre, los últimos barcos japoneses llegaban a la bahía de Hakata.

La gran montaña de narices

Durante la invasión de Corea, los soldados japoneses causaron tantas bajas que pronto se hizo poco práctica la costumbre samurái de recolectar las cabezas de los enemigos abatidos, pues estas debían ser enviadas hasta Japón para su verificación y recuento, ocupando un gran espacio en barcos casi destinados a este fin. Así, se optó por recolectar únicamente las narices, mucho más pequeñas y ligeras, y enviarlas a Japón conservadas en sal dentro de barriles. Actualmente sigue existiendo en Kioto un montículo llamado Mimizuka —aunque no se promociona demasiado como atracción turística— bajo el cual están enterrados todos estos miles de narices coreanas. El montículo fue levantado en los terrenos de un templo por orden del mismo Hideyoshi para velar por las almas de los antiguos propietarios de las narices enterradas, y en un principio fue bautizado como Hanazuka, que significa literalmente «montículo de narices», pero tiempo después su nombre fue extrañamente cambiado al actual, «montículo de orejas». La mayoría de japoneses desconoce su existencia o no le dan importancia, y los visitantes que se acercan a Mimizuka son casi siempre turistas coreanos que quieren presentar sus respetos y rezar por las almas de los muertos parcialmente enterrados allí. Curiosamente, son precisamente los coreanos los principales interesados en que no se destruya el lugar y que permanezca allí como recordatorio de las atrocidades cometidas por los samuráis. El santuario sintoísta que hay justo al lado del montículo es el Toyokuni-jinja, construido en 1599 para ser consagrado a —precisamente— Toyotomi Hideyoshi.

Fig. 8.6. Mimizuka.

Hablamos de derrota japonesa, puesto que Japón no consiguió ninguno de sus objetivos, pero ello no implica que se produjese una victoria coreana ni china: una vez más, la guerra se saldaba con la derrota de todos los contendientes. Japón había perdido miles de vidas y una enorme cantidad de recursos como barcos, armas, suministros, etc. China había perdido también miles de vidas y otra enorme cantidad de recursos, pérdida que se había sumado a una crisis económica que ya arrastraba el gobierno Ming, agravándola considerablemente y siendo una de las causas de la caída de la dinastía al cabo de medio siglo. Y Corea había perdido más que nadie, tanto en lo que respecta a vidas humanas como a recursos, puesto que los combates se habían producido en su territorio, y su población había sido masacrada, robada y violada a manos del ejército japonés —y del ejército chino, por extraño que pueda parecer y por poco que suela comentarse—, y además habían sufrido la gran humillación de ver a China y Japón decidir su futuro sin contar con su opinión en ningún momento; el país no se recuperaría en varias generaciones y además sería invadido dos veces durante el siglo XVII por los manchúes —la segunda vez ya bajo el nombre de dinastía Qing—. Cerramos así este pequeño paréntesis que debería situarse cronológicamente dentro del capítulo anterior.

9
El shōgunato Tokugawa

Ieyasu, asentando las bases de la dinastía

Al finalizar el capítulo 7 habíamos dejado a Tokugawa Ieyasu haciéndose con el control de todo Japón tras la célebre batalla de Sekigahara, en 1600, inaugurando tras ello el shōgunato que lleva su apellido y el periodo que lleva el nombre de la capital de su gobierno, Edo, al ser nombrado shōgun en 1603 por el emperador Go-Yōzei. Para ello tuvo que demostrar ser descendiente de los Minamoto —condición que, recordemos, había introducido Ashikaga Yoshimitsu como necesaria para obtener el título—; el parentesco pretendido por Ieyasu era más que discreto y las pruebas aportadas fueron pocas y no demasiado convincentes, pero a la hora de la verdad lo realmente importante era el poder de que se disponía, y esto no suponía ningún problema para Ieyasu en ese momento. Tampoco nadie había creído unas décadas antes que Toyotomi Hideyoshi, hijo de humildes campesinos, fuese un descendiente de los Fujiwara ni de la más remota de las maneras cuando se hizo con el título de kanpaku, pero eso no importaba mucho si hablamos de alguien que podía poner a más de cien mil soldados en el campo de batalla sin pestañear. De hecho, en esta época era muy común entre los que se habían convertido en samuráis recientemente —antes de que el mismo Hideyoshi prohibiese la movilidad entre clases— el inventar supuestas genealogías que los relacionaban con ilustres apellidos bushi del pasado para legitimar aún más su pertenencia a esta élite. De todas formas, solo dos años más tarde, Ieyasu decidió abdicar como shōgun en favor de su hijo Tokugawa Hidetada (1579-1632), pasando él entonces a tener el cargo de *ōgosho*, o shōgun retirado, pese a lo cual —y ya no debería extrañarnos— siguió ejerciendo el poder real durante el resto de su vida, desde su nuevo castillo en Sunpu, en la actual Shizuoka. Por muy poderoso que fuese Ieyasu, nada podía asegurarle que tras su muerte su sucesor fuese a ser capaz de mantener el control del país; porque los dos anteriores gobernantes de Japón habían sido tan poderosos como él, pero, al morir, el poder había durado muy poco en manos de sus familias, y eso es algo que el mismo Ieyasu había visto —e incluso propiciado en el caso de Hideyoshi—.

La hegemonía Tokugawa, pese a la victoria en Sekigahara, era aún muy frágil, y en gran parte se sustentaba en toda una serie de pactos y alianzas que Ieyasu había podido forjar gracias al matrimonio de sus nada menos que once hijos y cinco hijas con miembros de otras importantes familias bushi. Pero nada garantizaba que estas alianzas fuesen a durar más que el propio Ieyasu, por lo que este tenía que fortalecer la hegemonía de su familia antes de morir, y uno de los mecanismos que encontró para evitar que la sucesión en el cargo de shōgun se convirtiese en un momento de peligrosa debilidad fue que esta se produjese estando él aún vivo y perfectamente capaz —tampoco inventó nada con esto, como hemos visto ya—. Además, el haber tenido tantos hijos permitió a Ieyasu establecer varias líneas sucesorias secundarias para garantizar la existencia de un heredero en caso de no tenerlo en la línea principal. A estas tres ramas de la familia se las conocía como *sanke*, «las tres casas», y se habían originado a partir del noveno, el décimo y el undécimo hijo de Ieyasu, y se les permitió mantener el apellido Tokugawa, mientras que casi todos los demás volvieron al anteriormente usado Matsudaira. Podría parecernos demasiado cauteloso el mantener estas líneas sucesorias de reserva, por llamarlas de alguna manera, pero un tiempo más tarde resultó necesario recurrir a este mecanismo para elegir al octavo shōgun Tokugawa. Lógicamente, estas medidas relacionadas con la sucesión no eran suficientes para asegurar el éxito de la dinastía, y los tres primeros shōgun Tokugawa tuvieron que aplicar toda una serie de políticas enfocadas siempre a mantener la estabilidad, que resultaron ser tan exitosas que consiguieron que su gobierno perdurase nada menos que hasta 1867, y estando siempre encabezado por un Tokugawa, hasta un total de quince.

El principal y más inmediato foco de inestabilidad sobre el que los Tokugawa tuvieron que actuar fue el de los dos bloques en que se habían dividido los daimyō del país para Sekigahara, pues la derrota en el campo de batalla no era suficiente para solucionar el problema y una oposición demasiado fuerte no facilitaría en nada las cosas para el nuevo bakufu. Así, nada menos que 88 daimyō rivales fueron eliminados tras la batalla, confiscándose sus feudos, mientras que muchos otros vieron reducidos sus territorios o fueron trasladados a otra región, cortándose así sus tradicionales vínculos con una zona concreta. No hay que ver en ello una represión o crueldad fuera de lo común en el Japón de la época, pues estos castigos eran habituales, de la misma forma que las tierras obtenidas tras todo esto fueron asimiladas por el shōgunato o repartidas entre sus aliados como recompensa a su fidelidad, nombrándose además numerosos nuevos daimyō, cerca de setenta en los primeros dos años, cuyos feudos eran considerablemente más pequeños que los de aquellos a los que, podríamos decir, sustituían. Los traslados tanto de antiguos aliados como de rivales estaban destinados a configurar un mapa en el que, mediante el aislamiento de potenciales adversarios rodeándolos de hombres de confianza, se recortase la posibilidad de cualquier rebelión; además, las tierras propias del bakufu también estaban rodeadas de territorios de aliados que pudiesen protegerlas en caso de un ataque, y lo mismo sucedía con Kioto para impedir que un daimyō rival se hiciese con el emperador. Así, pese a que todos los daimyō eran vasallos del shōgun, se estableció una clasificación que los diferenciaba en dos categorías, dependiendo de si en Sekigahara habían luchado con o contra Ieyasu: estos últimos fueron llamados *tozama* daimyō, eran unos ochenta y cinco, y el bakufu los consideraba un peligro potencial, pese a ser los que habían pasado la criba y no habían sido eliminados directamente, sus miembros tenían vetado el acceso a cualquier puesto dentro del Gobierno y estuvieron siempre bajo sospecha —se sumaba a los motivos el que algunos de ellos fuesen cristianos, susceptibles, por tanto, de aliarse con los europeos—; los primeros fueron llamados *fudai* daimyō, eran unos ciento setenta y cinco, y se les consideraba los verdaderos vasallos de los Tokugawa, podían acceder a puestos oficiales y sus feudos estaban situados en lugares estratégicos como grandes ciudades, caminos importantes y, sobre todo, cerca de feudos tozama, con el objetivo de tenerlos vigilados. El recelo del shōgunato hacia los tozama demostraría ser merecido siglos más tarde, pero ya llegaremos a ello.

Antes de morir, Ieyasu pudo dejar solucionado el mayor peligro potencial al que se enfrentaba su dinastía, que no era otro que precisamente los restos del intento de dinastía anterior. El hijo de Hideyoshi, Toyotomi

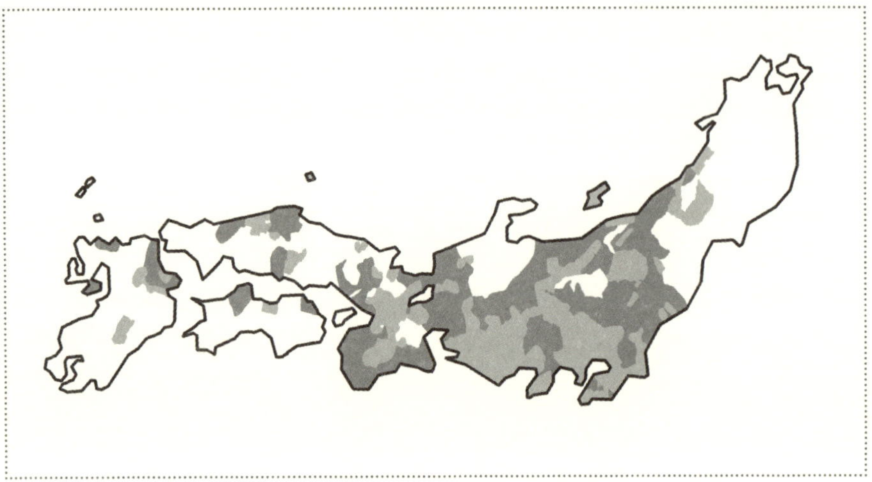

Fig. 9.1. Distribución de los territorios tozama (blanco), fudai (gris oscuro) y del bakufu Tokugawa (gris claro). Elaboración propia.

Hideyori, estaba confinado en el castillo de Osaka desde la derrota de sus partidarios en Sekigahara, pero mientras continuase con vida, se corría el riesgo de que algunos de sus antiguos defensores —todos ellos tozama no demasiado satisfechos con su situación actual— se sublevasen y reclamasen su vuelta. Hasta 1614 el trato dispensado por Ieyasu hacia Hideyori había sido cordial y este incluso se había emparentado con los Tokugawa casándose con una hija de Hidetada en 1603, siendo aún un niño. Pero ese año un extraño incidente relacionado con una campana de bronce provocó —o quizá sirvió de excusa— que Ieyasu adoptase una actitud de desconfianza hacia Hideyori, llegando a pedirle que enviase a su madre a vivir a Edo como garantía y señal de buena voluntad, recibiendo una intolerable respuesta negativa. Además, desde hacía un tiempo habían empezado a llegar a Osaka numerosos samuráis que habían quedado sin señor tras la eliminación de decenas de daimyō por oponerse a los Tokugawa en Sekigahara e incluso algunos tozama —especialmente los cristianos del sur— se estaban desplazando también a la zona con gran número de soldados. El conflicto se hacía, pues, inevitable.

A finales de ese mismo año 1614, Ieyasu decidió lanzar un ataque contra Hideyori, empezando lo que se conoce como el asedio de Osaka, que se dividiría en dos campañas —la de invierno y la de verano— y representaría el último conflicto armado de los samuráis en más de dos siglos.

El incidente de la campana del Hōkō-ji

Ieyasu sabía que Hideyori poseía una gran fortuna, heredada de su padre, y ello era un motivo de preocupación y desconfianza hacia el hijo del taikō, así que le presionó para que gastase grandes sumas de dinero en la reconstrucción de distintos templos y santuarios. Uno de estos templos era el Hōkō-ji, en Kioto, y como parte de los trabajos de renovación se había fundido una gran campana de bronce que incluía una serie de inscripciones con buenos deseos, como es habitual en estos objetos. Pero dentro de todas estas inscripciones había algunas palabras que no gustaron nada a Ieyasu, quien entendió que iban en su contra, ya fuera como maldiciones o sencillamente como una crítica pública. Por un lado, había una frase que en principio era algo tan inocente como: «que el país sea pacífico y próspero», pero dos de los cuatro caracteres que la forman son los mismos que se usan para

Fig. 9.2. Detalle de la campana de bronce del Hōkō-ji, con los caracteres «conflictivos» resaltados en blanco.

escribir el nombre *Ieyasu*, y este lo interpretó como una ofensa y un mal augurio, según un antiguo tabú de origen chino relacionado con escribir los caracteres del nombre propio. Además, en otra parte de la inscripción, en la frase «que tanto el gobernante como los siervos sean ricos y felices», también compuesta por cuatro caracteres, aparecían los dos del apellido Toyotomi y el sentido podía interpretarse como un deseo de que esta familia volviese a gobernar.

Así, la ceremonia de inauguración se vio repentinamente interrumpida por emisarios del shōgunato y se ordenó la cancelación total de la consagración de la campana. Este incidente motivó un cambio radical en la actitud de Ieyasu hacia Hideyori, aunque parece una motivación un tanto insuficiente y la opinión más extendida es la de que el líder Tokugawa sencillamente utilizó este suceso como un pretexto para eliminar a los Toyotomi.

Las cifras son de unos doscientos mil atacantes contra unos ciento quince mil defensores en la campaña de invierno, y de unos ciento cincuenta mil atacantes contra unos noventa mil defensores en la campaña de verano. Oficialmente, deberíamos decir que el ataque estaba dirigido por Hidetada, quien tenía el cargo de shōgun, pero nuevamente era su padre quien llevaba las riendas en realidad, no solo porque era también quien gobernaba *de facto* el país, sino porque además tenía una larguísima experiencia militar, mientras que su hijo solo había participado en la batalla de Sekigahara y ni siquiera formó parte del frente principal de la misma porque llegó tarde al haberse entretenido asediando un castillo por el camino —algo que según parece su padre nunca le llegó a perdonar—. En el otro bando, la situación no era muy distinta: Hideyori era nominalmente el líder, pero en realidad dejó las decisiones estratégicas en manos de sus generales, siendo el principal de ellos Sanada Yukimura (1570-1615), quien ya había luchado contra Ieyasu en Sekigahara y desde entonces había sido obligado a vivir como un monje. A lo largo del mes de diciembre, las tropas del bando Tokugawa fueron tomando posiciones cerca del castillo, ganado algunas pequeñas batallas por el camino y sin demasiada oposición a causa de la decisión del bando contrario de tomar una postura defensiva y atrincherarse en el castillo, que tenía fama de ser el más inexpugnable de Japón y cuyas defensas habían sido además muy mejoradas por Sanada en las últimas semanas. Cuando en los primeros días de enero de 1615 se atacó finalmente la fortaleza, esta demostró tener merecida su fama, y una fortificación de las que había construido Sanada —apodada Sanadamaru en su honor— resultó ser una piedra en el zapato del ejército atacante. Ieyasu ordenó entonces el bombardeo del castillo, algo muy poco habitual en las batallas japonesas, utilizando grandes cañones que había conseguido del comercio con holandeses e ingleses a través de su consejero William Adams (1564-1620). El ataque con artillería empezó el día 8 de enero, pero se intensificó masivamente una semana después y, aunque no causó daños significativos en los edificios, puesto que las grandes bases de piedra de los castillos japoneses los hacían casi inmunes a los cañones, su intención era la de minar psicológicamente a los defensores y en esto la táctica de Ieyasu sí fue exitosa, viéndose obligado Hideyori a proponer una tregua para negociar una rendición.

William Adams

Cuando en el capítulo 6 hablábamos del contacto entre Japón y Europa, nos habíamos centrado en la primera fase de este contacto, monopolizada primero por portugueses y ampliada después a los castellanos al unirse ambos bajo un mismo rey en 1580; pero no fueron estos dos pueblos los únicos europeos en poner un pie en tierras japonesas. En abril del año 1600, un barco holandés llamado Liefde llegó casi agonizante a la costa de la provincia de Bungo, actualmente en la prefectura de Ōita, pilotado por un marino inglés llamado William Adams.

Tenemos poca información acerca del pasado de Adams antes de su llegada a Japón, y lo que sabemos se lo debemos a las cartas y diarios que él mismo escribió. Parece ser que nació en Gillingham y que de joven luchó contra la famosa Armada Invencible de Felipe II, aunque su historia nos interesa desde que, diez años más tarde, en junio de 1598, se embarcó en Rotterdam como piloto de una misión cuyo objetivo era llegar a las Indias pasando por el peligroso cabo de Hornos para obtener las especias y productos asiáticos que en ese momento eran monopolizados por Castilla y Portugal, enemigos tanto de Inglaterra como de Holanda —llamada entonces Provincias Unidas de los Países Bajos—. La flota estaba formada por cinco naves, pero solo tres de ellas consiguieron llegar a aguas del océano Pacífico y solo una, el Liefde de Adams, alcanzó Japón, con apenas dos docenas de tripulantes a bordo, la mayoría de ellos enfermos. Lógicamente, a los jesuitas no les hizo ninguna gracia la aparición de Adams y los suyos, que era aún peor que la de las órdenes mendicantes siete años antes porque estos, los holandeses, eran además enemigos de su Corona y ni siquiera eran católicos, en un momento de gran rivalidad entre católicos y protestantes. Hasta entonces lo que Japón sabía del resto del mundo le llegaba filtrado por los religiosos portugueses y castellanos, que también eran la única fuente de información en Europa de lo que sucedía en esta parte de Asia, pero esta situación estaba ahora en peligro. Así, rápidamente acusaron a los recién llegados de ser piratas y ladrones, pidiendo a las autoridades japonesas su expulsión e incluso su ejecución —harían lo mismo con los ingleses, que llegaron pocos años después—.

Ieyasu ordenó que un representante de estos nuevos europeos se reuniese con él en Osaka —en este momento, era uno de los cinco regentes de Hideyori, justo antes de Sekigahara—, y allí estuvo hablando con Adams, quien le pudo dar una visión bastante diferente a la que hasta entonces tenía acerca de los asuntos europeos, tanto políticos como religiosos —como curiosidad, esta entrevista tuvo que realizarse, obviamente, con la mediación de un intérprete, y solo los jesuitas estaban capacitados para ello—. Desde entonces, Adams pasó a ser consejero de Ieyasu para todos los temas relacionados con la política y el comercio exterior, compartiendo estas tareas con otros, entre los que se encontraba también el jesuita portugués João Rodrigues (1560-1634), apodado Tçuzu, «el Intérprete», por haber destacado rápidamente en su conocimiento del japonés —fue autor del primer diccionario japonés-portugués y de la primera gramática japonesa— y

Fig. 9.3. Retrato con el que se ha representado a William Adams desde 1934, aunque no existe ninguna imagen suya contemporánea.

ser el intérprete oficial de Ieyasu. Este cargo de consejero conllevaba privilegios y obligaciones, entre los primeros estaba ser nombrado oficialmente como *hatamoto*, lo que comúnmente se traduce como «abanderado», y que en el periodo Edo significaba estar al servicio directo del shōgunato, ocupando así un rango muy alto dentro de la escala samurái, porque eso es lo que pasó a ser Adams desde ese momento, un samurái. Como hatamoto, se le concedió una propiedad de entre 150 y 250 koku en la península de Miura, actual prefectura de Kanagawa, cerca de Edo, y es por este feudo por lo que desde entonces su nombre en Japón fue el de Miura Anjin, significando esta última palabra «piloto» en japonés. La principal de sus obligaciones desde entonces fue la de permanecer en Japón, no pudiendo volver a Europa y debiendo así abandonar a su mujer y sus dos hijos en Inglaterra. Algo más tarde se casó con una mujer japonesa, con la que también tuvo dos hijos, y se sabe que también tenía una consorte en Hirado con la que tuvo un hijo más, que nació ya tras la muerte de Adams, pero parece ser que siempre se responsabilizó económicamente de su familia inglesa, enviándole periódicamente dinero en cuanto se regularizó el tráfico naval con holandeses e ingleses.

Los comerciantes de estos dos países llegaron en 1609 y 1613, respectivamente, y Adams participó en las negociaciones entre ellos y el bakufu, aunque su importancia tanto en este como en otros eventos se ha exagerado enormemente y las fuentes japonesas limitan su papel al de intérprete. En cuanto a la postura hostil que el bakufu acabaría adoptando respecto al cristianismo, la documentación también minimiza mucho la influencia del marino inglés, pero los misioneros católicos le atribuyeron la mayor parte de la culpa, quizá porque siempre es más fácil cargar contra un enemigo externo que hacer autocrítica. Adams murió en Hirado en 1620 y cayó rápidamente en el olvido, su personaje no fue recuperado hasta finales del siglo XIX, en Inglaterra, y se hizo bastante popular a partir de 1934, cuando se publicó un folletín que narraba su vida, aunque añadiéndole grandes dosis de ficción y exagerando su influencia en el contexto japonés. Pese a su falta de veracidad, este texto asentó las bases de muchos posteriores y creó una imagen mitificada de Adams que ha sido llevada a la literatura, la televisión e incluso el teatro musical.

Las negociaciones duraron unos días y finalmente se llegó a un acuerdo según el cual Hideyori prometía solemnemente no oponerse nunca más a los Tokugawa y consultarles todas sus decisiones y movimientos, y a cambio, Ieyasu perdonaba la vida a todos los generales y soldados, y permitía tanto a Hideyori como a su madre permanecer en Osaka o trasladarse a la provincia que deseasen, obteniendo allí un feudo equivalente al actual. Pero este trato estaba condenado desde antes de sellarse, puesto que ninguna de las dos partes tenía demasiada intención de cumplirlo. Ieyasu no había empezado esta guerra para después dejar las cosas tal y como estaban antes de empezar, tenía que acabar antes de morir lo que había empezado en Sekigahara para que su dinastía tuviese alguna posibilidad de continuar en el poder; así que aprovechando la recién firmada tregua, ordenó a sus hombres que demoliesen las defensas exteriores del castillo, argumentando que ya no eran necesarias por haberse firmado la paz. Y por su parte, Hideyori y sus generales estaban planeando atacar Kioto para hacerse con el emperador y presionarle para que declarase oficialmente a los Tokugawa traidores al imperio. A finales de mayo, este clima de desconfianza hizo que Ieyasu decidiese atacar el ya debilitado castillo, con el pretexto de que una gran cantidad de tropas estaban volviendo a reagruparse en Osaka, pero a su vez desde Osaka se decía que estas tropas estaban volviendo a causa de los rumores de un nuevo ataque de los Tokugawa. Fuese de una forma o de otra, Ieyasu envió ejércitos desde Kioto para atacar el castillo, pero estos fueron sorprendidos a mitad de camino por un ejército de Hideyori, provocando una batalla y dando comienzo la campaña de verano del asedio de Osaka.

Fig. 9.4. La reconstrucción del castillo Osaka en la actualidad.

Esta segunda campaña no se desarrolló como un asedio clásico, tal y como había sucedido en la primera, puesto que el bando de Hideyori sabía que el castillo no aguantaría demasiado sin las defensas exteriores que Ieyasu había demolido durante la corta tregua, por lo que prefirieron salir de la fortaleza para luchar en campo abierto y detener allí el avance de los atacantes. En unos pocos días se sucedieron diversas batallas —Dōmyō-ji, Yao, Wakae— en las que las fuerzas de Osaka fueron derrotadas o tuvieron que replegarse, hasta que el 4 de junio se luchó la última batalla, la de Tennō-ji. Aquí, los ejércitos Tokugawa, mayores en número y mejor organizados, fueron ganando posiciones y avanzando hacia el castillo —cobrándose por el camino algunas preciadas cabezas como la de Sanada Yukimura—, a cuyas puertas llegaron la tarde de ese mismo día y que pronto estuvo envuelto en llamas. Viéndose derrotados, muchos de los generales del bando de Osaka se suicidaron, mientras que Hideyori se refugió con su madre en un almacén y envió a su mujer —recordemos, hija de Hidetada— a negociar con los atacantes. A la mañana siguiente, no habiendo recibido ninguna noticia, Hideyori se suicidó, seguido de su madre. Solo unos días más tarde, Ieyasu ordenaría la decapitación del hijo de Hideyori, de apenas siete años de edad, y así desapareció la corta dinastía Toyotomi.

El propio Tokugawa Ieyasu tampoco duró mucho más, falleciendo solo un año más tarde a causa —se cree— de un cáncer de estómago. Estuvo enfermo durante bastantes días, lo que le dio tiempo para reunirse varias veces con su hijo Hidetada, y con sus principales generales y consejeros, y hasta el último momento estuvo dando instrucciones acerca de cómo deberían hacerse las cosas cuando él ya no estuviese. A diferencia de Hideyoshi, Ieyasu murió con la satisfacción de haber dejado todo bastante atado, con un sucesor que ya era shōgun desde hacía años, un nieto que parecía muy apto para suceder a este algún día, la principal amenaza recién eliminada y los daimyō de menos confianza bajo control.

Hidetada e Iemitsu, la estabilización del sistema

Aunque, como decimos, Ieyasu había dejado puestas las bases para el éxito de su dinastía, tanto Hidetada como su hijo Iemitsu (1604-1651) tuvieron que acabar de asentar un sistema que diese la estabilidad necesaria para hacerla perdurar en el tiempo. A falta ya de victorias militares como las que habían legitimado la hegemonía de Ieyasu, sus dos sucesores desarrollaron e implementaron una serie de estrategias y políticas ya puestas en marcha por el ōgosho antes de morir —algunas incluso ya por Hideyoshi—, que podrían dividirse en tres ejes: legitimidad mediante un acercamiento a la corte imperial, estabilidad por medio de una serie de leyes que regulasen completamente todos los aspectos de la sociedad, y creación de un marco ideológico que justificase la necesidad de un gobierno militar y la obediencia al mismo.

En lo referente a la corte de la capital, los Tokugawa necesitaban poder vincularse con la nobleza y la familia imperial porque, aunque ellos eran quienes ostentaban el poder real, la corte seguía teniendo una gran importancia a nivel simbólico. De hecho, teóricamente, los shōgun no eran más que vasallos del emperador y no se les consideraba parte de la nobleza, por lo que dentro de la escala de rangos aristocráticos, cualquier noble, incluso el más bajo de ellos, estaba por encima de los Tokugawa. No bastaba con tener Kioto rodeado por feudos de señores samuráis de confianza, era preciso controlar la corte también desde dentro, por lo que los Tokugawa pusieron en marcha la misma estrategia que ya habían utilizado otros en el pasado: ligarse directamente a la familia imperial por medio de matrimonios. Así, Hidetada casó a una de sus hijas con el emperador y la hija de ambos se convirtió en emperatriz reinante en 1629, con solo cinco años de edad, la conocida como emperatriz Meishō (1624-1696) —primer caso de emperatriz reinante desde finales del siglo VIII—.

Ya en 1615, con Ieyasu todavía en vida, el bakufu había publicado un edicto conocido como Buke Shohatto, que incluía únicamente trece artículos muy concretos y que regulaban diferentes aspectos de la vida de la clase samurái:

1. Los samuráis deberán dedicarse a las tareas propias de la aristocracia guerrera, como la arquería, la esgrima, la hípica y la literatura clásica.
2. Las actividades relacionadas con el ocio y entretenimiento deberán mantenerse dentro de unos límites y no deberán implicar unos gastos excesivos.
3. Los feudos no deberán dar refugio a fugitivos y proscritos.

4. Los daimyō deberán expulsar a los rebeldes y criminales de su servicio y sus tierras.
5. Los daimyō no mantendrán relaciones sociales con gente de otros feudos, sean de la clase samurái o no.
6. Los castillos deberán ser reparados cuando sea necesario, pero deberá informarse al bakufu de esta actividad; se prohíbe hacer ampliaciones o innovaciones estructurales.
7. La gestación de revueltas o conspiraciones en feudos vecinos deberá ser comunicada al bakufu inmediatamente, así como la ampliación de defensas, fortificaciones o fuerzas militares.
8. Los matrimonios entre daimyō y personas poderosas o de relevancia no deberán ser organizados de forma privada.
9. Los daimyō deberán presentarse en Edo para servir al bakufu.
10. Deberán seguirse las reglas relacionadas con los uniformes formales.
11. Las personas comunes no deberán ser llevadas en palanquín.
12. Los samuráis deberán practicar la frugalidad.
13. Los daimyō deberán seleccionar a los hombres más hábiles para trabajar como administradores y burócratas.

Entre algunos artículos en teoría bastante inocentes o encaminados más hacia la mejora del comportamiento ético de los samuráis, destacan varios que tienen claramente como objetivo mantener a los daimyō bajo control —y aunque no se haga mención, teniendo a los tozama como principales destinatarios—. Así, vemos que se prohíbe cualquier tipo de relación entre distintos feudos y que los matrimonios que incluyan a un daimyō tendrán que ser autorizados por el bakufu, medidas ambas pensadas para evitar la formación de alianzas entre distintos señores, o que el artículo 7 convierte a todos los daimyō en una especie de vigilantes de sus vecinos. Además, queda claro que es el shōgunato quien tiene la última palabra en cuanto a la asignación de los territorios, y que cualquier daimyō puede perder sus dominios si no los gobierna adecuadamente o si incumple las leyes del gobierno central. Como muestra de esto, desde este momento y hasta mitad de siglo, casi cien de estos señores perdieron sus tierras o parte de ellas, incluso siendo fudai, y se dieron más del doble de transferencias de un territorio a otro.

Hidetada se dedicó a aplicar estas políticas que había trazado ya su padre, a vincular al bakufu con la familia imperial —como ya hemos

Fig. 9.5. Tokugawa Hidetada, retrato de autor desconocido, en Tokugawa Memorial Foundation, Tokio.

visto— y, después de 1623, cuando abdicó como shōgun para pasar a ser ōgosho tal y como había hecho Ieyasu, puso muchos esfuerzos en la persecución del cristianismo. Ya en tiempos de su padre, el bakufu se había mostrado muy interesado en potenciar el comercio con Europa y, muy especialmente, con Castilla a través de sus territorios mexicanos de Nueva España, pero, una y otra vez, los intentos de Ieyasu por establecer acuerdos comerciales fueron respondidos de una forma exasperantemente lenta por Castilla y siempre anteponiendo dos condiciones: que Japón expulsase a holandeses e ingleses y que aceptase el envío de más religiosos católicos. En realidad, la corte castellana no parecía demasiado interesada en aquel momento en promover el comercio con los japoneses, y sencillamente quería mantener buenas relaciones con ellos porque, en su viaje de Manila a Acapulco, los navíos comerciales castellanos tenían que pasar muy cerca de las costas japonesas, a las que a menudo se veían arrastrados por tormentas. Los Tokugawa, hartos de esta situación y viendo que holandeses e ingleses no parecían tener ningún interés en evangelizar Japón y solo se movían por el afán comercial, y que además sobre el catolicismo pesaba la sospecha de ser un instrumento conquistador de los castellanos, acabaron decidiendo prohibir esta religión en suelo japonés, ya en 1614. Lógicamente, la prohibición no se hizo efectiva de un día para otro, y el proceso de persecución de los cristianos japoneses y de expulsión de los extranjeros necesitó de unas pocas décadas para completarse.

Al shōgun Iemitsu se le puede considerar el artífice del perfeccionamiento de los sistemas de sus dos predecesores, y donde puede verse más claramente es en la revisión que hizo del Buke Shohatto en 1635, en la que matizó, detalló y amplió los trece artículos de la primera versión y les añadió siete más. En cuanto a los ya existentes, introdujo mayores detalles en la forma en que debían llevarse a cabo, cambios encaminados siempre a ejercer un mayor control sobre los daimyō, que cada vez tenían que pedir autorización al bakufu para más asuntos y ceñirse a regulaciones más concretas. Entre todos ellos, se modificó y detalló enormemente el antiguo artículo 9, pasando a ser uno de los más importantes y de los que tendrían más impacto en los siglos siguientes —y no solo en lo referente al control de los daimyō—. Ahora este artículo institucionalizaba un sistema que ya había utilizado Hideyoshi a mucha menor escala, llamado *sankin kōtai*, que en este momento solo se aplicó con los tozama, y que les obligaba a tener una residencia en Edo en la que debían vivir permanentemente sus esposas, hijos y algunos de sus hombres de confianza, teniendo los propios daimyō que alternar un año viviendo en su feudo con otro año en esta residencia de la capital del bakufu —había algunas excepciones para algún señor de feudos muy lejanos, que debía acudir a la capital en intervalos de tres años, o para los de feudos muy cercanos, que lo hacían en tramos de seis meses—. Esta práctica era muy útil primero porque la familia que permanecía en Edo era, lógicamente, rehén del bakufu en caso de que el señor feudal en cuestión se embarcase en una revuelta o conspiración en contra del shōgun; pero también porque mantener dos residencias y organizar los frecuentes viajes entre ellas, con los miles de personas y de recursos que había que movilizar para ello, ocasionaba unos enormes gastos a los daimyō —que se suelen calcular en torno a un tercio de sus ingresos anuales— que los hacía más débiles y, por tanto, más fáciles de controlar. Solo siete años más tarde se hizo extensivo a todos los daimyō, incluidos también los fudai. Con el paso del tiempo, este sistema tuvo otras consecuencias, como que ya a finales del siglo xvii casi todos los daimyō de Japón habían nacido y se habían criado en Edo, cuando su padre era quien iba y venía de la capital al feudo y ellos eran la familia cautiva como rehén. Esto hacía que estos nuevos daimyō considerasen Edo como su hogar y el año que tenían que residir en sus territorios casi como un destierro temporal, perdiéndose así el vínculo con su región y casi con sus ancestros, lo que para el bakufu era también una ventaja, pues hacía menos probable una revuelta contra el gobierno central, que ya no era algo tan ajeno y lejano.

Respecto a los nuevos artículos de esta segunda versión, destaca la prohibición estricta del cristianismo en cualquier lugar del país, presionando a los daimyō para perseguirlo y reprimirlo en sus territorios, así como la de construir barcos de gran tamaño —algo que ya se había

Fig. 9.6. Tokugawa Iemitsu, retrato de autor desconocido, en Tokugawa Memorial Foundation, Tokio.

prohibido a ciertas provincias en 1609—, una medida encaminada a la restricción del comercio exterior. En años sucesivos, Iemitsu implementó más políticas en este mismo sentido, recortando cada vez más las salidas y entradas de comerciantes, por un lado, y persiguiendo más ferozmente al cristianismo, por otro. Así, en 1623 los ingleses se marcharon del país voluntariamente y un año después se expulsó a los castellanos. En 1637 se produjo una revuelta campesina en Shimabara, cerca de Nagasaki, y pese a que la motivación principal de los casi cuarenta mil rebeldes era la pobre situación económica del campesinado, muchos de ellos eran además cristianos, y esto hizo que, según el bakufu, estuviesen más unidos y cohesionados en su protesta. La revuelta fue drásticamente sofocada y casi todos los campesinos ejecutados. La Rebelión de Shimabara ha pasado a la historia como el punto final del cristianismo en Japón, acompañado de la expulsión de los portugueses justo el año siguiente. Se acabó prohibiendo la entrada de extranjeros en Japón —e incluso el regreso de los japoneses que estuviesen residiendo en el exterior—, así como la salida de japoneses a otros países, situación que se mantendría durante todo el periodo Edo. A esta política de aislacionismo del gobierno Tokugawa se la ha denominado *sakoku*, «país cerrado» o, literalmente, «país encadenado», aunque el término no surgió hasta principios del siglo XIX y se ha exagerado su estanqueidad. Este cierre al exterior tuvo además algunas excepciones, pues se siguió comerciando con los holandeses durante todo este tiempo —aunque con muchas restricciones—, y se mantuvo cierto contacto comercial con China, Corea y las islas Ryūkyū.

Dejima

A partir de 1638, los holandeses fueron los únicos europeos autorizados a comerciar con Japón, y únicamente dentro de los estrechos límites de la pequeña isla artificial de Dejima, en la bahía de Nagasaki. El comercio llevado a cabo allí era básicamente de seda china y todo tipo de objetos de Europa y el sudeste de Asia, a cambio de cobre, porcelana, oro y plata. La isla había sido construida en 1634 para ser usada por los comerciantes portugueses, pero a partir de 1641, con los lusos ya fuera del país, se trasladó allí a los holandeses. Medía solo 120 metros de largo por 75 de ancho, con forma de abanico, y tenía dos entradas: un embarcadero para pequeños botes y un puente que la conectaba con tierra firme, ambas custodiadas por soldados japoneses, puesto que nadie podía entrar o salir sin una autorización especial que se otorgaba solo en ocasiones muy puntuales. El personal holandés, unas veinte personas, vivía bajo una estrecha vigilancia, sus casas o pertenencias podían ser registradas en cualquier momento por los oficiales japoneses y se les imponían numerosas prohibiciones, siendo una de las más importantes la de no poder tener ningún libro religioso. Con la llegada de cada nuevo barco holandés, se esperaba del capitán que informase a las autoridades de Nagasaki de lo que estaba sucediendo en el resto del mundo, y de hecho, algunos historiadores creen que ese era justamente el principal interés de Japón por mantener abierta la isla

Fig. 9.7. Maqueta de la bahía de Nagasaki, con la isla de Dejima en la parte inferior, Museo Municipal de Nagasaki.

de Dejima al comercio con los holandeses. De la misma manera, en la visita que cada año tenían que hacer todos los ocupantes de la isla a Edo para rendir pleitesía al shōgun, también eran preguntados acerca de cualquier noticia del exterior.

A lo largo de los más de doscientos años de funcionamiento de la factoría de Dejima, algunos de sus residentes han pasado a la historia por sus funciones como divulgadores de conocimiento, tanto japonés en Europa como europeo en Japón, especialmente los encargados de trabajar en la isla como médicos de la compañía holandesa. En una primera época, las leyes que controlaban el intercambio de conocimientos occidentales eran muy estrictas, pues el gobierno Tokugawa aún estaba muy preocupado por la posible introducción del cristianismo en Japón, y es por esto por lo que en las primeras décadas, la información viajó casi exclusivamente en un único sentido, de Japón a Europa. Así, algunos de los holandeses de Dejima, sobre todo gracias a lo que aprendían en sus viajes a Edo, dieron a conocer en Europa numerosos aspectos de la cultura, sociedad y religión japonesas. Pero fue aún más importante, tiempo después, la introducción en Japón de conocimientos europeos, sobre todo en lo relativo a la medicina y la ciencia. Pasadas las primeras décadas de funcionamiento de la factoría holandesa de Dejima, las leyes en cuanto al contacto con los extranjeros y sus libros se fueron relajando, y ya en 1720 se liberalizó el conocimiento occidental y se permitió cierto nivel de comercio privado, con lo que los holandeses empezaron a vender y comprar tanto libros como toda clase de objetos: relojes, mapas, instrumental médico, etc. A todo este conocimiento occidental se le pasó a denominar Rangaku, algo así como «estudios holandeses», que incluían básicamente medicina, tecnología militar, ciencias naturales e idioma holandés, y se difundía en algunas escuelas públicas y seminarios de templos budistas.

Con la apertura forzosa de Japón al resto del mundo en 1854 terminó el monopolio comercial holandés y se hizo innecesaria la factoría de Dejima, que cerró solo seis años después. En las décadas posteriores, la isla artificial cayó en desuso y la ciudad de Nagasaki fue creciendo a su alrededor, ganando terreno a la bahía, por lo que Dejima dejó incluso de ser una isla y se perdió entre una nube de edificaciones. A partir de 1951, con la compra del terreno por parte del Gobierno, se empezó a plantear la posibilidad de rehabilitar Dejima, aunque no fue hasta las décadas de 1980 y, sobre todo, de 1990 cuando se empezó a llevar a cabo. En 1996 se inició el proceso de rehabilitación y excavación arqueológica, y en 2000 se abrió ya al público la primera fase, con solo cinco edificios, coincidiendo con el 400 aniversario del inicio de relaciones entre Holanda y Japón. Desde entonces, se ha ido trabajando en nuevas fases, inaugurando más edificios y exponiendo gran cantidad de objetos y artefactos excavados en la isla. Se trata de una especie de parque temático o museo al aire libre que recibe cada año unos cuatrocientos mil visitantes, en su mayor parte japoneses. En el futuro, el plan más ambicioso consiste en devolver a Dejima su condición de isla, eliminando los edificios que la rodean, creando canales nuevos y desviando tanto el recorrido del río Doza como el de una autopista, un proyecto que, mirando el plano de la actual Nagasaki, parece realmente complicado de llevar a cabo.

Los samuráis y la organización del nuevo país

Al sistema político de los Tokugawa, distinto al de los dos anteriores, se le suele llamar *bakuhan*, palabra que surge de combinar bakufu y *han* —que es como se pasaron a denominar los feudos de cada daimyō—, puesto que el shōgunato trabajaba como en una especie de federación o coalición con los señores feudales, tanto los fudai como los tozama. Este sistema se puso en marcha de forma paulatina, dándose ya en mayor o menor medida en tiempos de Nobunaga y Hideyoshi, y funcionaba a dos niveles, con el gobierno central administrando a nivel nacional, mientras que los daimyō lo hacían a nivel regional, en sus territorios. Allí, estos daimyō del periodo Edo eran considerablemente más autónomos y poderosos de lo que lo habían sido anteriormente los gobernadores shugo, y así vemos que el bakufu se tenía que mover siempre manteniendo un peligroso equilibrio, porque, por un lado, les daba a los daimyō una mayor autonomía regional para que se encargasen de administrar sus tierras, pero, por otro, los quería tener estrechamente vigilados y controlados mediante todas las políticas que hemos explicado anteriormente. Por ello, el shōgunato necesitaba que los daimyō fuesen, por un lado, eficientes administradores y, por otro, merecedores de su confianza —aunque fuese bajo la vigilancia de sus vecinos y el temor a represalias sobre su familia residente en Edo—; mientras cumpliesen con estas condiciones, podían gobernar de forma casi absoluta en sus tierras. El bakufu no les exigía el pago de ningún impuesto o tributo y podían quedarse lo que ellos recaudasen en su feudo, y además podían —y debían— mantener un ejército cuyo tamaño venía regulado por una ley central según el tamaño del territorio. A cambio, debían cumplir con los artículos del Buke Shohatto y, puntualmente, con la financiación y mano de obra necesarias para las diversas obras públicas que el bakufu decidiese llevar a cabo, o para la construcción o mantenimiento de edificios shōgunales o de la corte. Algunas áreas eran competencia única del gobierno central y las decisiones de este eran inapelables ante ningún otro estamento.

El número de feudos durante el periodo Edo estuvo normalmente alrededor de los doscientos cincuenta, aunque como en cualquier momento podían desaparecer algunos o ser creados otros, llegaron a existir unos 540 en total. Los hubo de muchos tamaños, y muchos de ellos pertenecían directamente al shōgunato, donde se encontraban las mayores ciudades del país. Solo se permitía la existencia de un castillo por feudo, alrededor del cual crecían las nuevas ciudades donde residían los samuráis, los comerciantes y los artesanos —en un proceso que ya habíamos visto en el periodo Sengoku—, y desde donde se controlaba a los campesinos.

En el plano social, y continuando la política de Hideyoshi, se prohibió la movilidad entre clases sociales, y además estas se delimitaron y ordenaron jerárquicamente siguiendo el clásico modelo chino confuciano que sitúa a los letrados como clase más alta, seguida por los campesinos, tras los que irían los artesanos y, finalmente, los comerciantes; pero en el caso japonés, los samuráis sustituirían a los letrados. Aparte de estas cuatro clases principales, nos encontramos con la nobleza cortesana y con el clero, que quedarían fuera de esta escala —aunque por la parte alta—, y a los llamados *eta* y *hinin*, aquellos marginados por tener profesiones consideradas tabú o por ser prostitutas o mendigos, no aparecían en la escala social al no ser ni siquiera considerados como personas.

No solo se adoptó del confucianismo este esquema social, esta ideología se convirtió en la filosofía oficial del shōgunato, concretamente el denominado neoconfucianismo, con pensadores como Hayashi Razan (1583-1657), quien fue consejero de los cuatro primeros shōgun Tokugawa. Su ideología y la de sus colegas y seguidores serviría de marco ideológico o de justificación para la nueva sociedad del periodo Edo, promoviendo valores como la lealtad a los superiores, ya fuese dentro de una misma clase social o entre ellas, y afirmando que cada uno debía aceptar el lugar que le había tocado tener dentro de la sociedad, una doctrina que sin duda beneficia a aquellos cuya posición social está en la punta superior de la pirámide.

Y en la punta superior, como decíamos, estaban los samuráis, divididos a su vez en diferentes rangos, una élite privilegiada a la que ahora solo podía accederse por nacimiento y que constituía en torno al seis por ciento de la población. Encontrándose el país en una situación de paz casi absoluta desde 1615, solo algunos de ellos se dedicaban a tareas militares o policiales, el resto se encargaba de trabajos burocráticos o administrativos y muchos directamente no tenían ninguna tarea encomendada, pero todos cobraban un estipendio público —ya fuese del bakufu o de un daimyō, dependiendo de en qué feudo viviesen—. Según fue avanzando el periodo Edo, cada vez hubo un número mayor de miembros de la clase samurái, y mantener en tiempos de paz una estructura creada para tiempos de guerra suponía un gasto enorme y creciente, por lo que el shōgunato pronto empezó a ser más reacio a otorgar estipendios a nuevas ramas familiares. Estos guerreros en tiempos de paz dedicaban sus muchos ratos libres a estudiar los clásicos confucianos, tal y como el bakufu les animaba a hacer, y en el caso de los de rango más alto, a todo tipo de refinadas aficiones. Se desarrolló una especie de alta cultura bushi, con un gran auge de artes como la pintura o la cerámica, potenciado por la llegada de numerosos ceramistas coreanos traídos de su país —secuestrados— durante la invasión de las tropas de Hideyoshi, y cuyas técnicas se adaptaron al gusto japonés. Estos samuráis de clase alta empezaron a rodearse de grandes lujos, pareciéndose cada vez más a cortesanos y menos a guerreros, sobre todo cuando residían en Edo, donde tenían que aparentar ser más ricos y refinados que los demás, demostrando ser expertos en poesía, caligrafía, pintura o en celebrar la ceremonia del té. El tiempo libre les permitía también, tanto a los de rangos altos como al resto, dedicarse a temas intelectuales, gracias además a la educación recibida de pequeños en escuelas exclusivas para su estamento social, y así, en el siglo XVII prácticamente todos los intelectuales del país pertenecían a familias samuráis. Algunos de ellos eligieron perder su estatus para dedicarse a profesiones liberales, como la de escritor o artista, y contribuyendo así también a la floreciente cultura propia de los habitantes de las ciudades, los denominados *chōnin*, y haciendo que la ideología propia de los samuráis empezase a influir al resto de la población urbana. En realidad, una gran parte de la clase guerrera pasaba sus días descansando y frecuentando el distrito de burdeles de la ciudad, a menudo metiéndose en líos e incluso algunos de ellos teniendo que dejar el servicio de sus superiores tras haber cometido un crimen, convirtiéndose así en *rōnin* —samurái que no sirve a ningún señor—, y dedicándose entonces a viajar y a ganarse la vida en muchas ocasiones como mercenarios o bandidos.

La corte, como hemos visto anteriormente, estaba fuera de esta escala social. El bakufu solo les pedía a los cortesanos que legitimasen su posición de gobierno y a cambio les permitía seguirse dedicando a tareas rituales y a su vida ociosa y fácil. El clero, también fuera de la escala social, había sido desposeído de gran parte de su riqueza y tierras y de todo el poder político que había detentado en siglos anteriores, y se dedicaba a administrar sus templos y santuarios siguiendo las leyes dictadas por el shōgunato. Además, les fueron encomendadas tareas relacionadas con el cumplimiento por parte de los daimyō de las políticas de prohibición y persecución del cristianismo.

Los campesinos constituían la clase mayoritaria y la base económica de todo el sistema y, aunque mejor considerados socialmente —en teoría— que los artesanos y los comerciantes, eran por lo general muy pobres y apenas tenían para sobrevivir. No poseían las tierras que trabajaban, que eran propiedad del daimyō o del shōgunato, y tenían que pagar a estos un porcentaje de la cosecha en concepto de impuesto, normalmente en torno al cuarenta o cincuenta por ciento, pero muy a menudo bastante más. Por su parte, los artesanos y comerciantes no tuvieron en un principio que pagar tantos impuestos como los campesinos, ya que tanto los daimyō como el bakufu estaban interesados en atraerlos a sus ciudades, pero con el paso del tiempo, muchas de sus actividades fueron gravándose con tasas, tanto de producción o comercialización como de consumo. Pese a su bajo lugar en la escala social, muchos de ellos irían enriqueciéndose progresivamente, llegando a ser más poderosos que muchos samuráis. En general, tanto para los artesanos y comerciantes como sobre todo para los campesinos, el feudo en el que vivían constituía todo su universo, del que normalmente no salían, y el gobierno central no era algo que formase parte de su realidad, no conociendo más autoridad que la del daimyō —a no ser que residiesen en un feudo propiedad del bakufu—. Viajar por el país estaba, como casi todo en la sociedad de este periodo, muy regulado y controlado; había mejores caminos, carreteras y puentes, pero mucho menores en número, y existían numerosos puntos de control que verificaban que el viajero tuviese el correspondiente y necesario salvoconducto o autorización. A través de esta red de vías de transporte se potenció el comercio a escala nacional, influenciado también por el gran número de samuráis que viajaban constantemente de sus feudos a la capital a causa del sankin kōtai. De este modo Edo creció enormemente en poco tiempo y sus costumbres y cultura se diseminaron rápidamente por todo el país, ayudando, por ejemplo, a estandarizar su dialecto japonés.

Podríamos decir que el periodo Edo modeló un nuevo Japón y condicionó más que ningún otro la idiosincrasia del país, tanto a nivel institucional como social y cultural. En lo relativo a los samuráis, curiosamente, al mismo tiempo en que desapareció su razón de ser, apareció la imagen que de ellos nos ha llegado a la actualidad, aunque de esto hablaremos más adelante.

10
La Embajada Keichō

El proyecto

Es momento ahora de tratar un pequeño acontecimiento dentro de la historia japonesa en general y de la de los samuráis en particular, de poca relevancia, pero que, por su peculiaridad, merece un hueco en nuestro relato. Se trata de la llamada Embajada Keichō, una expedición diplomática japonesa que duró siete años y que trajo hasta Europa a unos cuantos samuráis, lo que constituyó sin duda todo un acontecimiento social allá por donde pasaron, aunque más por su rareza que por su importancia real. Porque, pese a que en los últimos años su trascendencia se ha magnificado exageradamente, este fue en realidad un proyecto bastante menor, tanto por sus objetivos iniciales como, sobre todo, por sus nulos resultados. Ni siquiera fue el primer proyecto de este tipo, porque ya en 1582 se había organizado otra expedición de japoneses a Europa. Con motivo del reciente 400 aniversario —en el año 2013— de esta Embajada Keichō, se ha hablado de este tema incluso en medios generalistas españoles, y la idea que se ha difundido es la de que esta embajada supuso el inicio de cuatro siglos de relaciones entre Japón y España. Como veremos a lo largo de este capítulo, esta idea no podría estar más alejada de la realidad, puesto que se trata mucho más del final de las —pocas y malas— relaciones que habían mantenido hasta entonces. Sencillamente, se ha aprovechado una fecha llamativa con fines políticos, diplomáticos y comerciales que, pese a ello, cabe celebrar, puesto que la conmemoración conllevó toda una serie de interesantes iniciativas culturales relacionadas con Japón, y eso no pasa cada día. Pero vayamos ya con la historia de lo que sucedió en torno a la embajada.

La embajada Tenshō

En 1582 el jesuita Alessandro Valignano organizó una embajada japonesa que viajaría hasta la Europa católica para visitar a las principales autoridades y ver las grandes ciudades de Portugal, Castilla e Italia. El proyecto tenía un doble objetivo: primero, quería dar a conocer Japón y lo que los jesuitas estaban haciendo allí, y lo quería hacer de una forma espectacular y acorde a su convicción de que solo la experiencia propia otorga conocimiento, mostrando directamente a japoneses para que los europeos viesen lo civilizados que eran —tal y como él argumentaba en sus cartas e informes—, pero también que eran un pueblo muy distinto y peculiar —para demostrar a sus superiores eclesiásticos que con los japoneses había que emplear estrategias también distintas—.

Fig. 10.1. Noticia al respecto de la embajada en un diario alemán de 1586. En la parte de arriba, Nakaura, el jesuita que les acompañaba, Ito; abajo, Hara, Chijiwa. Archivo de la Universidad de Kioto.

Por otro lado, se trataba de enseñar a los japoneses la grandeza y el esplendor de Europa y de la Iglesia católica, para que a su vuelta pudiesen contarlo y ello ayudase a mejorar el concepto que los japoneses tenían de los nanban y fuese más fácil su conversión.

Los elegidos fueron cuatro adolescentes de clase alta samurái, parientes de algunos daimyō cristianos de Kyūshū y alumnos de escuelas jesuitas; sus nombres eran Mancio Itō, Miguel Chijiwa, Martinho Hara y Julião Nakaura. Valignano argumentó que era preferible enviar a muchachos tan jóvenes porque resistirían mejor la dureza del largo viaje de ida y vuelta, pero podríamos pensar que su corta edad les haría también más impresionables y fáciles de manejar, sobre todo al haber recibido una educación cristiana con los propios jesuitas.

El viaje duró ocho años durante los cuales visitaron las principales bases portuguesas en Asia y África —en su camino hacia Europa—, Lisboa, Toledo, Madrid o Roma, siendo recibidos por personalidades como Felipe II o los papas Gregorio XIII (1502-1585) y Sixto V (1521-1590). Causaron una muy buena impresión allá por donde pasaron y fue todo un acontecimiento en la Europa de la época —un gran contraste, como veremos, con la Embajada Keichō—. Como curiosidad, en una recepción con Gregorio XIII, los jóvenes japoneses hicieron entrega al papa de un regalo personal de Oda Nobunaga, una pintura en la que se veía la ciudad de Azuchi, coronada por el magnífico castillo que Nobunaga había ordenado construir allí; esto no sería algo tan extraordinario si no fuera porque ese castillo estaba en pie en el momento en que la embajada salió de Japón, pero ya había sido destruido para cuando se hizo entrega del regalo, y además, es la única representación pictórica que se sepa que existió del edificio; por desgracia, actualmente sigue sin saberse el paradero de esta pintura.

En los primeros años del periodo Edo, Date Masamune, un poderoso daimyō de la zona noreste del país —que hemos visto aparecer brevemente ya en el capítulo 7— se mostró muy interesado en poder participar del comercio castellano y portugués, del que hasta entonces se habían beneficiado básicamente algunos señores de Kyūshū. Para ello, y como hemos visto que solía hacerse, no dudó en otorgar todo tipo de favores a la Iglesia, autorizando a los religiosos a predicar en su vasto territorio e incluso promoviendo la conversión de sus súbditos, algo que él mismo no llegó a hacer. En el año 1612, Date conoció a Luis Sotelo (1574-1624), un peculiar padre franciscano, que llevaba ya un tiempo intentando organizar una expedición a Europa con el fin de pedir al rey Felipe III (1578-1621) y al papa Pablo V (1550-1621) un mayor envío de sacerdotes franciscanos a Japón. La realidad era que el padre Sotelo no contaba con demasiadas simpatías ni siquiera dentro de su misma orden —existen muchos informes franciscanos nada amables sobre su persona—, y sus superiores sospechaban que lo que realmente perseguía con toda esta expedición era pedir al papa la creación de una diócesis en la zona norte de Japón —independiente de la de Nagasaki, que estaba controlada por los jesuitas—, y su nombramiento como obispo de esta nueva diócesis. Date vio en esta expedición una perfecta manera de contactar directamente con el rey de Castilla y Portugal para poder establecer una relación comercial con Nueva España y Europa que pasase necesariamente por su feudo. Así, decidió financiar el costoso viaje con la condición de introducir esta petición comercial como uno de los objetivos principales del mismo. La expedición contaba con el permiso —nada entusiasta— de Tokugawa Ieyasu, consuegro de Date, pese a que el shōgun había prohibido el cristianismo en Edo ese mismo 1612, y todo parecía indicar que esta política no tardaría demasiado en hacerse extensiva a todo Japón. Pese a ser consciente de esta realidad, el señor de Sendai decidió seguir adelante con el proyecto.

Date Masamune

Date Masamune es sin duda uno de los daimyō más populares en Japón, y fue de los más poderosos en su época, otro de esos nombres individuales que sobresalieron en el periodo Sengoku, con más fuerza que la que hasta entonces había tenido su apellido. Se supone que los Date descendían de una rama de los Fujiwara y que recibieron su territorio en la zona norte del país tras las guerras Genpei, concedido por el mismo Minamoto Yoritomo por haber luchado a su lado tanto en este conflicto como después, para acabar con su hermano Yoshitsune. Durante mucho tiempo, tuvieron encomendada la tarea de someter a los pueblos «bárbaros» de la zona norte del país.

Masamune nació en 1567 y parece ser que fue un niño melancólico y solitario, un carácter marcado, se cree, por carecer de visión en su ojo derecho; aunque tradicionalmente se ha creído que era tuerto —y de ahí su apodo, Dokuganryū, «dragón de un solo ojo»—, descubrimientos recientes parecen indicar que sí tenía los dos ojos, pese a no ver con el derecho, no quedando claro si este tenía algún defecto, o no estaba completo, ni los motivos de todo ello. Sea como fuese, sufrió por ello el rechazo incluso de su propia madre, quien no lo veía apto para ser el jefe del clan y prefería que el sucesor fuese su hermano menor. Pero su padre, Date Terumune (1543-1585), no debía estar de acuerdo con esta opinión y, teniendo Masamune dieciocho años, le cedió el liderazgo.

Fig. 10.2. Estatua de Date Masamune en Sendai, prefectura de Miyagi.

Desde ese mismo momento, Masamune se lanzó a la conquista ininterrumpida y feroz de territorios vecinos —algo que, por otro lado, era lo más habitual en el periodo Sengoku—, lo que puso en alerta a los daimyō de la zona. Una de estas familias decidió secuestrar a Terumune para presionar a su hijo, pero cuando este acudió al frente de sus tropas para rescatar a su padre, el propio Terumune les ordenó lanzar un ataque total, aunque eso supusiera su muerte. Masamune hizo lo que su padre deseaba, sabiendo que este sería ejecutado en cuanto empezase el ataque, y se vengó acabando con la vida de toda la familia rival. Pero no solo tenía enemigos fuera de sus dominios, también tuvo que combatir a los que tenía en su propia casa, nada menos que a su propia madre, que seguía queriendo que su hijo pequeño estuviese al frente del clan, y no dudó en urdir un plan para acabar con la vida de Masamune, envenenando su comida; pero el plan falló y el dragón de un solo ojo decidió acabar con el problema de una vez por todas ejecutando a su hermano.

A principios de 1590 —como hemos visto anteriormente—, Hideyoshi dominaba todo Japón excepto los territorios de los Hōjō y los Date, quienes se habían negado a reconocer la hegemonía del sucesor de Nobunaga. Cuando, en mayo, Hideyoshi se dirigió con sus ejércitos a Odawara para acabar con los Hōjō, Date Masamune vio que una vez que estos cayesen, él no tardaría tampoco en sucumbir, así que no había más remedio que asumir la superioridad de aquel hijo de campesinos. Decidió entonces acudir a Odawara él también y rendirse a Hideyoshi, sabiendo que muy probablemente sería ejecutado por haber tardado tanto en hacerlo. Pero, como hemos visto antes, no era Hideyoshi muy dado a las venganzas y los castigos, sobre todo si se trataba de hombres valiosos que podían ser más útiles vivos y como aliados, por lo que, cuando ambos se reunieron, lo que hizo fue pedir consejo a Date acerca de la mejor estrategia para conquistar el castillo de Odawara. Desde entonces, sería uno más de los daimyō que formaban parte de la federación dirigida por Hideyoshi, e incluso participó al frente de sus ejércitos en el intento de invasión de Corea. Aunque mientras vivió el taikō no dejaron de llegarle rumores acerca de planes y estratagemas del líder de los Date para hacerse con el control del país, lo cierto es que nunca se produjo un intento de algo parecido; Date tenía fama de ser un hombre ambicioso, por lo que muy probablemente la idea le hubiese pasado por la cabeza, pero también de ser un hombre inteligente, así que seguramente era consciente de la dificultad de la empresa, que hacía que no valiera la pena arriesgar su, por otro lado, acomodada posición.

Esa misma inteligencia fue la que le llevó a ver rápidamente que, una vez muerto Hideyoshi, quien tenía más posibilidades de hacerse con el control del país era Tokugawa Ieyasu, con quien tenía buenas relaciones desde hacía décadas. Para Ieyasu era también una buena idea contar con la amistad del poderoso señor del norte, así que ambos decidieron sellar su alianza casando a sus hijos. Desde entonces, Date permanecería siempre fiel a los Tokugawa, luchando a su lado tanto en Sekigahara como en el asedio al castillo de Osaka. Y no solo estuvo junto a Ieyasu, fue también uno de los principales consejeros de su hijo Hidetada y su nieto Iemitsu. Fue precisamente visitando a este último en Edo cuando le llegó la muerte, a los sesenta y ocho años, tras haber pasado los últimos años de su vida en la paz que había traído el gobierno de los Tokugawa, una paz demasiado aburrida para guerreros como Date, quien se lamentaba ante el shōgun en su lecho de muerte de no marcharse como debía hacerlo un soldado, en el campo de batalla. E incluso en ese momento le dio un buen consejo, que mantuviese siempre a los samuráis preparados para la guerra, porque tanta tranquilidad ablandaba a los hombres y hacía que cuando por fin se presentaba un peligro, no estuviesen listos para afrontarlo... La historia le daría la razón unos doscientos años más tarde.

La expedición la capitaneaba uno de los principales hombres de confianza de Date, Hasekura Tsunenaga (1571-1622), coordinada además por el padre Sotelo, quien también se encargaba de las tareas de intérprete y consejero, e incluía a casi centenar y medio de japoneses. A bordo de la nave San Juan Bautista zarparon de Sendai, al norte de Edo, el 28 de octubre de 1613.

Fig. 10.3. Mapa del recorrido de la Embajada Keichō. Elaboración propia.

De Japón a Roma, grandes expectativas

Llevada por las corrientes del Pacífico, la nave llegó a Acapulco el 25 de enero de 1614, tras bajar por la costa americana desde California, y allí les recibió el virrey de México, quien les aprovisionó de caballos y todos los suministros necesarios para hacer el camino hasta Ciudad de México, donde llegaron el 24 de marzo. Fueron recibidos de nuevo por el virrey en el Palacio Real y, tras una solemne ceremonia y toda clase de celebraciones, les fue otorgado el permiso para continuar su viaje hasta Europa. Por su parte, Hasekura hizo entrega al virrey de una carta escrita por su señor Date Masamune, así como diversos regalos.

Este ambiente de alegría y cordialidad se truncó cuando, al poco de la llegada de la expedición a México, llegaron a través de numerosas cartas al virrey, noticias alarmantes desde Japón, donde el shōgun acababa de prohibir oficialmente el cristianismo en todo el país, expulsando a los sacerdotes extranjeros, obligando a los japoneses cristianos a abandonar su fe, quemando iglesias y ejecutando a todo el que se resistiese a acatar las nuevas órdenes. Como respuesta a esta situación, decenas de los japoneses que formaban parte de la comitiva decidieron convertirse al cristianismo bautizándose en México, en un intento de mostrar así sus buenas intenciones pese a estas nefastas noticias llegadas de Japón. Pero estas muestras no fueron suficientes y el cambio drástico en la situación política japonesa acababa de condenar a la expedición, pues lógicamente había perdido toda autoridad para establecer relaciones comerciales con los mandatarios castellanos o de otros países. Pese a los intentos del padre Sotelo por mantener el apoyo de las autoridades de México, escribiendo al virrey para defender a Date y asegurar que este no permitiría que los cristianos fuesen perseguidos en sus tierras, la comitiva acabó quedando completamente olvidada y marginada.

Finalmente, decidieron dejar tierras mexicanas y partir hacia Europa, aunque el número de japoneses que continuaron en la expedición pasó a ser mucho menor, se cree que entre veinte y treinta, pues el resto de ellos debía volver a Japón. Zarparon el 29 de mayo de 1614, haciendo escala en Veracruz y en La Habana, desde donde partieron cruzando el Atlántico.

El 5 de octubre de 1614, casi un año después de su salida de Japón, la expedición llegó a la península ibérica, tocando tierra en Sanlúcar de Barrameda, desde donde remontaron el Guadalquivir hasta llegar a Coria del Río, antepuerto de Sevilla y localidad donde residirían durante unas semanas. Fueron más tarde recibidos con grandes festejos en la capital sevillana por el alcalde, así como por las autoridades eclesiásticas, y alojados en el Palacio del Alcázar, lugar reservado habitualmente para visitantes de muy alto rango, como la familia real. El recibimiento que se les dio en esta ciudad fue con mucho el mejor de toda la expedición, ya que Sevilla era la ciudad del padre Sotelo, que tenía a familiares directos formando parte de su gobierno y promocionando la visita, dando más importancia a la figura de Sotelo —a quien se anunciaba en panfletos casi como la figura más influyente del cristianismo en Japón— que a la de los enviados japoneses.

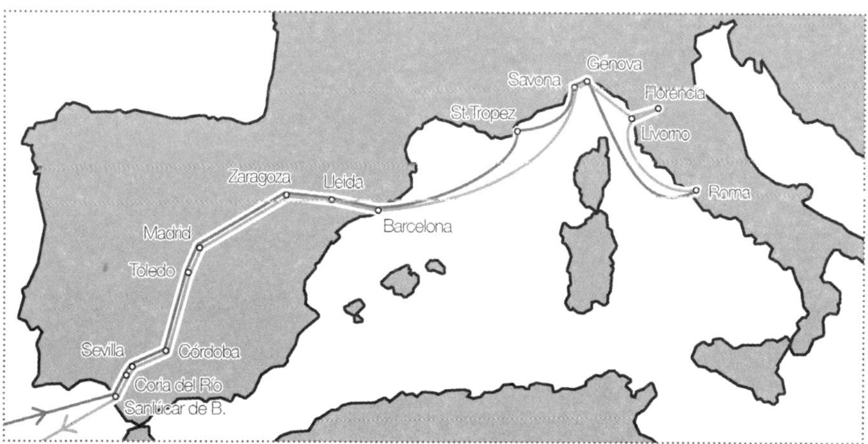

Fig. 10.4. Mapa del recorrido europeo de la Embajada Keichō. Elaboración propia.

En una de estas cenas de gala celebradas en honor de la expedición japonesa, Hasekura hizo entrega al alcalde de una carta de Date Masamune, otra en su mismo nombre y dos parejas de katana y *wakizashi* —la otra espada, algo más corta, que suele acompañar a la katana—. Por su parte, el padre Sotelo mintió al presentar a Date como el más que probable sucesor de Tokugawa Ieyasu, y presentarse a sí mismo como un enviado del mismísimo shōgun, mientras que Hasekura venía en representación de Date. Omitió, pues, algunos pequeños detalles, como que poco tiempo antes él mismo había sido condenado a muerte por Ieyasu y que solo salvó la vida por la intercesión del señor de Sendai, y tampoco comentó nada acerca del objetivo comercial de la expedición. El 25 de noviembre de 1614, el alcalde de Sevilla hizo entrega a la expedición de varios coches de caballos para que pudieran hacer camino hasta Madrid, donde tenían pensado entrevistarse con el rey Felipe III, tras visitar a diversas autoridades religiosas en su paso por Córdoba y Toledo.

Pero las noticias sobre la prohibición del cristianismo en Japón ya habían llegado también a Madrid, la corte había estado recibiendo cartas tanto desde Japón y Filipinas como desde México desde el principio mismo de la expedición acerca de la situación política japonesa pero también de la figura del padre Sotelo. El Consejo de Indias elaboró un informe para Felipe III el 30 de octubre de 1614, dando parte de estos temas de la actualidad japonesa, de la poca confianza que merecía Sotelo y aconsejando que se tratase bien a los japoneses, entre otras cosas, porque tenían fama de belicosos, pero que no se diera respuesta a sus peticiones, por lo menos hasta tener más datos de lo que estaba pasando en Japón. También recibieron informes acerca de las verdaderas intenciones del padre franciscano, de que Date solo estaba interesado en el comercio y de que el Gobierno japonés estaba persiguiendo ferozmente a los cristianos. Con toda esta información, era de esperar que la corte de la capital desconfiase de Sotelo en particular y de la expedición en general.

Así, cuando llegaron a Madrid, el 20 de diciembre de 1614, no hubo ninguna celebración de bienvenida ni recibieron permiso de audiencia con Felipe III. Los alojaron en un austero monasterio franciscano durante toda su estancia en la capital, un lugar modesto y muy poco apropiado, sin duda, para una embajada extranjera. La corte no quiso dar tal tratamiento a la expedición japonesa por no traer esta una carta de su rey o emperador, sino solo de uno de sus nobles. No fue hasta pasado mes y medio, el 30 de enero de 1615 —y tras la gran insistencia del padre Sotelo—, cuando pudieron reunirse en audiencia finalmente con el monarca. Fue en este encuentro cuando Hasekura hizo entrega a Felipe III de la carta en la que Date Masamune se presentaba, exponía que quería mantener una relación de amistad con el monarca castellano por ser uno de los pilares del cristianismo, pedía el envío de más religiosos y de mercancías, cuyo transporte se ofrecía a financiar, además de proporcionar privilegios a los comerciantes españoles, tales como tierras donde vivir,

Fig. 10.5. *Hasekura Tsunenaga en Roma*, óleo de Claude Deruet, 1615, Galería Borghese, Roma.

exención de impuestos o extraterritorialidad en posibles cuestiones judiciales. Esta carta tan amistosa y a favor de un beneficio para ambas partes, escrita antes de la salida de la expedición, contrastaba totalmente con la actual postura oficial de Japón acerca del cristianismo y de las influencias extranjeras en general. Por tanto, se hacía imposible pensar que Date pudiese conseguir las condiciones que prometía en su carta a Felipe III, quedando todo así en papel mojado.

El Consejo de Indias propuso al monarca que lo mejor sería oponerse a cualquier tratado comercial con Japón, no permitir el viaje hasta Roma y conceder únicamente el envío de algunos misioneros —algo a lo que los castellanos solían estar siempre dispuestos—. También accedieron a otra de las peticiones de Hasekura, la de ser bautizado en la corte en presencia del rey, ceremonia que se celebró el 17 de febrero de 1615 en el monasterio de las Descalzas Reales, donde tomó el nombre de Felipe Francisco Hasekura, honrando así tanto a Felipe III como a la orden de los franciscanos. De todas formas, este gesto de buena voluntad que, se cree, planificó el padre Sotelo, no tuvo ninguna incidencia en la actitud del rey, la corte o el Consejo de Indias. Durante las siguientes semanas y pese a no recibir ninguna respuesta oficial, Sotelo continuó insistiendo de forma incansable para que la corte atendiese sus peticiones, por lo que finalmente, quizá cansado de los dolores de cabeza que le estaba dando el insistente sacerdote franciscano, el rey autorizó a la comitiva a visitar Roma y admitió que consideraría la oferta comercial, siempre y cuando Japón interrumpiese totalmente su comercio con Holanda. Así, sin más garantías que una tímida promesa verbal, el 22 de agosto de 1615, la expedición partió hacia el Vaticano.

Tras pasar por Zaragoza, Fraga, Lleida, Cervera, Igualada, el monasterio de Montserrat, Martorell y Esparraguera, el 3 de octubre la embajada llegó a la ciudad de Barcelona. De allí partieron por mar haciendo escala en Saint Tropez, Savona y Génova, para llegar a Roma a finales de octubre de 1615. Pero antes de su llegada a la capital italiana, se había recibido ya una carta de Felipe III dirigida a su embajador en la ciudad instándole a impedir cualquier posible acuerdo entre la expedición y la Santa Sede y aportando información que el Consejo de Indias había recopilado acerca de Sotelo, la situación en Japón, etcétera.

La comitiva fue recibida con grandes desfiles y festejos en la ciudad, y se le concedió audiencia con el papa en varias ocasiones, algunas de forma oficial y otras extraoficialmente. En una de estas audiencias, Hasekura pronunció un discurso y entregó al pontífice una carta escrita por Date Masamune en la que este pedía su protección, el envío de misioneros franciscanos a Japón, la mediación con Felipe III y ayuda para establecer relaciones de tipo comercial con México —las mismas peticiones que habían hecho al monarca español, al fin y al cabo—. El papa alabó a Date Masamune, pero no dijo nada acerca de las peticiones de este. Roma, a diferencia de Madrid, decidió tratar a los visitantes con gran deferencia y amabilidad, dándoles el trato que recibirían los embajadores de cualquier país europeo amigo, pero, en el fondo, actuaron de la misma forma en lo que respecta a los asuntos importantes, ignorándolos, a causa, obviamente, de las advertencias que el embajador de Felipe III había hecho llegar al pontífice. El 20 de noviembre de 1615, como agradecimiento por la embajada, la ciudad de Roma concedió la ciudadanía tanto a Hasekura como al resto de enviados japoneses, en un gesto más de buena voluntad pero intrascendente para los objetivos de la expedición. En una de las audiencias con Pablo V, el padre Sotelo solicitó al pontífice la creación de una nueva diócesis en Japón, ofreciéndose para

Fig. 10.6. El padre Sotelo, Hasekura y el resto de delegados japoneses en Roma, fresco del pintor Giovanni Lanfranco en el Salón de los Coraceros del Palazzo del Quirinale, Roma.

ostentar el cargo de obispo de la misma. Cuando este hecho llegó a oídos de la corte de Felipe III, vieron confirmadas sus sospechas en cuanto al objetivo real de Sotelo, por lo que el rey emitió una orden según la cual, a su vuelta a la Península, la expedición debía dirigirse a Sevilla sin pasar por Madrid y, una vez allí, zarpar inmediatamente de vuelta a Japón.

El 4 de enero de 1616, más de dos meses después de su llegada, Sotelo y Hasekura fueron recibidos de nuevo por el papa, quien, ante su insistencia, les aseguró que enviaría más misioneros a Japón y les dio una carta para Felipe III en la que le pedía que se encargase de ello. Con esta promesa, la delegación emprendió el camino de vuelta.

De Roma a Japón, con las manos vacías

El 25 de enero de 1616, a su paso por Génova, la expedición recibió orden de ir directamente a Sevilla sin pasar por Madrid, pero Sotelo, que aún no tenía ninguna respuesta en firme del monarca, decidió desobedecer las órdenes, llegando a Madrid en el mes de abril. Pese a su insistencia, la corte de la capital, debido a las cada vez peores noticias que iban llegando de Japón y al verse además desobedecidos, se negó a recibir a la comitiva y les volvió a ordenar dirigirse a Sevilla. Además, cuando llegaron a la capital andaluza, les estaba esperando una nueva orden del Consejo de Indias, conminándoles a partir cuanto antes de vuelta a Japón. Para evitar esta rápida partida, Sotelo y Hasekura fingieron encontrarse enfermos y así ganar tiempo para poder comunicarse con Felipe III y pedirle una carta oficial donde confirmase el envío de más misioneros a Japón. En abril de 1617 —preocupado por lo maltrecha que había quedado su reputación en su propia ciudad—, Sotelo escribió al Ayuntamiento de Sevilla, afirmando que, pese a las noticias cada vez peores que llegaban de Japón, en el feudo de Date Masamune no se estaba persiguiendo a los cristianos porque estos gozaban de la protección del poderoso daimyō. El ayuntamiento de la ciudad, en la que Sotelo y su familia tenían mucha influencia, escribió a la corte defendiendo al franciscano y pidiendo que sus peticiones fuesen respondidas. La respuesta que llegó de Madrid fue, una vez más, la de que la embajada debía partir cuanto antes de vuelta a Japón. Pero Sotelo, sin darse todavía por vencido, aún envió una carta más a la corte, obteniendo una nueva notificación en la que se le ordenaba partir inmediatamente y, esta vez, asegurando que la tan deseada carta de Felipe III le sería entregada a su paso por Filipinas.

Así, el 4 de julio, la comitiva salió por fin de Sevilla. Fue en este momento cuando algunos de los delegados japoneses, se cree que unos seis o siete, atemorizados por la situación en la que se encontraba Japón, no queriendo ser obligados a abandonar la doctrina cristiana o morir, y habiéndose acostumbrado a la vida en Coria del Río, donde habían residido en el último año, decidieron quedarse.

El apellido *Japón*

El legado principal y más tangible que dejó la expedición de Hasekura Tsunenaga —por no decir el único— fue el apellido Japón. Parece ser que los samuráis que decidieron quedarse en Coria del Río acabaron emparejándose con mujeres locales y teniendo hijos con ellas, por algún motivo —comodidad, seguramente— se decidió apellidar a estos niños *Japón* en lugar de con el apellido del padre. El primer caso conocido del uso de este apellido data de principios del siglo xvii en el registro bautismal de la iglesia de Santa María de la Estrella, en Coria del Río, donde se encontraron los datos de un niño apellidado así. Unos siglos más tarde, contamos con más de seiscientos cincuenta corianos con el apellido en cuestión, habiendo algunos que incluso lo tienen como primer y segundo apellido.

En el caso de Japón, en cambio, el descubrimiento de este apellido es bastante reciente. En 1989, gracias a la conmemoración de la fundación de la ciudad de Sendai por Date Masamune, se empezó a investigar acerca de la misma, hallando diversos escritos de este daimyō donde se explicaba el viaje de Hasekura. De esta forma empezó el primer contacto con Coria del Río y con otras ciudades por donde pasó la expedición, para conseguir su versión de los hechos e información adicional sobre el viaje. Desde ese momento, se ha trabajado para mantener el respeto y mejorar las relaciones interculturales entre ambos países a través de embajadores tanto en España como en Japón, y han sido muchos los encuentros entre ambos lugares. Un ejemplo de ello fue la Expo de Sevilla en 1992, donde se celebró una reunión entre el embajador japonés y diversos supuestos descendientes de los antiguos expedicionarios. También cabe mencionar que en un bonito rincón del parque Carlos de Mesa, en Coria, junto al Guadalquivir, se erige una estatua de Hasekura Tsunenaga, donada por el gobierno de Sendai en 1992. De la misma forma se entregó a otras ciudades, como Acapulco, La Habana, Roma o Livorno siendo todas ellas copias de la original, situada en Sendai.

Fig. 10.7. Estatua de Hasekura Tsunenaga en Coria del Río. Fotografía tomada por el autor, julio de 2014.

Tras pasar por México a mediados de septiembre de ese mismo año 1617, la delegación llegó a Filipinas el 20 de junio de 1618 y permaneció allí, en Manila, año y medio, durante el cual llegó la tan deseada carta de Felipe III, cuyo contenido fue toda una decepción, pues era únicamente una comunicación protocolaria, sin hacer alusión al envío de misioneros ni a ningún acuerdo de tipo comercial. Finalmente, el 20 de agosto de 1620 partieron de vuelta a Japón. No así el padre Sotelo, quien recibió la orden de permanecer en Filipinas y, poco después fue enviado a Nueva España por decisión del Consejo de Indias, prohibiéndole volver a Japón. Pese a esta prohibición, dos años más tarde el indómito fraile se infiltró clandestinamente en un barco chino y consiguió llegar a territorio japonés, solo para ser descubierto y encarcelado durante dos años. Se sabe que escribió entonces a Date Masamune pidiéndole ayuda, pero esta vez no recibió respuesta por parte del daimyō y fue ejecutado en 1624, quemado vivo por orden del shōgun. Fue beatificado dos siglos y medio más tarde.

Por su lado, Hasekura y el resto de la expedición llegaron a la ciudad portuaria de Nagasaki en septiembre de 1620 y cruzaron gran parte del país para llegar al punto de partida, Sendai, el 22 de septiembre, prácticamente siete años después de haber empezado su viaje. Un mes más tarde, el daimyō envió una carta a la corte Tokugawa, informando de la vuelta a casa de la delegación, y recordando que esta había sido enviada por el mismo Ieyasu, encargándose él, Date Masamune, de actuar únicamente como intermediario. Sin lugar a dudas, Date intentaba protegerse en una época en la que el cristianismo estaba en el punto de mira de todo el país, jugando a dos bandas: de cara al rey Felipe III y al papa de Roma se presentaba como un poderoso señor y proponía acuerdos comerciales, mientras que de cara al shōgunato se mostraba a favor de la persecución del cristianismo y se lavaba las manos en el tema de la expedición a Europa. No quedan documentos que nos expliquen qué fue de Hasekura Tsunenaga, sabemos únicamente que murió en 1622 y que su tumba se encuentra en el templo budista Enfukuji, en la actual prefectura de Miyagi —aunque otros dos lugares reclaman esto mismo—.

Este ha sido el relato de un fracaso, pues así puede calificarse toda misión o proyecto que no consigue ninguno de sus objetivos. Date Masamune no consiguió comerciar con Europa, ni siquiera con Nueva España o Manila, ni obviamente fue el sucesor de Tokugawa Ieyasu, como el padre Sotelo anunciaba orgulloso. El sacerdote franciscano no consiguió que el Vaticano enviase más religiosos a Japón ni, mucho menos, llegó a siquiera vislumbrar su sueño de convertirse en obispo de una nueva diócesis japonesa —quizá su único triunfo sea el de haber terminado siendo beatificado tiempo después de su martirio—. Hasekura Tsunenaga, en cuanto que se le había encomendado la capitanía de la expedición, fracasó con ella, volviendo a casa siete años más tarde sin haber conseguido nada de lo que se proponía. A su vez, este fracaso se enmarca dentro de un fracaso mayor, el de la misión evangelizadora del catolicismo en Japón, que es además el fracaso de un contacto entre dos civilizaciones.

Por otro lado, quizá sea ese fracaso el que hace tan interesante a esta embajada, dándole el atractivo de las causas perdidas, de las quimeras que son fallidas incluso antes de ponerse en marcha. Quizá sea lo que las hace grandes.

11
El final de los samuráis

Dinamita interna: la decadencia del *bakuhan*

Tras los primeros cincuenta años de periodo Edo, el gobierno Tokugawa había conseguido su tan deseada estabilidad y a partir de ese momento y durante más de un siglo podríamos decir que esta funcionó sola, casi por inercia, sin necesidad de demasiados esfuerzos por parte del bakufu. Los diferentes sistemas de control sobre los daimyō que hemos visto en el capítulo 9 resultaron efectivos, y no se produjeron revueltas significativas por parte de estos, y las protagonizadas por campesinos en momentos puntuales, normalmente coincidiendo con hambrunas, se pudieron sofocar con más o menos facilidad. Japón continuó el proceso de urbanización que había comenzado al finalizar el periodo Sengoku y, en general, el nivel de vida de la población empezó a subir considerablemente; el crecimiento de las ciudades estimuló el comercio al crecer la demanda de todo tipo de productos y, además, la productividad agrícola —sustento de todo el sistema— creció, doblándose la cantidad de suelo cultivable y aplicándose nuevas técnicas de cultivo. Pero este clima de prosperidad económica a quien más benefició fue a los comerciantes, quienes —recordemos— ocupaban teóricamente el escalón más bajo dentro de la escala social, entre otras cosas, porque ellos podían regular de forma más efectiva sus precios, sin estar tan sujetos a las subidas y bajadas que conlleva la agricultura, algo que sí afectaba a los campesinos, obviamente, pero también a los samuráis, que cobraban sus estipendios en arroz. Algunos de estos comerciantes fueron enriqueciéndose con el paso del tiempo y, llegados momentos de dificultad económica para los bushi, se convirtieron en sus prestamistas, incluso de los mismos daimyō.

Porque el sistema Tokugawa no era perfecto y uno de los lugares por donde empezó a tener problemas fue precisamente el aspecto económico. La economía de un país a lo largo de más de dos siglos no es, obviamente, algo sencillo de explicar y tampoco es lo que nos interesa aquí, pero podríamos decir —simplificando mucho el asunto— que uno de los principales factores que causó problemas económicos fue el nuevo estilo de vida de la clase samurái. Curiosamente, en la situación de paz en la que se vivía, el gasto en aspectos militares subió, puesto que tanto los daimyō como el bakufu debían tener igualmente un ejército preparado y, a diferencia de periodos anteriores, cuando los guerreros se dedicaban a trabajar como campesinos siempre que no estaban movilizados, ahora no tenían otro trabajo y había que pagarles su estipendio aunque no entrasen en combate. Y aunque algunos desarrollaban tareas burocráticas o administrativas, la mayoría llevaba una vida muy ociosa. Además, en esta época de paz, los soldados no morían en el campo de batalla, por lo que sus vidas eran más largas y su estipendio un gasto para las arcas públicas durante muchos años. Aquellos que acompañaban a su daimyō cuando este tenía que residir en Edo incurrieron en mayores gastos, entrando de lleno en una nueva vida consumista que nada tenía que ver con la frugalidad que como samuráis debían supuestamente practicar, porque no solo eran la élite de la sociedad, también debían aparentarlo. Ya hemos comentado anteriormente que el viaje a la capital o desde la capital suponía una movilización enorme y un gran gasto para el daimyō, pero una vez en Edo el gasto continuaba siendo muy grande porque los señores competían entre ellos por tener la residencia más lujosa y el nivel de vida más alto. Así, al tener que hacer frente a todos estos gastos relacionados con la clase samurái, los gobiernos regionales pronto empezaron a desatender al resto de su población —que suponía más del noventa por ciento— y a tomar diversas medidas económicas, que nunca solían pasar por recortar los presupuestos de sus élites. La primera medida que se aplicó fue subir los impuestos a los campesinos. Aquellos que mantenían el sistema fueron obligados a mantenerlo aún más, y pasaron de aportar el 40-50% de sus cosechas al 70% e incluso más, y en algunos casos se les pidió entregar los impuestos del año siguiente por adelantado. Lógicamente, esto hizo que el descontento creciese entre la ya castigada clase campesina y que sus revueltas fuesen hacia finales del siglo XVIII cada vez más frecuentes y mayores en número, revueltas que solían sofocarse de forma drástica, lo que aumentaba a su vez el descontento popular. Otra medida que se aplicó fue la de recortar el estipendio que recibían los samuráis, algo que se hizo en principio solo en momentos puntuales, pero que poco a poco fue regularizándose. Los guerreros eran generalmente comprensivos con estos recortes, primero por su sentimiento de lealtad para con su daimyō, y segundo porque un estipendio más bajo sin apenas trabajar seguía siendo mejor que tener que ganarse la vida con el sudor de su frente. Obviamente, esta medida afectó más a los samuráis de rangos más bajos, y muchos de ellos tuvieron que recurrir a trabajos extra como profesores en escuelas o, en el caso de las mujeres de la casa, a hacer tareas de costura. Con el paso del tiempo, la aceptación y la lealtad al daimyō fueron dejando paso al descontento también entre la clase samurái. La última medida que se adoptó para hacer frente a los problemas económicos fue el endeudamiento, la mayoría de feudos necesitaron recurrir a préstamos que les concedían precisamente aquellos que ocupaban el escalón más bajo de la escala social, los comerciantes, especialmente los ricos y poderosos mercaderes de Kioto y Osaka. Tanto los samuráis como los daimyō se acostumbraron a vivir endeudados y en más de una ocasión, el Gobierno tuvo que decretar una cancelación general de las deudas de toda esta clase social —como ya hemos visto hacerse en anteriores ocasiones—. Esto, obviamente, no gustó nada a los comerciantes que habían prestado el dinero y, también entre ellos, creció el descontento. Además, hizo que fuesen más reticentes cuando, pese a la cancelación, los samuráis volvieron a necesitar un préstamo; algunos de estos comerciantes aprovecharon entonces estas oportunidades para acceder a privilegios supuestamente únicos de la clase guerrera, como llevar dos espadas, o para incluso comprar el título de samurái para un hijo, por ejemplo, algo que en teoría estaba prohibido. Así pues, vemos que con el paso del tiempo, el sistema del periodo Edo, el bakuhan, fue creando una situación económica que hizo que prácticamente toda la población pasase por dificultades y estuviese insatisfecha con el sistema mismo y, por tanto, con el Gobierno.

Pero este sistema no solo era vulnerable al paso del tiempo en el aspecto económico, también demostró serlo en el político. Otra de las consecuencias del sankin kōtai —que, como estamos viendo, fueron muchas— fue la imposibilidad para los daimyō de gobernar directamente sus feudos durante el tiempo en que residían en Edo a causa no solo de la distancia, sino también de la ocupada vida de ocio que llevaban allí. Así, la tarea de ejercer el gobierno sobre el territorio se dejó en manos de algunos vasallos de confianza de la clase samurái más alta de cada feudo, quienes prácticamente acabaron gobernando incluso cuando el daimyō se encontraba de vuelta. El bakufu Tokugawa promovía fuertemente el principio de sucesión hereditaria para los señores feudales, lo que hacía que el título no siempre lo heredase el más apto para ello y que este, sin el mecanismo de selección natural que habían supuesto las guerras anteriormente, pudiese estar al frente del feudo durante muchos años. Si sumamos entonces que los daimyō no eran siempre los candidatos más apropiados para el puesto, que residían la mitad del tiempo en Edo, donde vivían una placentera y despreocupada vida, y que además habían nacido y se habían criado allí, considerándolo su hogar antes que el lejano y provinciano territorio del que eran propietarios, queda claro que no eran los más adecuados para gobernar. Lo que podría parecer una buena solución al problema, dejar el mando a estos vasallos de confianza, acabó corrompiéndose por los mismos motivos, puesto que en cada feudo, los cargos de mayor responsabilidad fueron siendo ocupados siempre por las mismas tres o cuatro familias, siguiendo también el principio de la sucesión hereditaria y no criterios meritocráticos. El mismo esquema de poder diferido se repetía dentro del bakufu, donde el shōgun fue dejando de ejercer el control personalmente y cada vez más se delegaban las decisiones políticas en consejeros, quedando el líder Tokugawa de turno en un papel simbólico —fenómeno que ya hemos visto darse numerosas veces— muy alejado del ejercido por Ieyasu, Hidetada o Iemitsu al principio del periodo.

Si a toda esta situación de decadencia del sistema bakuhan le añadimos que, pese a haber transcurrido más de dos siglos, los tozama nunca dejaron de perdonar a los Tokugawa por su victoria en Sekigahara y por haberlos condenado a jugar un papel marginal desde entonces, siempre bajo vigilancia y sin poder optar a cargos dentro del Gobierno, ya tenemos todos los ingredientes para que todo saltase por los aires. Solo hacía falta un estímulo, y este llegó del exterior.

Detonador externo: la nueva amenaza occidental

Como hemos visto anteriormente, Japón había conseguido salir airoso las dos anteriores ocasiones en que otros países se habían plantado en sus costas, venciendo casi milagrosamente a la coalición mongol-coreana-china a finales del siglo xiii, y expulsando a portugueses y castellanos en el xvii. Tras esta segunda ocasión, el país había decidido cerrarse al mundo casi por completo y, como con el resto de medidas adoptadas por los Tokugawa para mantener la estabilidad, durante un tiempo había tenido éxito. Pero también esta política del bakufu empezó a hacer aguas desde los últimos años del siglo xviii.

Ya en 1792 un barco ruso visitó Hokkaidō, la más al norte de las cuatro islas principales de Japón, conocida hasta 1869 con el nombre de Ezo, que se había ido ganando poco a poco combatiendo a los emishi y estaba en ese momento controlada por el clan Matsumae como una especie de protectorado; precisamente por lo que se percibió como una amenaza por parte de los rusos, el Gobierno japonés puso la isla bajo su control directo y desde entonces podemos considerarla como parte de Japón —nótese que hasta este momento no la hemos incluido en los mapas—. En esa ocasión, los rusos aceptaron la negativa japonesa a entablar ningún tipo de relación, igual que hicieron cuando visitaron Nagasaki en 1804. Pero desde ese momento, las visitas o avistamientos tanto de barcos rusos como ingleses fueron bastante frecuentes, tanto que en 1825 el bakufu ordenó mejorar las defensas costeras y que se expulsase a cualquier barco extranjero de aguas japonesas, utilizando la fuerza si fuera necesario, como sucedió doce años más tarde, cuando se recibió un barco americano a cañonazos. Pero Japón no podría seguir repeliendo la llegada de extranjeros por siempre, y así se lo advirtieron sus aliados holandeses —recordemos, los únicos autorizados a comerciar con Japón— en una carta al Gobierno en 1844, donde le explicaban que el mundo había cambiado y se estaba convirtiendo en un mercado aún más global, y que el aislamiento japonés no les conseguiría mantener ajenos a ello durante mucho tiempo. Además, el bakufu conocía perfectamente lo que estaba sucediendo en Asia Oriental desde hacía décadas, donde las potencias occidentales habían humillado y pisoteado nada menos que a la otrora todopoderosa China. Para parte del Gobierno japonés, el caso chino era precisamente un motivo para seguir cerrados al exterior, no para abrirse, pero también sabían que no podían entrar en guerra con las potencias extranjeras; curiosamente, tener al ejército siempre preparado para una posible amenaza había supuesto un gasto enorme tanto para el shōgunato como para los daimyō, pero cuando la amenaza llegó por fin, el ejército no podía hacerle frente. Se decidió mejorar aún más las defensas costeras pero abolir la orden de 1825, porque el Gobierno creía que lo mejor era no responder agresivamente ante las propuestas que llegasen, ceder al principio hasta alcanzar el mismo nivel tecnológico y militar que los países occidentales y poder entonces hacerles frente, aunque también se temía que esta política de concesiones debilitase al Gobierno en el ámbito interno japonés.

Los acontecimientos se acabarían precipitando a partir de 1853, cuando empiezan los aproximadamente quince años que se han denominado *bakumatsu*, o fin del bakufu, un momento de gran confusión —es difícil a veces seguir los giros y cambios en los distintos actores implicados— e inestabilidad, precisamente aquello que el shōgunato había intentado evitar desde su misma fundación. En julio de ese año,

Fig. 11.1. Visión japonesa de uno de los buques negros, en un grabado de la época.

un comodoro de la Marina de los Estados Unidos, Matthew C. Perry (1794-1858), llegó al puerto de Uraga, actual prefectura de Kanagawa, en la entrada a la bahía de Edo, al mando de cuatro barcos, dos de ellos a vapor, armados todos con la más moderna artillería pesada. Pese al relato que se ha hecho muchas veces acerca de la enorme sorpresa que supuso para Japón la llegada de Perry, lo cierto es que el Gobierno estaba convenientemente avisado de la llegada de la expedición, primero por los holandeses de Dejima a través de las autoridades de Nagasaki, y después por las de Kagoshima, de quienes dependía el archipiélago de las Ryūkyū, donde Perry había recalado antes de dirigirse a Japón. Para el pueblo llano, sí fue un gran motivo de asombro y de miedo la llegada de los llamados «buques negros», reuniéndose miles de personas para verlos en el puerto durante los ocho o nueve días que duró la visita. El motivo de la misma era entregar una carta del presidente de los Estados Unidos para el shōgun. El bakufu pretendía que se entregara sin problemas y se marchasen lo antes posible. Hubo ciertos protocolos que observar y muchas negociaciones, y a través de intérpretes japoneses que hablaban holandés —idioma que en Japón se tenía entonces por *lingua franca* a nivel internacional— se le insistió a Perry en que debían trasladarse él y su flota a Nagasaki, que era donde se trataban los asuntos con países extranjeros, pero, ante la firme negativa de Perry, se le acabó atendiendo en Uraga. Entregada su carta, esta proponía una relación de amistad y colaboración entre ambos países: a los americanos les interesaba sobre todo poder utilizar algún puerto del norte del país, de cara a su actividad ballenera en el Pacífico norte; y Perry especificó que esta propuesta de amistad —de momento no hablaban de comercio— debería ser respondida un año más tarde, cuando volviera con una flota mucho mayor.

Entre las dos visitas del americano, un almirante ruso llegó también a Japón, primero a finales de 1853 y luego a principios de 1854, pudiendo la diplomacia japonesa deshacerse de él sin comprometerse a nada por el momento. Pero solo una semana después de marcharse los rusos, regresó Perry, el 13 de febrero, y esta vez acompañado de una flota de diez barcos en la que viajaban unos mil seiscientos hombres, algo que era sin duda innecesario para lo que se suponía que debía ser una sencilla negociación diplomática, a no ser que se quisieran dejar claras las consecuencias de una negativa por parte japonesa. El objetivo del bakufu era que Perry, de nuevo, se marchase cuanto antes y tan de vacío como fuese posible, y para ello argumentaron que aún no habían podido encargarse del tema porque habían estado muy ocupados con la muerte del anterior shōgun —apenas una semana tras la primera visita de los americanos— y la entrada del actual, por lo que sería mejor que se retomasen las conversaciones más adelante. Pero el comodoro no se lo iba a poner fácil, pues no aceptó ninguna excusa y en todo momento dejó claro que no venía a pedir favores, sino a exigir sus derechos, y además aumentó por cuenta propia algunas de las peticiones que el Gobierno americano le había encargado. Esta segunda visita de Perry acabó durando cuatro meses, durante los cuales se sucedieron incontables reuniones, papeleos, formalidades, respuestas ambiguas, documentos y todo el protocolo, burocracia y rodeos que suelen darse en cualquier negociación en la que estén involucrados japoneses. Finalmente, se firmó el conocido como Tratado de Kanagawa, según el cual Japón permitía a los Estados Unidos utilizar los puertos de Shimoda, en la actual prefectura de Shizuoka, Hakodate, en Hokkaidō, y Naha, en las islas Ryūkyū, y se comprometía a abrirles dos puertos más posteriormente, los de Niigata y Hyōgo —ninguno de ellos Nagasaki, por exigencia personal de Perry, únicamente basada, parece ser, en llevar la contraria al Gobierno japonés, que insistía en

Fig. 11.2. El comodoro Perry, representado en un grabado japonés de la época y en fotografía.

enviarlos allí—. Se aceptaba la relación de amistad y colaboración entre ambos países pero, de momento, no el comercio; Japón introdujo una cláusula según la cual ningún americano podría residir en suelo japonés y Estados Unidos una que establecía que cualquier acuerdo que los japoneses firmasen posteriormente con un tercer país tendría que aplicárseles también a ellos, la conocida como «cláusula de la nación más favorecida», típica en este tipo de tratados. En total, la expedición de Perry fue un éxito y consiguió más de lo que se le había encomendado; pero se trataba solo de un primer paso, ni Estados Unidos ni el resto de potencias —el mismo año se firmaron tratados iguales con Rusia e Inglaterra— se iban conformar solo con eso.

En 1856 apareció en escena un nuevo americano enviado como cónsul general, Townsend Harris (1804-1878), quien llegó dispuesto a negociar un tratado de comercio —como era de esperar— que además incluía una cláusula según la cual podrían residir americanos en las ciudades de los puertos abiertos en el Tratado de Kanagawa, americanos que, además, gozarían de extraterritorialidad, siendo juzgados por tribunales de su país en caso de incurrir en un delito. Cabe decir que esta cláusula no supuso en principio un problema para los japoneses, que estaban acostumbrados a funcionar así entre los diferentes feudos, pero cuando años más tarde supieron que entre los países occidentales no existía y solo se aplicaba en relaciones de tipo colonial, lo consideraron una humillación. Las negociaciones con Harris fueron aún más lentas y exasperantes que las que se habían llevado a cabo con Perry, y se tardó casi dos años en cerrar un nuevo tratado, el conocido extraoficialmente como Tratado de Harris, en 1858. De nuevo, en muy poco tiempo se firmarían tratados idénticos con otros países, concretamente con Rusia, Inglaterra, Francia y Holanda. Todas estas potencias operarían principalmente desde Yokohama, donde el bakufu decidió reubicar a los extranjeros, un lugar que pasaría de ser una humilde aldea de pescadores a la más moderna y cosmopolita ciudad del país, con el mayor puerto de toda la región de Kantō.

Estos años de conversaciones con Perry y Harris tampoco habían resultado nada fáciles para el bakufu ni para la política interior japonesa en general, al contrario, si las negociaciones con los americanos habían sido intrincadas y casi caóticas, los asuntos internos habían sido una pesadilla que, además, no había hecho más que empezar.

Explosión: la demolición del bakufu

Cuando Perry zarpó de Japón por primera vez, el bakufu tenía solo unos meses para decidir qué haría a su vuelta, problema que se complicó con la ya citada muerte del shōgun Tokugawa Ieyoshi (1793-1853), aunque, como sabemos, a estas alturas del periodo los shōgun ya no ejercían el poder real dentro del Gobierno y su muerte se había utilizado solo como una excusa para intentar ganar tiempo —sin éxito, además—. En ese momento, en un giro inesperado y sin precedentes hasta entonces, el bakufu decidió enviar a cada daimyō una copia de la carta traída por Perry y preguntarles su opinión sobre lo que debería hacerse al respecto, una decisión de la que se arrepentiría posteriormente. Porque aunque esta consulta estaba teóricamente limitada a este asunto puntual, supuso toda una revolución, puesto que en la práctica abrió la puerta a que, desde ese momento, los daimyō creyesen que podían opinar acerca de cualquier tema, incluido el funcionamiento mismo del propio bakufu. Y algunos feudos tenían mucho que decir desde hacía tiempo, concretamente desde Sekigahara. El descontento hacia las políticas del shōgunato que hemos visto al principio del capítulo era mucho más intenso en algunos territorios tozama, quizá no tan acentuado entre sus daimyō y clases dirigentes, quienes al fin y al cabo habían sido perdonados y administraban sus zonas con una holgada autonomía, pero sí entre los rangos medios y bajos de la clase samurái, que eran la gran mayoría.

De todos estos feudos, tres de ellos jugarían un papel crucial en los siguientes años: Chōshū, Satsuma y Tosa. Por otro lado, otra influyente voz disidente saldría del feudo de Mito, pese a ser en principio cercano del gobierno central, tan cercano que pertenecía a una rama lateral de los propios Tokugawa. Allí se había fundado ya a mediados del siglo XVII una escuela para estudiar la historia de Japón, lo que llevó también al estudio de su religión autóctona, el Shintō, y con el paso de los años a defender la idea de que la unicidad del país venía dada por su dinastía imperial, supuestamente ininterrumpida y descendiente de las mismas deidades de la creación, enalteciendo así la figura del emperador —que durante el periodo Edo había permanecido más ignorada que nunca—, ideas compatibles con las de otras importantes escuelas de pensamiento de la época, como la de los Estudios Nacionales. A esta idea de recuperar

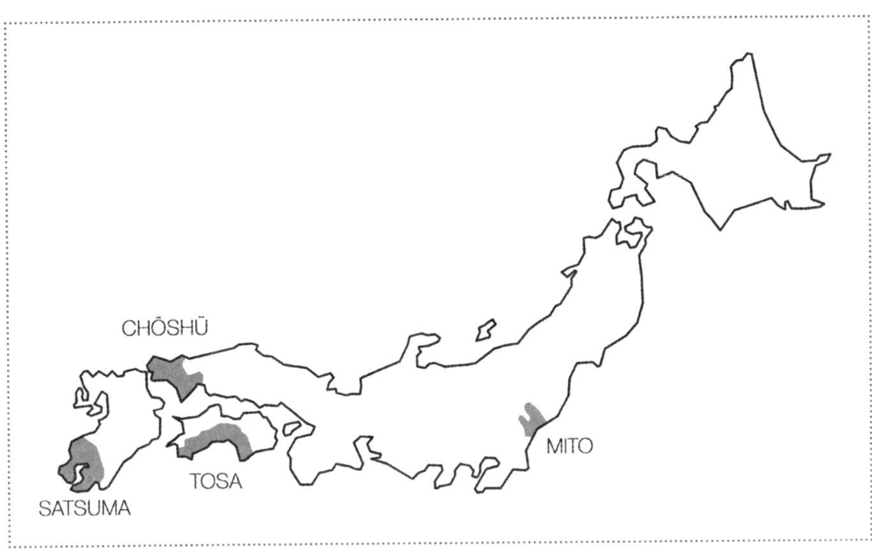

Fig. 11.3. Localización de los feudos de Mito, Chōshū, Tosa y Satsuma. Elaboración propia.

el respeto por el emperador se le unió otra cuando apareció la amenaza exterior, y se empezó así a promover un concepto llamado *sonnō jōi*, o «reverenciar al emperador y expulsar a los bárbaros», tomado de un lema chino del siglo v a.C. En principio, este concepto no estaba enfocado como una crítica al bakufu —recordemos que Mito era un feudo de una rama lateral de los Tokugawa—, pero pronto iría tomando ese sentido, cuando las políticas del Gobierno empezaron a parecer todo lo contrario a expulsar a los bárbaros. En Chōshū, Satsuma y Tosa esta corriente intelectual tendría una gran acogida, y eran grandes feudos con un enorme número de guerreros, tanto en porcentaje como en cifras absolutas —en Satsuma, el caso más claro, el 40% de las familias pertenecían a la clase samurái, una proporción muy alejada del 6% a nivel nacional—. Estos territorios, además, pertenecían a clanes muy antiguos, y sus guerreros consideraban tanto a los Tokugawa como a la gran mayoría de fudai unos meros recién llegados, pues eran normalmente clanes de unos tres siglos de antigüedad. Por todo ello, sentían muy poco apego hacia Edo y, con la aparición de la corriente sonnō jōi, empezaron a sentir mucha mayor simpatía por Kioto.

De su consulta a los daimyō, el bakufu recibió todo tipo de respuestas, tanto favorables a la apertura como completamente contrarias, pero, en realidad, desde antes de preguntar, el Gobierno ya sabía que no podía permitirse el lujo de plantar cara a la amenaza occidental, porque los recursos militares japoneses no estaban a la altura de la tecnología extranjera, y las finanzas del shōgunato estaban demasiado debilitadas como para invertir en ello. Lógicamente, esto era algo que no podía hacerse público porque dejaría al bakufu en una posición muy frágil de cara a sus opositores, pero una apertura total a las demandas norteamericanas también lo haría, por lo que no había solución fácil posible. Se mejoraron las defensas costeras gracias a financiación privada —de comerciantes adinerados— y se abolió la antigua prohibición que el shōgun Iemitsu había decretado acerca de construir barcos de gran tamaño. Aparte de esto, el shōgunato no tuvo más remedio que firmar el tratado de amistad impuesto por Perry. A nivel interno, los partidarios de mantener la política aislacionista se mostraron lógicamente muy críticos con la firma de estos tratados y abogaron por la participación en estos asuntos de la corte imperial, que hasta entonces lo único que había hecho al respecto había sido pedir al Gran Santuario de Ise que los dioses expulsasen a los extranjeros de Japón como habían hecho en el siglo XIII. El bakufu, por su parte, también sabía que los países occidentales querrían ampliar los tratados con nuevas concesiones y con la apertura del comercio, y que no podrían negarse a ello, por lo que solo esperaba que por lo menos ese comercio pudiera ser controlado por ellos, tal y como se había hecho durante siglos con los holandeses en Dejima, y no de forma libre y privada. Paralelamente, compraron algunos modernos barcos de guerra a Holanda y fundaron en Nagasaki un astillero y una escuela de navegación. En estos nuevos barcos se ordenó que ondease como insignia la que conocemos ahora como bandera japonesa, normalmente llamada Hinomaru, un símbolo ya entonces antiguo y muy utilizado, pero cuyo uso hasta este momento no se había uniformizado como representativo del país.

Durante la negociación con Harris las cosas se pusieron aún más difíciles para el bakufu, porque después de solo cinco años en el cargo murió el shōgun Tokugawa Iesada (1824-1858) y además lo hizo sin descendencia, hecho que aprovecharon los daimyō críticos para proponer como sucesor al hijo del daimyō de Mito, frente al candidato preferido del Gobierno, un joven de solo doce años que sería obviamente más fácil de manejar. Entonces muchos daimyō presionaron para que antes de firmarse el tratado de comercio y de investir al nuevo shōgun se pidiese la opinión al emperador acerca de ambos temas, algo que el Gobierno en principio no vio como un problema, al contrario, creyó que la corte estaría de acuerdo con ello y que esto serviría para acallar las voces críticas. Pero los nobles cortesanos —que, una vez más, eran realmente los que condicionaban la opinión del emperador— creían que el objetivo final de los extranjeros era la invasión de Japón y además estaban convencidos de que, de producirse un enfrentamiento con ellos, la victoria japonesa sería segura, considerando incluso ofensivo que el bakufu no lo viese de la misma forma. En lo que respectaba al shōgun, y muy influenciada por los daimyō de Satsuma y Chōshū, la corte también prefería al candidato de Mito. Así, la respuesta imperial fue muy negativa para el Gobierno, y aunque se trataba solo de una opinión y no de una orden, para todos los seguidores del sonnō jōi no obedecerla constituiría una traición. Y como tal se vivieron tanto la firma del tratado con Harris como el nombramiento del joven Tokugawa Iemochi (1846-1866). Ambas decisiones habían sido tomadas por el nuevo presidente del consejo de ancianos —que eran quienes dirigían realmente el bakufu—, Ii Naosuke (1815-1860), partidario de volver a ejercer un gobierno autoritario que no consultase sus decisiones ni con el resto de daimyō ni con la corte imperial. Esto encendió enormemente los ánimos de los contrarios al shōgunato y las críticas fueron durísimas, pero Ii respondió obligando a muchos daimyō críticos a dejar sus cargos y encarcelando o ejecutando a decenas de opositores, algo que no hizo sino aumentar la tensión. Solo dos años más tarde el presidente del consejo fue asesinado en plena entrada del castillo de Edo por un grupo de jóvenes samuráis de Mito.

Desde ese momento, atentados de este tipo se repitieron frecuentemente, siempre a manos de jóvenes samuráis de rangos bajos, los más descontentos con el sistema, normalmente de Mito, Satsuma, Chōshū y Tosa. Con una fuerte educación confuciana e imbuidos de los supuestos valores samuráis, tenían al emperador como símbolo de la identidad y la unidad japonesas, y estaban dispuestos a utilizar la violencia contra aquellos que, según ellos, querían abrir Japón a los bárbaros. Pero estas acciones no se dieron únicamente contra japoneses, los extranjeros también estuvieron desde el principio en el punto de mira de estos activistas sonnō jōi. De hecho, uno de los motivos por los que se trasladó el principal puerto abierto a Yokohama fue porque estaba más apartado de las principales rutas transitadas por los samuráis que iban o volvían de Edo en los viajes del sankin kōtai. Entre los nuevos vecinos de esta ciudad había algunos misioneros protestantes, lo que no gustó a los japoneses —especialmente a estos jóvenes activistas samuráis— porque que el cristianismo seguía prohibido y aún se consideraba una amenaza.

Sakamoto Ryōma

Muchos de estos jóvenes samuráis de bajo rango que se alzaron contra el bakufu utilizando la violencia, con el paso de los años moderaron sus posturas e incluso algunos de ellos se dedicaron a la política. El caso más famoso es probablemente el de Sakamoto Ryōma (1836-1867), uno de los personajes históricos más populares y queridos del imaginario colectivo japonés, revisitado en innumerables novelas, obras de teatro, series de televisión y películas. Sakamoto nació en Tosa dentro de una familia samurái del rango más bajo, rango que un antepasado suyo, un adinerado comerciante de sake, había comprado para sus descendientes. Siendo muy joven abandonó la escuela porque no se sentía atraído por los estudios y entró en una academia de esgrima, actividad que le interesaba mucho más y en la que parece ser que destacaba. Como muchos otros jóvenes samuráis de su generación y provincia, se sintió identificado con el pensamiento de la escuela de Mito y los conceptos sonnō jōi, tanto que él también se decantó por la acción directa. Así, en 1862 decidió asesinar a Katsu Kaishū (1823-1899), un especialista naval y estudioso de Rangaku que trabajaba para el bakufu como asesor y defendía la idea de abrir Japón al mundo como única forma de sobrevivir en el panorama internacional del momento. Cuando Sakamato entró en su casa, espada en mano y dispuesto a asesinarlo, Katsu solo le pidió que, antes de morir, le permitiese explicarle los motivos por los que creía que la apertura del país era la mejor solución, a lo que Sakamoto accedió. Según parece, tras la explicación, el joven samurái guardó su espada, se disculpó y pidió a Katsu que fuese su maestro. Así fue durante un tiempo, y Sakamoto se dedicó a estudiar los sistemas políticos y constituciones de varios países occidentales y a diseñar un modelo de gobierno adecuado para Japón, basado en la meritocracia. Además, actuó de forma destacada como intermediario en las negociaciones entre Satsuma y Chōshū, jugando así un papel fundamental en el curso de la historia del periodo, y posteriormente convenció a estas mismas dos provincias para que negociasen un final pacífico del bakufu. Pero él no llegaría a ver ese momento —por muy poco— porque en diciembre de 1867, en Kioto, estando escondido en una posada al saberse buscado por las milicias probakufu, el lugar fue asaltado por estos tras averiguar que estaba allí, y acabaron con su vida.

Fig. 11.4. Sakamoto Ryōma en 1866.
Fotografía de Inoue Shunzō.

De especial relevancia fue un suceso acontecido en 1862 cuando cuatro ingleses que montaban a caballo en un plácido día de excursión se encontraron de repente con la comitiva de nada menos que el daimyō de Satsuma; hay diferentes versiones de lo sucedido a continuación, pero parece ser que uno de ellos decidió no desmontar pese a haber recibido advertencias de que ello se interpretaría como una falta de respeto, y efectivamente, el desplante del inglés fue respondido por uno de los oficiales samuráis saliendo de las filas del séquito y matándolo allí mismo. Cuando tenían lugar sucesos de este tipo, el bakufu se veía obligado a pagar una indemnización al país de donde fuese la víctima, e incluso a veces a entregarles al asesino, algo que provocaba aún más malestar entre los japoneses porque cuando, por el contrario, un extranjero cometía un delito, era juzgado por el tribunal de su país, y normalmente de forma escandalosamente benévola. Pero la acción violenta no fue monopolio de los contrarios al bakufu. También se crearon milicias de samuráis sin señor leales al Gobierno que se dedicaron a buscar y asesinar a opositores.

Los daimyō críticos, por otro lado, ejercían en lo político una presión igual de fuerte que la que estos jóvenes samuráis ejercían en las calles. Y ello sucedía pese a que el nuevo gobierno, tras el asesinato de Ii, se mostró mucho más conciliador e intentó introducir reformas tanto económicas como políticas o militares. En general, se buscó un acercamiento a la corte, para contentar por lo menos a los partidarios de las ideas sonnō, «reverenciar al emperador», ya que de momento no podían arreglar la parte jōi, «expulsar a los bárbaros», y para ello se casó al joven shōgun Iemochi con una hermana del emperador. Otra importante reforma que se adoptó en 1862 fue nada menos que la anulación del sistema sankin kōtai, eliminando la obligación de los daimyō de mantener a sus familias en Edo. Así, el bakufu perdía a estos valiosos rehenes y, además, la economía de los líderes samuráis se beneficiaba de un importante ahorro que ahora podría repercutir en un mayor gasto por parte de los feudos en mejorar sus ejércitos; y ambos factores no podían representar más claramente un enorme riesgo de sublevación —puesto que este sistema había sido creado justamente para evitar esta situación—. Inmediatamente, Edo quedó vacía de todos los daimyō, sus vasallos y sus familias, pero lejos de volver a sus respectivos feudos, los contrarios al bakufu se trasladaron a Kioto, desde donde afirmaban que el shōgunato

El Shinsengumi

De la misma forma en que muchos jóvenes samuráis sin señor se mostraban contrarios al bakufu, algunos estaban a favor, y solo compartían con los primeros los métodos de acción directa. El más famoso de estos grupos fue el llamado Shinsengumi, encargado por el Gobierno de la defensa y pacificación de Kioto. Llegó a estar formado por unos trescientos miembros —la mayor parte de ellos de orígenes no samuráis— y con una jerarquía formada por un comandante, dos vicecomandantes, un consejero militar y diez capitanes. Vestidos con un llamativo uniforme de chaqueta de kimono azul claro con triángulos blancos en las puntas de las mangas y los bajos, tuvieron éxito en algunas acciones, como la de evitar la quema de Kioto en 1864, y se les atribuye, entre muchos otros, el asesinato de Sakamoto Ryōma, aunque nunca se ha demostrado que fuesen ellos y no otra milicia probakufu. Con el cambio de periodo, sus líderes fueron cayendo rápidamente, tanto a causa de deserciones como de arrestos y ejecuciones por parte del gobierno Meiji. Pese a haber jugado en realidad un papel muy limitado y durante un periodo de tiempo muy corto —lo que no debería otorgarles demasiado espacio en la historia—, su popularidad en Japón es muy grande incluso en la actualidad, y han sido objeto de numerosas novelas, cómics, series de televisión y películas.

era incapaz de manejar la situación y, por tanto, debería ceder el poder a la corte imperial. Con la fuerza que le daba la nueva situación, el emperador pidió la expulsión de los extranjeros —recordemos que cuando hablamos del emperador, realmente hablamos de la corte, puesto que él personalmente no tenía demasiada voz—. El bakufu decidió entonces enviar a la capital al shōgun en persona para discutir el tema, otro nuevo gesto casi sin precedentes. La anterior visita de un shōgun al emperador se había dado en 1634, aunque ambas ocasiones no se parecían absolutamente en nada, porque cuando Iemitsu llegó a Kioto lo hizo acompañado de un enorme ejército de más de trescientos mil soldados como muestra del poder del shōgunato ante la corte, y en esta ocasión, en 1863, Iemochi llevaba un séquito de solo tres mil hombres y el carácter de la situación era casi de sometimiento a la corte. Estando allí, fue informado de que el 25 de junio había sido elegido como el día en que se empezaría a expulsar a los bárbaros, algo que los nobles de la corte imperial creían que estaría solucionado en menos de diez años.

Lo cierto es que llegado el día, el bakufu no hizo nada, porque era consciente de que se trataba de una misión imposible, pero desde Chōshū sí se empezó a disparar artillería de las defensas costeras contra los barcos extranjeros que pasaban por delante de sus costas, lo que fue respondido tanto con protestas oficiales ante el Gobierno como con más —y mucho mejor— artillería desde los barcos atacados, para desgracia de Chōshū. Por su parte, en Satsuma se estaban dando cuenta de que Chōshū les estaba ganando la partida, poniéndose al frente de esta revolución en contra del Gobierno, mientras que Tosa se mostraba más moderada y Mito, pese a haber asentado las bases ideológicas del movimiento, hacía un tiempo que había perdido el liderazgo. Por eso, en un giro curioso de los acontecimientos, el daimyō de Satsuma decidió ponerse del lado del bakufu y atacar a Chōshū, consiguiendo sacarlos por la fuerza de Kioto. Esto hizo que, para todos los samuráis de bajo rango descontentos, cada vez más numerosos, Chōshū se convirtiese en el lugar en el que había que estar. Muchos de ellos abandonaron a sus clanes y sus feudos para trasladarse a esta especie de santuario del verdadero sonnō jōi. Poco después atacaron Kioto desde allí para hacerse con el emperador, pero de nuevo las fuerzas del bakufu y sus aliados, incluido Satsuma, pudieron derrotarlos, y los responsables del ataque fueron detenidos y ejecutados. De esta forma, en el bakufu pudieron respirar con algo más de tranquilidad porque parecía que volvían a controlar la situación, y continuaron haciendo algunas reformas: tanto en el gobierno central como en los feudos se intentó que muchos cargos fuesen ocupados por aquellos más aptos, aunque procediesen de rangos bajos de la escala samurái, y se prometieron medidas como la de cerrar el puerto de Yokohama a los extranjeros al cabo de un tiempo. Con todas estas políticas, durante un par de años se vivió una relativa calma en el país.

Pero a mediados de 1866, el shōgun Iemochi murió, con solo veinte años de edad, a causa de una enfermedad relacionada con la falta de vitaminas, y el bakufu decidió que su sucesor fuese —esta vez sí—, Tokugawa Yoshinobu (1837-1913), el hijo del daimyō de Mito. Se trataba, obviamente, de una clara concesión al sector crítico. Pero hacía tiempo que Mito había dejado de llevar la voz cantante de dicho sector y el nombramiento de Yoshinobu no sirvió para arreglar las cosas. El nuevo shōgun quería implantar un nuevo sistema de gobierno, completamente reformado al estilo de los existentes en los países occidentales —y muy parecido al que acabaría habiendo en Japón pocas décadas más tarde—, pero con la salvedad de que ese nuevo gobierno seguiría estando dirigido por los Tokugawa. Como es de suponer, la idea no resultó demasiado atractiva para los samuráis que seguían reunidos en Chōshū. Allí, todos estos disidentes venidos de distintas zonas del país se estaban organizando militarmente desde hacía un par de años y, curiosamente, lo hacían utilizando técnicas y tecnologías occidentales, e incluso incorporando a algunos campesinos en sus filas. En Satsuma estaba pasando algo bastante parecido, aunque enfocándose más en la Marina que en fuerzas de tierra, con asesoramiento británico. Ambos feudos combinados tenían en ese momento un poderoso ejército, pero el bakufu solo veía con desconfianza las maniobras de Chōshū, puesto que Satsuma era desde hacía un tiempo aliado suyo. Lo que en Edo no sabían es que ambos feudos llevaban meses de conversaciones secretas, con Tosa como intermediario, y ya habían sellado una alianza. Así, cuando el bakufu decidió atacar Chōshū por temor a su creciente poder militar y pidió ayuda a Satsuma, estos no se movieron, y las fuerzas del Gobierno cayeron derrotadas. Fue una derrota no solo enormemente humillante, además dejó al shōgunato en una evidente situación de debilidad, y esto fue aprovechado por otros sectores sociales descontentos para promover todo tipo de revueltas y protestas, tanto campesinas como urbanas.

Tras esta derrota, era el momento perfecto para que Satsuma y Chōshū dieran la estocada final al bakufu, así que sus líderes planearon un ataque militar a Edo que finalmente no se llevó a cabo solo porque desde Tosa se les convenció para que primero intentasen convencer al shōgun de que abdicase. Yoshinobu, efectivamente, estuvo de acuerdo con abdicar y dejar el poder en manos del emperador, pero solo si se le garantizaba que los Tokugawa conservarían sus tierras y riquezas, y que tendrían un lugar privilegiado dentro de la cámara que dirigiría el nuevo gobierno. Pero, de nuevo, esto no fue suficiente para Satsuma y Chōshū, que tomaron Kioto y aprovecharon la muerte del emperador —oficialmente causada por la viruela, pero circulan otras teorías que culpan a estas fuerzas antibakufu— para hacer que en los primeros días de 1868 su sucesor, el joven emperador Meiji (1852-1912), de solo quince años, declarase oficialmente abolido el bakufu y restaurado el poder imperial. En este nuevo modelo —y como no podía ser de otra forma— el emperador tendría el poder simbólico, mientras que un nuevo gobierno de nobles y daimyō dirigiría el país en su nombre. Podría parecer que, en el fondo, no suponía un gran cambio, y así es, con la única excepción de que los Tokugawa no formaban ya parte de este nuevo sistema. Obviamente, Yoshinobu intentó resistirse, y se produjeron algunas batallas entre las fuerzas aún partidarias del bakufu y las de los feudos disidentes, en lo que se conoce como la guerra Boshin, pero el ya extinto shōgunato sufrió importantes derrotas, en parte a causa de las modernas armas occidentales utilizadas por su enemigo —recordemos, aquellos que no querían abrir el país a la influencia extranjera—, y en parte a causa de que numerosos daimyō que hasta entonces estaban de su lado decidieron que era un momento oportuno para dejar de estarlo. Algo parecido hizo Francia, que hasta entonces había apoyado al bakufu, mientras que Inglaterra favorecía al bando contrario, cuando las potencias occidentales de repente acordaron mantenerse neutrales. Así, cayó Osaka ese mismo enero, se rindió Edo en mayo, un grupo de daimyō favorables a los Tokugawa combatieron en la zona norte del país, pero fueron vencidos a principios de noviembre, y unos pocos de ellos aún se refugiaron en Hokkaidō, donde constituyeron nada menos que una república independiente —con ayuda extraoficial de los franceses—, pero que duró solo hasta mayo de 1869.

Algo antes, a finales de octubre de 1868, Edo fue rebautizada como Tokio, literalmente «la capital del este», el emperador se trasladó allí tomando posesión del hasta entonces castillo de Edo y a partir de ese momento Palacio Imperial, y la ciudad se convirtió en la capital de Japón. Había empezado el periodo Meiji.

Meiji: la construcción de un nuevo Japón

Este nuevo periodo nacía con un claro objetivo en mente, el de situar al país a la altura de las potencias occidentales: ya no se trataba de adaptar la tecnología y la técnica extranjeras para poder hacerles frente y ser capaces así de volver a aislarse del mundo, ahora sencillamente había que ser uno más entre ellos. Así, durante este breve periodo, Japón se lanzó a una carrera vertiginosa por la modernización, dejando claro que este país no era como sus vecinos asiáticos, que ahora vivían bajo gobiernos coloniales occidentales, y por tanto, no merecía ser tratado como ellos; y que se hacía necesario abolir los tratados desiguales firmados durante los años del bakumatsu. Aunque se intentó inculcar a la población el culto a la figura del emperador —de quien a estas alturas poca gente perteneciente al pueblo llano se acordaba siquiera—, el lema sonnō jōi fue abandonado para adoptar oficialmente el de *fukoku kyōhei*: «país rico, ejército poderoso», las dos metas que Japón debía conseguir para ser una potencia a nivel mundial.

La soberanía, como habíamos comentado antes, estaba teóricamente en manos del emperador, pero se esperaba de él que no se mezclase en asuntos de política. El gobierno recaía en un consejo de nobles y daimyō —de Chōshū y Satsuma en su mayoría— que ponía mucho empeño en

Fig. 11.5. El emperador Meiji, fotografiado por Uchida Kuichi en 1872, con la vestimenta cortesana propia de su cargo, y en 1873, con uniforme militar al estilo occidental.

dejar claro que —volvemos al inicio de la frase— la soberanía estaba en manos del emperador. Uno de los primeros edictos del gobierno Meiji explicaba que la dinastía imperial japonesa descendía de los mismos dioses; que, por tanto, todo cuanto hay en este mundo pertenece legítimamente al emperador; que su gobierno es el más justo; que como prueba de ello tenemos el caos en el que se había vivido en los últimos trescientos años a causa de la usurpación de su poder por los Tokugawa; y que todos los japoneses deberían corresponder a su benevolencia siéndole siempre leales y obedientes. Este mismo texto se incorporó poco después a las escuelas, donde los estudiantes lo recitaron a diario hasta el final de la Segunda Guerra Mundial. Se trataba, pues, de inculcar la idea de que lo que se había producido era una restauración del poder del emperador, tarea en la que triunfaron, puesto que hoy en día seguimos hablando de la Restauración Meiji, cuando lo cierto es que no se restauró nada. El emperador no tenía el poder antes de la llegada de los Tokugawa, y seguía sin tenerlo ahora; de hecho, en contadas ocasiones a lo largo de la historia de Japón un emperador ejerció un poder real, quizá una decena de emperadores, y el joven Meiji era —oficialmente— el 122.º de ellos. Quienes gobernaban ahora eran las fuerzas contrarias a los Tokugawa ya desde Sekigahara, y para conseguirlo, se habían servido de la figura del emperador y del rechazo a los extranjeros, a los que, ahora que estaban en el poder, no rechazaban en absoluto. De hecho, los anteriormente contrarios a la apertura del país al mundo exterior lo abrieron más que nunca, no solo en aspectos tecnológicos o técnicos, también se adoptó el sistema jurídico francés, una marina al estilo británico o una constitución casi igual a la prusiana. Los daimyō de Chōshū, Satsuma, Tosa y Hizen renunciaron a sus feudos en favor del emperador, sabiendo que así el resto de señores se iría sumando a ello por iniciativa propia —o por miedo, quizá—, y una vez que todas las tierras pertenecieron oficialmente al emperador, en 1871, se abolió la división en feudos y nacieron las prefecturas, que en un principio fueron unas doscientas setenta, pero al cabo de un par de décadas se quedarían en 46.

Los daimyō fueron recompensados por la pérdida de sus territorios, pero los miles y miles de samuráis, incluidos aquellos que habían luchado por la supuesta restauración del emperador, se vieron de repente sin señor al que servir y sin estipendio que cobrar —se les otorgó un sueldo, pero mucho menor—. Además, al abolirse también la división de clases sociales, dejaron de ser un estamento definido y diferenciado, por lo que perdieron sus privilegios, como el de llevar dos espadas, lucir su peinado característico o la obligación del resto de clases de saludarlos con respeto. El punto final lo daría la creación del nuevo ejército imperial, que aunque en un principio estuvo formado por exsamuráis de Chōshū, Satsuma y Tosa, pronto se abriría al resto de antiguas clases por medio de reclutamiento entre toda la población, aunque los exsamuráis solían copar los puestos de oficiales. Muchos otros exsamuráis se alistaron en el nuevo cuerpo de policía nacional —al principio solían incluso llevar sus dos espadas mientras patrullaban—, o se reconvirtieron en profesores o cualquier otro oficio para el que fuese una ventaja su superior formación académica, como abogados o periodistas, pero también incluso trabajos antes considerados demasiado bajos para ellos, como los de campesino, artesano o comerciante.

Fukuzawa Yukichi

La clase samurái era la mejor formada intelectualmente, pues no solo eran educados en escuelas durante su infancia, sino que también podían dedicarse a estudiar durante toda su vida al disponer de mucho tiempo libre. Los mayores intelectuales nacidos durante el periodo Edo hay que buscarlos entre las familias bushi. Así, cuando los samuráis dejaron de existir oficialmente como clase con la llegada del periodo Meiji muchos de ellos se dedicaron a tareas de este tipo. De entre todos ellos, sin duda el más influyente y popular fue Fukuzawa Yukichi (1835-1901), escritor, periodista y, sobre todo, filósofo político —su imagen aparece actualmente en los billetes de 10 000 yenes, los de mayor valor, lo que demuestra su importancia en la historia y la sociedad japonesas—. Nacido en el seno de una familia samurái de bajo rango —como casi todos los personajes importantes de su generación—, fue enviado a Nagasaki con apenas diecinueve años para estudiar Rangaku, coincidiendo en el tiempo con las visitas del comodoro Perry. Algo después, en 1858, visitó Yokohama y descubrió con sorpresa que ninguno de los extranjeros que allí se encontraban hablaba holandés, idioma que él había estudiado y quería practicar, pero que al parecer no tenía en realidad la importancia a nivel internacional que los japoneses le atribuían. Como más tarde dejaría ver en su teoría política, Fukuzawa era un decidido defensor del pragmatismo y la adaptación a las circunstancias cambiantes, así que ese mismo día empezó a dedicarse al estudio del inglés —o por lo menos así nos lo explica en su autobiografía—.

Solo dos años más tarde formó parte de una misión del shōgunato a Estados Unidos y varios países europeos. Al regresar de este viaje publicó su famoso libro *Condiciones en Occidente*, obra que le convertiría en uno de los principales intérpretes de la cultura occidental para los japoneses. Aún cosechó un éxito mayor con *El estímulo del aprendizaje*, del que se vendieron nada menos que tres millones y medio de ejemplares, un verdadero *best seller*. En esta obra denunciaba la gran necesidad de un tipo nuevo de educación, más pragmática y alejada

Fig. 11.6. Un joven Fukuzawa Yukichi durante una visita a París en 1862.

de la moral confuciana, y precisamente, por ello, él mismo fundó su propia escuela, llamada Keiō Gijuku, que con los años se convertiría en la Keiō Daigaku, la más importante universidad privada del país aún en la actualidad. Además, puso en marcha también una popular sociedad de debate y su propio periódico, que serviría de tribuna desde ese momento para sus numerosos escritos sobre los más diversos temas, ya fuese política nacional o internacional, economía, educación, lenguaje, derechos de la mujer, etcétera.

Fukuzawa era muy crítico con la forma en la que los demás países de Asia Oriental habían enfrentado la llegada de las potencias occidentales, y es dentro de este contexto donde debe situarse uno de sus textos más polémicos, «Datsuaron», algo así como «Salir de Asia», de 1885, aunque algunos estudiosos afirman que en su momento pasó bastante desapercibido y fue muy posteriormente cuando surgió la controversia. En todo caso, en este artículo, Fukuzawa se mostraba desencantado con la forma en que China y Corea no habían sabido reaccionar ante la llegada imparable de la civilización occidental, a la que comparaba con una epidemia de sarampión o con una potente ola frente a la que hay que decidir si se flota por encima o se perece por debajo de ella. Él creía que Japón debía aprovechar la oportunidad tratando de ponerse a la altura de estas potencias, desmarcándose de Asia si era necesario, siendo independiente del resto de países del continente para así no tener que pasar a depender tampoco de los países occidentales. Reconocía abiertamente la superioridad manifiesta de Occidente, por lo que no veía otro camino que la adaptación pragmática a las nuevas circunstancias para mantener la independencia nacional, desvinculándose de cualquier tipo de dependencia cultural o histórica.

Pero algunos de ellos aún se resistieron a este final, aunque solo consiguieron aplazarlo un tiempo muy breve. Al frente de estos estaba quien precisamente había sido uno de los artífices de la caída del gobierno Tokugawa y del éxito de la Restauración Meiji, Saigō Takamori (1828-1877), de Satsuma, a quien popularmente se conoce como «el último samurái» —aunque otros prefieren aplicar este calificativo al general

Nogi Maresuke (1849-1912)—. Saigō fue uno de los muchos bushi de bajo rango que consiguió destacar en los años del bakumatsu, liderando las tropas de Satsuma desde 1864 y negociando la alianza secreta con

Nogi Maresuke

Aunque Nogi Maresuke no llevó una vida de samurái, podríamos decir que su vida sí empezó y terminó como tal. Nacido en 1849 en el seno de una familia bushi de Chōshū, su primera formación militar fue ya de estilo francés, primero para el ejército de su daimyō y después, a los veintiún años, dentro del nuevo ejército imperial, donde fue ascendiendo rangos rápidamente. En 1877, siendo teniente coronel, se enfrentó a las fuerzas rebeldes de Saigō Takamori, batalla en la que perdió el estandarte de su regimiento. Intentó recuperarlo lanzándose en una misión casi suicida, pero sus superiores se lo impidieron; una vergüenza que arrastraría el resto de su vida. En 1894 participó como general de división en la primera guerra sino-japonesa, de 1896 a 1898 fue gobernador de Taiwán —ocupado entonces por los japoneses— y en 1904 y 1905, ya como general, dirigió el ataque a la fortaleza de Port Arthur en la guerra ruso-japonesa. Este fue un asedio que duró cinco meses y supuso una absoluta masacre para ambos bandos pero sobre todo para el japonés, con cerca de cincuenta y seis mil bajas, entre las cuales se encontraba un hijo del propio general —muriendo su otro hijo en otra batalla de la misma guerra—. Consiguió finalmente tomarse la fortaleza y Nogi se convirtió en un gran héroe nacional, pero el precio pagado por la victoria sería otra intolerable vergüenza para él. Pidió ya entonces permiso al emperador para suicidarse y así aliviar su sentimiento de culpa, pero la petición fue rechazada. Tras la guerra se dedicó principalmente a la enseñanza, contando entre sus alumnos al nieto del emperador Meiji, el pequeño Hirohito, quien sería tiempo después conocido como el emperador Shōwa (1901-1989). Además, donó gran parte de su fortuna a hospitales que trataban a soldados heridos y para levantar monumentos en honor de los que murieron en la guerra ruso-japonesa, tanto los de un bando como los del otro.

En 1912, cuando murió el emperador Meiji, Nogi decidió comportarse como un samurái y acompañar a su señor en la muerte, acto que se conoce por el nombre de *junshi* —una práctica considerada antigua e innecesaria ya en el periodo Edo—, siendo a su vez acompañado por su esposa, que se suicidó justo antes que él. En su carta de suicidio hacía referencia a la pérdida del estandarte en 1877 y a los caídos en la toma de Port Arthur como vergüenzas que quería expiar con su muerte, incluía un poema sobre el monte Fuji, pedía a los japoneses que permaneciesen unidos y declaraba además que deseaba donar su cuerpo a la ciencia. El suceso causó un gran impacto en el Japón de la época, y supuso el final de una era al mismo tiempo que recordaba a los japoneses el lugar del que procedían, ahora que se habían convertido casi en una potencia de tipo occidental. La figura de Nogi fue muy reivindicada por los ultranacionalistas japoneses de décadas posteriores, algo abandonada tras la Segunda Guerra Mundial y rehabilitada tiempo después.

Fig. 11.7. El general Nogi Maresuke.

Chōshū que hemos visto anteriormente —con Sakamoto Ryōma como intermediario entre ambas provincias—. Crítico acérrimo del bakufu, fue uno de los más firmes opositores a permitir que los Tokugawa formasen parte del nuevo gobierno y durante la guerra Boshin dirigió el ejército que apoyaba al emperador en varias exitosas batallas, incluida la toma de Edo tras su rendición —que negoció, curiosamente, con Katsu Kaishū, el «maestro accidental» de Sakamoto Ryōma—. Llegado el periodo Meiji, formó parte del nuevo gobierno y se encargó sobre todo de la creación del nuevo ejército imperial. Siendo más coherente que muchos de sus compañeros, siguió oponiéndose a la —según él— excesiva apertura de Japón al resto del mundo, sobre todo en lo que respecta al comercio o a avances tecnológicos que consideraba innecesarios, como el ferrocarril, y se mostró muy crítico con las reformas que hacían referencia a la desaparición de la clase samurái. Desencantado con estas políticas, abandonó sus cargos y regresó a Kagoshima, la nueva prefectura que incluía lo que antes eran las provincias de Satsuma y Osumi, pero en 1873 volvió a Tokio para proponer la invasión de Corea argumentando que este país no reconocía al emperador Meiji como soberano de Japón, aunque su objetivo real era muy probablemente el de revalorizar a los samuráis dándoles aquello para lo que existían, una guerra. Propuso esto aprovechando que gran parte del Gobierno se encontraba de viaje, en la conocida como Misión Iwakura, una expedición de casi dos años que llevó a medio centenar de políticos, diplomáticos e intelectuales a Estados Unidos, a una docena de países europeos y a media docena de asiáticos con el fin de renegociar los tratados desiguales y recoger todo tipo de información útil para la modernización de Japón. La propuesta de Saigō de invadir Corea fue rechazada y este se sintió definitivamente decepcionado con el nuevo gobierno del país. De vuelta en Kagoshima y acompañado por muchos otros samuráis que también dejaron sus cargos políticos o dentro del Ejército o la Policía, creó una escuela que defendía los valores y las costumbres del antiguo orden, y durante unos pocos años en este territorio se dejaron de aplicar las leyes estatales y se funcionó como una especie de estado autónomo en el que aún existían los samuráis y sus privilegios. Lógicamente, esta situación no era bien vista en la capital, y el Gobierno envió espías a Kagoshima para averiguar qué estaba pasando; estos espías fueron capturados pero el incidente dejó claro que Tokio no permitiría que continuasen viviendo en esta especie de oasis samurái mucho más tiempo. Por ello, miles de bushi descontentos defendieron la idea de una rebelión contra el Gobierno y presionaron a Saigō, inicialmente reacio, para que la encabezase. Empezó así lo que en Occidente se conoce como la Rebelión de Satsuma y en Japón como la guerra del Suroeste.

En febrero de 1877, Saigō se puso en marcha al frente de su ejército, con la intención de llegar a Tokio para entrevistarse con el Gobierno y negociar una solución pacífica, pero recibió respuestas negativas a las cartas que escribió durante el camino y en las que proponía una negociación, y tuvo que enfrentarse militarmente a los ejércitos de distintos señores de los territorios por los que fue pasando y al nuevo ejército imperial —que él había ayudado a crear— enviado a la zona. Durante su recorrido se le fueron uniendo otros samuráis igualmente descontentos con el nuevo Japón, y llegó a liderar a más de cuarenta mil hombres, que utilizaban también armamento moderno al estilo occidental además de las típicas armas samurái —el mismo Saigō vestía su uniforme del Ejército Imperial, de estilo francés—. Frente a ellos, una fuerza mucho mayor, de unos trescientos mil hombres, estaba aún mucho mejor

Fig. 11.8. Estatua de Saigō Takamori en el parque de Ueno, Tokio. Fotografía tomada por el autor en febrero de 2015.

armada y organizada, lo que hizo que el viaje de Saigō no durase demasiado. Tras varias batallas poco exitosas a lo largo de medio año, el ejército rebelde contaba ya con solo medio millar de efectivos cuando se enfrentó a los treinta mil soldados de las fuerzas imperiales en la que podría considerarse la última batalla samurái de la historia, la de Shiroyama. Allí, el 24 de septiembre de 1877, Saigō rechazó la petición de rendición que le hizo el general enemigo y se preparó para una derrota segura cuando fueron atacados con una carga frontal. Durante años se ha creído que se suicidó al verse vencido, pero investigaciones forenses han revelado que murió de un disparo y que su cabeza fue cortada posteriormente por uno de sus vasallos de confianza, seguramente para salvaguardar su honor. Pese a haberse alzado en contra del gobierno imperial, Saigō siempre consideró que luchaba por el emperador, intentando librarle de las malas influencias que suponían los políticos que lo rodeaban, y así lo entendió el pueblo, que desde el principio sintió un gran cariño por este personaje; tanto fue así, que la presión popular hizo que el mismo emperador Meiji decretase un perdón oficial y se le erigió una estatua en el parque de Ueno, en Tokio.

Aquel 24 de septiembre de 1877, las modernas ametralladoras Gatling recién adquiridas por el flamante Ejército Imperial acabaron con el resto del ejército de Saigō, con la rebelión, y con los últimos coletazos de una figura anacrónica ya en aquel momento, los samuráis. Habían gobernado Japón durante siete siglos, pero, como todo en este mundo, estaban destinados a desaparecer antes o después; en este punto final de nuestro relato podríamos recordar las primeras líneas del *Heike Monogatari*, que vimos ya en el capítulo 2, pertenecientes al inicio mismo de la historia de los samuráis:

> En el sonido de la campana del monasterio de Gion resuena la caducidad de todas las cosas. En el color siempre cambiante del arbusto de shara se recuerda la ley terrenal de que toda gloria encuentra su fin. Como el sueño de una noche de primavera, así de fugaz es el poder del orgulloso. Como el polvo que dispersa el viento, así los fuertes desaparecen de la faz de la tierra.

Epílogo
El mito samurái

Y hasta aquí, la Historia de los samuráis que se prometía ya en el título mismo de este libro. La mayúscula de la frase anterior se ha usado de forma totalmente intencionada para diferenciar «la Historia» de «las historias», puesto que a lo largo de nuestro relato se ha hecho un esfuerzo consciente por intentar ceñirnos lo máximo posible a los hechos históricos, por lo menos hasta donde la distancia temporal y la existencia o no de documentación nos lo han permitido. Así, aunque aquí y allí se han citado datos obviamente mitológicos y legendarios -como el de los tengu que adiestraron al joven Minamoto Yoshitsune, por ejemplo-, se ha intentado no abusar de este tipo de anécdotas de veracidad poco probable o directamente imposible, e indicándolo siempre, por ejemplo, se ha hablado del Shinsengumi, pero dejando claro su casi nulo papel histórico. Ese es el motivo por el que aún no hemos visto aparecer algunas palabras que quizá se esperaba encontrar, por ser habituales en libros acerca de los samuráis, como «*ninja*» o «bushidō», mientras que otras como «honor» o «harakiri» solo han aparecido muy tímidamente. No cabe duda alguna de que no se habrá tenido un éxito completo en este intento por permanecer dentro de lo histórico porque, como decíamos, la distancia temporal y la inexistencia de cierta documentación juegan aquí un importante papel. Por otro lado, el mito samurái es tan atractivo y sugerente que resulta muy complicado no dejarse llevar por él en ocasiones, o incluso darse cuenta de que se está cayendo en él sin pretenderlo. De hecho, es tan atractivo que existen infinidad de ensayos sobre el mito samurái, sobre todo en el ámbito de la divulgación, siendo algunos de ellos interesantísimos y de lectura más que recomendable. El problema con estos libros es que muchos de ellos se hacen pasar —

voluntaria o involuntariamente— por libros de Historia, cuando en realidad son libros de historias. Estas historias están aún más presentes en novelas o películas, pero el público se aproxima a estos productos dando por supuesto que lo que va a leer o ver es una ficción más o menos basada en hechos históricos, no una realidad, por lo que no contribuyen demasiado a fomentar el mito samurái como algo verdadero. Pero desgraciadamente esto sí sucede con mucha de la literatura de divulgación sobre este tema —y no con la académica—.

A cualquier cosa que venga de Japón, o de Asia Oriental en general, en Occidente casi de forma automática se le presupone un carácter antiguo y tradicional, usando rápidamente el adjetivo «milenario» al hablar de ello. Y además de ser muy antiguo, todo es también muy profundo, filosófico y místico, imbuido de un espíritu en el que se mezclan extrañas religiones y mitologías —milenarias, obviamente— con valores como el honor, el deber y la lealtad, que quizá debieran ser universales, pero que, por poco comunes, suenan exóticos. Así, el mito samurái se encuentra perfectamente cómodo dentro de este imaginario colectivo acerca de «lo japonés» o «lo oriental». Porque el mito samurái tiene todas esas características que hemos enumerado, se supone que los samuráis eran guerreros milenarios —esto sí podríamos concedérselo— que se comportaban conforme a un estricto código del honor y al zen, lo que los hacía ser leales hasta las últimas consecuencias, prefiriendo la muerte antes que sufrir la vergüenza de la derrota —y este estereotipo está tan difundido e instalado que no es necesario describirlo más aquí—. Pero en nuestro relato hemos visto treguas utilizadas para acabar con defensas enemigas antes de volver a atacar, hijos ejecutando a padres, hermanos que ordenan acabar con hermanos, masacres entre población civil a cuyos cadáveres se corta la nariz, familias enteras ejecutadas para acabar con un apellido, estratagemas para controlar a un niño de cuatro años sentado en un trono, cambios de bando en el último momento decidiendo importantes batallas -Dan no Ura y Sekigahara, nada menos-, etcétera. Todo esto no convierte a los samuráis en unos guerreros desalmados, traicioneros y sin ningún sentido de la ética, al menos no en peor medida que los guerreros de cualquier otro momento y lugar. Pero tampoco los convierte en nada mejor.

Periodo Edo, la creación del mito

Como hemos visto ya, los samuráis existieron durante aproximadamente mil años, así que, cuando hablamos de ellos, deberíamos especificar siempre el momento concreto del que hablamos, porque un samurái del siglo XII se parece muy poco a uno del XIX. Pero no, todas aquellas ideas que la mayoría de gente tiene sobre ellos, el famoso mito samurái, parece que aplican a absolutamente todos, como si fueran algo que no hubiese cambiado a lo largo de un milenio, nada más y nada menos. Entiendo que en este punto del libro, tras haber repasado ya toda la historia de los samuráis, ya sabemos que no es así, y hemos aprendido a ver una evolución de las distintas características que conforman lo que era un samurái, de Minamoto Yoritomo a Fukuzawa Yukichi.

Por simplificar y hacerlo más fácil de entender, suelo explicar que, como mínimo, deberíamos distinguir dos tipos de samuráis muy distintos entre ellos, estableciendo una línea divisoria a principios del siglo XVII, si lo queremos concretar aún más, en el año 1615. Porque, como sabemos, ese año se dio la última batalla samurái durante más de dos siglos, ya que después no volvería a haber guerras hasta mediados del siglo XIX. ¿Cuál es la principal diferencia entre estos dos grupos de guerreros? Pues una extraordinariamente importante, y es que unos participaban en guerras y los otros no. Casi nada. Los primeros, los que sí luchaban, existieron durante más de siete siglos, mientras que los otros lo hicieron durante más de dos. Lógicamente, durante esos siete siglos en los que sí hubo guerras, no había batallas siempre, cada día, cada año, en absoluto, también hubo periodos de paz, pero nunca tan largos como dos siglos; seguramente, nunca nada lo suficientemente largo como para que un samurái no entrase en combate ni una sola vez en su vida. Así, podría parecer que los guerreros del primer grupo, que se dedicaban a lo que en teoría debían dedicarse como guerreros y que además existieron durante mucho más tiempo, deberían ser los que definiesen en realidad lo que sabemos de ellos. Cuando se habla de cómo eran los samuráis, cómo entendían el mundo, qué valores tenían, etc., deberíamos hablar de estos samuráis. Sin embargo, no sucede así, porque lo que la mayoría de gente conoce de los integrantes de este primer grupo resulta que nos lo han explicado los del segundo. Y no sólo eso, además la mayor parte de todo ello se lo inventaron.

Expliquémoslo. Para ello, vamos a retomar algunos elementos que hemos visto ya en capítulos anteriores. El primero de ellos es un conjunto de leyes promulgadas por Toyotomi Hideyoshi. Primero, la que establecía que cada persona tendría el oficio que hubiera tenido su padre, por lo que ya sólo sería samurái quien hubiera nacido en una familia samurái. También otra según la cual los guerreros cobrarían un sueldo público, independientemente de su trabajo, sueldo que sería más o menos alto dependiendo de su rango, pero ya no establecido por el número de cabezas recolectadas en la batalla. Pues bien, estas leyes de Hideyoshi —y muchas otras— fueron adoptadas por el gobierno de los Tokugawa, así que estuvieron vigentes durante mucho tiempo. Uno de los problemas que toda esta situación provocó es que, al no haber guerras, los samuráis ya no morían en el campo de batalla antes de llegar a la treintena y habiendo dejado sólo dos o tres hijos, sino que lo hacían de viejos y con una descendencia considerable. Así, no sólo cobraban su sueldo público durante muchos años, además, daban lugar a una segunda generación de samuráis mucho más numerosa, un montón más de guerreros que cobraban un sueldo, vivían muchos años y tenían muchos hijos, que también eran samuráis. Tras más de dos siglos, tenemos sobre la mesa un gran problema económico. En épocas de escasez, con grandes hambrunas entre el campesinado, resultaba ciertamente complicado justificar ante la población la existencia de un grupo social tan numeroso y privilegiado. Sobre todo cuando la ideología oficial del shōgunato, el neoconfucianismo —lo hemos visto también en un capítulo anterior—, insistía en que cada uno tenía como misión desempeñar lo mejor posible el papel que le había tocado jugar por nacimiento dentro de la sociedad. Pero, ¿no se supone que el papel que debe jugar un guerrero es el de hacer la guerra? ¿Cómo era posible que el grupo social que gobernaba y contaba con más privilegios fuese el primero en incumplir con esta máxima del neoconfucianismo que ellos mismos defendían? Los intelectuales neoconfucianos eran los primeros interesados en sostener un sistema que los beneficiaba tanto a ellos, por lo que se encargaron de buscar una solución a este problema. Así, la narrativa oficial pasó a afirmar que el papel principal de los samuráis, a falta de guerras, sería el de servir como ejemplo viviente de las virtudes neoconfucianas, un modelo ético para el resto de la sociedad.

Este es el relato que se empezó a imponer a diferentes niveles durante décadas. Vamos a centrarnos en uno de ellos, el de la literatura. El periodo Edo fue uno de los momentos de máximo esplendor de las artes japonesas, entre ellas, la literatura popular; en las grandes ciudades que crecieron por todo Japón se consumía mucho entretenimiento, en general, y se imprimían muchos libros de todo tipo, gracias al adelanto técnico que suponía la imprenta de tipos móviles y también a la técnica del grabado en madera, que floreció en esta época. Y la gente de las ciudades compraba todos estos libros y folletines, que tenían mucho éxito. En el caso de los samuráis, ellos eran tanto consumidores de este material como autores, porque eran los que tenían la suficiente cultura y el suficiente tiempo libre como para dedicarse a ello, aunque también había autores de otras clases sociales. Estos guerreros reconvertidos en burócratas con mucho tiempo libre empezaron a sentir una especie de nostalgia de lo que ellos mismos, como grupo, habían sido en el pasado, cuando eran realmente guerreros, y trasladaron ese sentimiento a sus obras. Los propios samuráis del periodo Edo eran muy críticos con su actual papel de contables y administrativos, y se produjo entonces una sublimación y un ensalzamiento de las supuestas gestas de sus antepasados, recuperando y reescribiendo las crónicas de antiguas guerras, los *gunki monogatari* de los que hemos hablado antes; publicaron también muchísimas novelas, donde los samuráis eran siempre los héroes; se popularizó el teatro, ya fuera *kabuki* o *bunraku*, el teatro de marionetas japonés, donde los samuráis también eran los héroes; y finalmente, importante, se escribieron muchos códigos éticos, unos libros que escribían los propios samuráis explicando cómo debía comportarse un samurái, porque, recordemos, se suponía que tenían que ser un buen ejemplo para la sociedad, así que debían que ser leales, obedientes, virtuosos, compasivos, generosos, etc. Pues bien, todas estas historias tenían una cosa en común, y es que atribuían todas esas virtudes de los códigos éticos, las que supuestamente debería tener un samurái, a los samuráis del pasado. Y digo «del pasado» porque el gobierno Tokugawa prohibía escribir obras de ficción que estuviesen situadas en el presente, para evitar críticas al sistema, por lo que todas estas historias se situaban en siglos anteriores. Por ejemplo, la obra de ficción más famosa de las que recogieron la historia de «los 47 rōnin», llamada *Kanadehon Chūshingura*, en lugar de estar ambientada a principios del siglo XVIII, cuando realmente sucedieron los hechos, lo está en el periodo Nanbokuchō, es decir, en el siglo xiv. Con todo ello, resulta que los samuráis de los siglos xvii, xviii y xix, directa o indirectamente, nos estaban diciendo que los samuráis de los siglos anteriores vivían conforme a los valores propios del periodo Edo. Y por eso decía antes que lo que la mayoría de gente conoce de los samuráis de la antigüedad resulta que nos lo han explicado los del periodo Edo, y que, además, la mayor parte de todo ello se lo inventaron. Los samuráis protagonistas de estas obras de ficción situadas en siglos anteriores tenían que ser un dechado de virtudes, obviamente, y por eso eran los héroes de todas esas historias. Para el papel de antagonista se inventó un personaje que era todo lo contrario, y así nacieron los ninja, pero eso es otro tema. En el caso de los *gunki monogatari*, que no eran —en principio— obras de ficción, normalmente la publicación de los mismos recaía en las nuevas generaciones del clan del que hablaba la crónica en cuestión y cuando un samurái veía que, según esta, su tatara-tatarabuelo había hecho algo que no era correcto éticamente conforme a los estándares del periodo Edo, pues lo habitual era retocar esa parte para que encajase con ellos. Adaptaron toda esa literatura de una manera parecida a la que, por poner un ejemplo contemporáneo, en la actualidad a veces se modifican películas antiguas de, por ejemplo, Disney porque contienen elementos que no encajan con nuestros valores actuales —comentarios machistas, racistas, etc.—. En el caso de los códigos éticos, lo irónico de todo esto es que solía ponerse como ejemplo del comportamiento correcto de un samurái precisamente a los guerreros de siglos anteriores, cuando la realidad era que únicamente se comportaban así en la ficción y en las crónicas guerreras retocadas.

Y no fue únicamente desde el ámbito de la literatura y el arte donde se potenció esta narrativa. Como decíamos, la idea había surgido de los intelectuales neoconfucianos, y ellos también trabajaron, escribiendo y enseñando, para convertir todo este relato en la verdad hegemónica. Dentro de este ámbito destacó un discípulo de Hayashi Razan llamado Yamaga Sokō (1622-1685), un samurái que, al igual que casi todos estos teóricos, había nacido ya en época de paz y no había tenido que sacar su espada de la vaina más que para limpiarla. Teniendo ya cuarenta años, Yamaga renegó de la doctrina neoconfucianista que había estudiado toda su vida para abogar por los textos originales del confucianismo, lo que provocó que fuese desterrado de Edo por ir en contra de la ideología

Los 47 *rōnin*

El incidente de Akō, la historia de los 47 rōnin es, sin ninguna duda, uno de los episodios de la historia más populares en Japón, es casi una leyenda nacional y se ha recreado en multitud de obras de teatro, novelas, series y películas; de hecho, solo unas semanas después del suceso ya se representaba en Edo una versión en teatro de marionetas. Aunque se trata de una historia real, en muchas de sus representaciones se ha ficcionado lo sucedido, añadiendo cada vez más subtramas y personajes adicionales. En Occidente también se convirtió en una historia bastante popular a finales del siglo XIX, al aparecer en 1871 en el libro *Tales of old Japan*, escrito por un diplomático inglés destinado a Japón llamado A. B. Mitford (1837-1916).

Los hechos —que relatamos aquí de forma muy resumida— se inician en 1701, cuando el daimyō Asano Naganori (1667-1701), de la provincia de Harima, atacó a un oficial del bakufu llamado Kira Yoshinaka (1641-1703), quien como maestro de ceremonias estaba instruyéndole acerca del protocolo necesario para una tarea que se le acababa de asignar dentro del Gobierno. Asano se sintió profundamente ofendido e insultado por el trato recibido por parte de Kira y decidió acabar con él, aunque su ataque falló y solo consiguió hacerle una herida en la frente. Como en aquel momento ambos se encontraban en la residencia del shōgun, la agresión se consideró una grave ofensa al bakufu mismo, por lo que Asano fue condenado a morir haciéndose seppuku y a que su familia perdiese su feudo —un territorio llamado Akō— y todas sus propiedades, quedando todos sus vasallos automáticamente convertidos en rōnin. Algunos de ellos decidieron vengar la muerte de su señor acabando con Kira, a quien suponían culpable de lo sucedido, pero creyeron que antes sería necesario dejar pasar un tiempo y atacar solo cuando su objetivo no temiese ninguna venganza y estuviese confiado, por lo que durante meses fingieron dedicarse a todo tipo de trabajos o sirvieron a otros señores. Estaban liderados por quien había sido el consejero principal del daimyō, Ōishi Yoshio (1659-1703) —aunque ha pasado a la historia como Ōishi Kuranosuke, siendo esta última palabra en realidad su cargo—, quien se trasladó a Kioto y allí se dedicó a beber y a frecuentar burdeles, lo que llegó a oídos de Kira y le hizo creer que el principal vasallo de Asano no parecía tener demasiadas ganas de vengar a su señor. Mientras tanto, algunos de los otros rōnin habían vuelto a Edo y se habían conseguido infiltrar en la residencia de Kira para recopilar todo tipo de información acerca de la vivienda en sí y de los soldados y el resto de sirvientes. Habiendo pasado más de año y medio desde la muerte de Asano, Ōishi volvió también a Edo en secreto para reunirse con sus hombres —entre los que se incluía su propio hijo— y empezar su misión. El 14 de diciembre de 1702, en una madrugada azotada por una gran tormenta de nieve, atacaron la residencia de Kira, a quien, tras acabar con sus guardias, encontraron escondido en un cobertizo. Una vez apresado, Ōishi le explicó quiénes eran y a qué habían venido, pidiéndole entonces que

Fig. 12.1. Estatua de Oishi Kuranosuke, Tokio. Fotografía tomada por el autor, febrero de 2015.

se hiciese seppuku para reparar su ofensa; pero como Kira se negó a hacerlo, el propio Ōishi acabó con él, decapitándolo. Y con su cabeza en un balde, se dirigieron tranquilamente hasta el templo Sengaku-ji, donde estaba enterrado Asano, para ofrecerla ante su tumba y esperar allí el castigo que el bakufu les quisiera imponer. Finalmente, casi dos meses después, se les condenó a morir por seppuku y fueron enterrados en el mismo templo, junto a su señor.

El Gobierno se había encontrado ante un dilema, puesto que, por un lado, el comportamiento de los rōnin era merecedor del peor de los castigos, al haber atacado a un oficial del shōgunato, pero, por otro lado, también se habían comportado conforme al ideal de lealtad al superior que tanto defendían las doctrinas neoconfucianistas promocionadas por el propio bakufu Tokugawa. Por ello, se optó por una solución salomónica: los rōnin merecían la muerte por su crimen, pero se habían ganado el derecho a que esta fuese lo más honorable posible, muriendo por seppuku en lugar de simplemente cortárseles la cabeza como a vulgares criminales. Además, desde un punto de vista práctico, la venganza consiguió un objetivo adicional, pues el shōgunato decidió restablecer la casa Asano, permitiendo al hermano menor de Asano Naganori heredar el título y las posesiones, aunque estas pasaron a ser una décima parte de las que solían ser.

Las tumbas de los 47 rōnin pueden visitarse aún actualmente en el Sengaku-ji, así como un pequeño museo dentro del recinto del templo, donde se exponen algunas prendas de ropa hecha jirones y lo que queda de algunas armas y cotas de malla de fabricación casera, junto con algunos documentos que los rōnin llevaban con ellos, como el plano de la casa de Kira, un papel del que tenían una copia cada uno, en el que se explica las razones y el plan de los rōnin, firmado por Oishi, y otro escrito que colocaron sobre la tumba de Asano junto con la cabeza de Kira en el que, de nuevo, se explica lo sucedido y se dedica la hazaña a la memoria de su señor. El más curioso de estos documentos es sin duda el recibo que guarda el templo dando fe de la devolución de la cabeza de Kira a su familia, como si se tratase de cualquier objeto o mercancía.

oficial del bakufu. Pasó el resto de sus años en distintos lugares de Japón, dedicándose a escribir acerca del camino del samurái —uno de estos lugares fue el feudo de Akō, vinculándolo así a la famosa historia de los 47 rōnin—, influyendo a las siguientes generaciones de intelectuales que trataron el mismo tema.

Pero, veamos, si los samuráis de antes del siglo XVII, de cuando realmente tenían que combatir en el campo de batalla, no eran como nos dicen los samuráis de después del siglo XVII, ¿cómo eran? Pues, de nuevo, no hay una respuesta válida para todos, en primer lugar, porque seguimos hablando de unos setecientos años, nada más y nada menos. Pero, además, y para no entrar en muchos detalles específicos, también porque deberíamos establecer, como mínimo, dos categorías de samuráis muy distintos. Hablemos primero del que solía ser un soldado de infantería, el ashigaru. Además de este dato, que es un soldado de infantería, es decir, que va a pie, lo principal que hay que tener en cuenta es que —como hemos dicho en un capítulo anterior— la grandísima mayoría de ellos eran en realidad campesinos. No eran soldados profesionales, eran campesinos que trabajaban las tierras de un señor samurái, y cuando este señor samurái iba a la guerra, para conquistar otro territorio o para defender el suyo, estos campesinos eran reclutados para luchar por él. En algunos casos, el señor samurái les proporcionaba armas y una armadura ligera, pero lo más habitual era que tuviesen que apañarse ellos como pudieran, y normalmente iban mejorando su equipamiento con lo que cogían de los enemigos o compañeros caídos en combate. En la ficción, como en las magníficas películas de Kurosawa, suelen ir perfectamente uniformados, pero la realidad no solía ser tan estética. Normalmente tampoco cobraban por su servicio, y se les recompensaba permitiéndoles saquear el territorio conquistado o a los enemigos caídos. Entonces, respecto a este tipo de samurái —un samurái a jornada parcial, podríamos decir—, ¿cómo eran? ¿Cómo veían el mundo? ¿Qué valores tenían? Pues creo que es muy fácil responder a todo ello, porque este pobre tipo lo único que quería era sobrevivir, que se acabase la guerra, y volver a casa con su familia y sus campos, que ya era suficientemente dura la vida de campesino como para además tener que andar jugándose el pellejo en el campo de batalla por orden del mismo samurái que se llevaba el 60 o 70% de sus cosechas. A este mejor no le hablemos de códigos de honor ni nada parecido, o se nos echará a llorar.

Vamos, pues, con el otro tipo de samurái, el que solemos ver pertrechado con su armadura y a lomos de un caballo, el soldado de caballería, el que era propiamente un samurái, siempre, no sólo cuando había guerra, el que podía ser de mayor o menor rango, pero formaba parte de la élite samurái por nacimiento. Aunque también podía accederse a este estatus viniendo desde otra clase social, porque hablamos de antes de que Toyotomi Hideyoshi prohibiese la movilidad entre clases, como hemos dicho antes. Muy bien, entonces este sí es el samurái del que hablaban los samuráis del siglo xvii en adelante, al que atribuían todos esos códigos éticos y de honor. El problema está en que toda esa ética de los samuráis de siglos posteriores a estos ni se les pasaba por la cabeza, principalmente, porque estaban demasiado ocupados haciendo la guerra. Y sus guerras eran por motivos materiales, no éticos, porque la riqueza se basaba principalmente en la agricultura, los recursos naturales, y los impuestos que se cobraban por cultivar la tierra, así que cuanto más territorio se poseía, más riqueza se conseguía. Las guerras eran para conseguir más territorios o para mantener los que se tenían ya, las guerras eran -como ahora y siempre, en Japón y en todo el mundo- por dinero. El señor samurái quería más tierras y sus vasallos querían hacer méritos en la guerra para obtener una recompensa mayor tras la victoria, una recompensa que se otorgaba en base a méritos contabilizables —las cabezas de enemigos, recordemos—, y no en base a méritos éticos. Lo más parecido al honor para estos guerreros era la reputación, pero la reputación se conseguía en función de las victorias, no en función de cómo se hubieran conseguido éstas. Por poner un símil, lo importante era el resultado del partido, ganar, y no si se había conseguido de una manera más entretenida para el público del estadio, o incluso haciendo trampas. Por eso, si repasamos la historia —y lo hemos hecho—, vemos tanto actos que podrían parecer heróicos o virtuosos como otros que resultan éticamente condenables.

En conclusión, que los samuráis que luchaban en el campo de batalla no eran como los del siglo xvii en adelante nos dijeron que eran, porque, en realidad, tenían una única y sencilla ideología por la que regían sus actos cuando estaban en el campo de batalla: sobrevivir. Que tampoco parece mala ideología para un guerrero, por otro lado. Lo cierto es que, si tuviésemos que elegir una virtud de estos primeros samuráis, esta no sería el honor, sería el pragmatismo. Puede resultar complicado para nosotros —desde nuestro siglo xxi y nuestro pensamiento occidental de tradición cristiana—, pero deberíamos olvidarnos de conceptos como «justo» e «injusto», «bien» y «mal», «honroso» y «deshonroso», antes de juzgar las acciones de estos guerreros. Seguramente Minamoto Yoritomo no tuvo ningún debate moral cuando ordenó la muerte de su hermano Yoshitsune después de que este hubiese prácticamente ganado las guerras Genpei, sencillamente creyó que era lo que debía hacerse para la estabilidad de su gobierno. Como hemos visto en un capítulo anterior, cuando aparecieron en Japón las primeras armas de fuego, para los samuráis no supuso ningún problema ético empezar a utilizarlas cuanto antes, no las despreciaron por considerarlas poco honorables o contrarias a la tradición de combatir con la katana —o «el alma del samurái» como insisten en llamarla los fans del mito—; primero, porque la principal arma samurái siempre fue el arco, cuya característica básica es la misma que la del arcabuz: matar desde lejos; y segundo porque, en un contexto de guerra civil absoluta, los bushi no estaban para cuestiones metafísicas y sí para evidencias pragmáticas. Así, durante todos estos siglos, las treguas se rompían, las promesas se olvidaban, los vínculos de sangre no importaban. Pero todo ello únicamente si era necesario para vencer, de la misma forma que podía ser necesario mantener una alianza de por vida, pelear hasta la muerte por vengar a un padre o suicidarse antes que caer en manos del enemigo. Todas estas acciones, las que nos parecen viles y las que nos parecen heroicas, para un samurái estaban igual de justificadas si eran necesarias para vencer —en el sentido amplio de la palabra—.

Periodo Meiji, la promoción del mito

Con la llegada del periodo Meiji, en 1868, llegó la modernidad a Japón —recordemos , una modernidad que, en realidad, debe entenderse como un sinónimo de occidentalización. Japón quería dar al mundo una imagen de país moderno y «civilizado», entre otros motivos, porque habían visto lo que le había pasado a China por intentar resistirse a esta modernidad, cuando los británicos les habían pasado por encima y las potencias se habían repartido su territorio. Y eso de tener una casta de guerreros con espada y lanza que además cobraban un sueldo público y heredaban su posición, no resultaba nada moderno para los estándares occidentales, por lo que decidieron abolir la clase samurái. También confluyeron otros motivos, como que sus sueldos suponían ya el 50% de los ingresos del país, a causa de lo que comentábamos antes, que cada vez había más samuráis y cada vez vivían más años, y un país que tenía que industrializarse y construir, por ejemplo, miles de kilómetros de líneas ferroviarias, no podía permitirse un gasto tan descomunal en algo tan innecesario. Pero no bastaba con eliminar a estos guerreros de su presente, también era necesario «civilizar» su pasado, convenía presentar a los samuráis como un grupo social con fuertes valores éticos y morales para hacerlos parecer menos primitivos. Para ello, el nuevo gobierno Meiji —que, recordemos, estaba formado por exsamuráis de Satsuma y Chōshū—, pese a acabar tanto con el suyo como el resto de grupos sociales diferenciados, rescató, renovó y promovió esa filosofía del samurái ideal que se había empezado a crear durante el periodo Edo. Esto se hizo en un principio para fomentar la lealtad hacia el emperador, que era el pilar sobre el que se sustentaba todo el nuevo sistema, una lealtad que era fácil equiparar con la del vasallo samurái hacia su señor. Sorprendentemente, se acabó potenciando una imagen parecida a la de los caballeros europeos, especialmente los ingleses, que se tomaron como modelo.

En este proceso fue clave un discípulo de Fukuzawa Yukichi llamado Ozaki Yukio (1858-1954) —que llegaría a ser durante décadas un importante político de ideas progresistas—, quien a finales de la década de 1880 participó en un viaje que le llevó a Estados Unidos y a algunos países europeos. En Inglaterra quedó tan impresionado con la sociedad de la entonces primera potencia mundial que decidió estudiarla a fondo. Llegó entonces a la conclusión de que uno de los motivos por los que eran el país más avanzado del mundo era una cualidad que tenían sus habitantes, el *gentlemanship* —prefiero mantener la palabra inglesa antes que su traducción, «caballerosidad», que podría ser confusa, como se verá—, una educación refinada y cortés que, al mismo tiempo, daba mucha importancia a la honra, la reputación, el peso de la palabra dada, etc. Estudiando esta característica, Ozaki vio que conectaba con la tradición europea de los caballeros andantes medievales —especialmente los ingleses, obviamente—, y pensó que, de la misma forma, en Japón podría promoverse un comportamiento parecido basándose en sus propios caballeros medievales, los samuráis. Acuñó para ello el término «*shinshi*» como sinónimo de «*gentleman*» y escribió muy prolíficamente sobre el tema. En especial, participó de forma muy activa en una revista fundada en el año 1898 y llamada precisamente *Bushidō Zasshi* (Revista Bushidō), en la que muchos intelectuales de diferentes orígenes y tendencias teorizaron sobre la identidad del pueblo japonés, sobre el mito samurái y los textos del periodo Edo que hablaban del mismo, y sobre cómo Japón debería afrontar su futuro. Obviamente, se eliminó del discurso cualquier referencia a la relación con el *gentlemanship* y los caballeros medievales europeos, promoviendo la idea de la unicidad y antigüedad de este sistema de valores genuinamente japonés.

No es en absoluto casual que haya sido en este punto, al hablar de 1898, casi ya en el siglo xx, cuando hayamos visto por fin aparecer en la historia la palabra «bushidō». Podríamos haberla usado en párrafos anteriores, al describir esa ideología que en el periodo Edo atribuyeron a los samuráis de épocas pasadas; o podríamos haberla usado aún antes, al explicar que esos bushi de la antigüedad carecían de un código de conducta; o podríamos haberla usado incluso en muchos capítulos de este libro en lugar de estrenarla justo al final, en el Epílogo. Pero, como parte del esfuerzo consciente por permanecer dentro de lo histórico y fuera de lo mítico, lo más acertado ha sido no utilizarla hasta llegar a este momento. Porque es en este momento, en los últimos años del siglo xix, cuando aparece por primera vez —aunque no está claro si con el nombre de la revista o algo antes— por mucho que tengamos la idea preconcebida de que el bushidō es algo —cómo no— milenario. Idea alimentada por gran parte de la literatura de divulgación que trata el tema de los samuráis y nos hace creer que los guerreros del periodo Kamakura ya seguían un estricto código del honor perfectamente estructurado y organizado, conocido como «bushidō».

Así, fue en estos años del periodo Meiji, y como parte de las políticas sociales del nuevo gobierno, cuando se promocionaron las crónicas guerreras y los códigos éticos que hemos visto antes, escritos durante el periodo de paz, y se volvieron a publicar, o se publicaron por primera vez, en algunos casos, —porque en su momento no habían interesado demasiado a nadie—. Hablamos de libros como el *Hagakure* de Yamamoto Tsunetomo (1659-1719), terminado en 1716, pero publicado en Meiji, que constituye un ejemplo paradigmático, y no sólo por su influencia, sino también porque Yamamoto era un samurái que había pasado toda su vida dedicado a tareas administrativas y que ni siquiera había recibido entrenamiento marcial debido a su débil salud desde niño, por lo que el samurái ideal que nos describe en su obra y él mismo no pueden ser más distintos el uno del otro. Hay que nombrar también el excelente *El libro de los cinco anillos* del famosísimo Miyamoto Musashi (c. 1584-1645), escrito en 1645; o el *Budō shoshinshū* de Daidōji Yūzan (1639-1730), quien había sido discípulo de Yamaga Sokō, escrito en

Miyamoto Musashi

Muy probablemente el samurái más popular de la historia sea Miyamoto Musashi, pero si no ha aparecido antes en nuestro relato es porque, pese a su fama, Musashi no tuvo en realidad ninguna relevancia histórica; suele decirse que participó en tres eventos que sí hemos visto aparecer aquí, la batalla de Sekigahara, el asedio al castillo de Osaka y la rebelión de Shimabara. Sin embargo, por un lado, parece demasiada casualidad que participase en las tres batallas o conflictos armados más significativos de su época; y, por otro, si realmente participó en alguno de ellos, lo debió hacer como un simple soldado. En cualquier caso, por lo que es famoso Musashi es por ser un gran duelista, no un gran soldado.

La vida de Musashi ha sido tratada tantas veces en la ficción, y desde hace tanto tiempo —incluso en su misma época— que es complicado separar realidad de fantasía. No sabemos casi nada de su infancia, pues al no pertenecer a una familia importante, sus primeros años no están recogidos en ninguna crónica, y los textos que él mismo escribió estaban principalmente dedicados a asuntos relacionados con la estrategia militar o el combate, dedicando muy poco espacio a datos autobiográficos. Sabemos que nació en la provincia de Harima en torno a 1584 y suele decirse que era hijo de Shinmen Munisai (¿?-¿?), un afamado maestro marcial, pero esto tampoco está confirmado, y pudiera tratarse solo de su maestro. El mismo Musashi sí nos cuenta que su primer duelo fue a los trece años, que el segundo fue a los dieciséis, y que venció en ambos. En torno a esa misma edad es cuando se dice que combatió en Sekigahara para los ejércitos del oeste, aunque muchos historiadores lo cuestionan, tanto que luchase en ese bando como incluso que luchase en esta batalla. Sea como sea, unos años después, a los veintiuno, viajó hasta Kioto para una serie de duelos contra discípulos de una prestigiosa escuela de esgrima de la capital, y él nos dice que venció a sesenta de ellos sin ser derrotado, mientras que en los registros de la familia que dirige la escuela solo se habla de un duelo con Musashi, reconociendo, eso sí, su victoria. Se supone que desde ese momento estuvo viajando por el país sin más destino que ir retando a famosos espadachines, y aquí hay lugar para todo tipo de historias, leyendas y mitos, dentro de la romantizada imagen del rōnin vagabundo que se ve implicado en mil aventuras. Dentro de esta etapa de su vida se dio el más famoso de sus duelos, contra Sasaki Kojirō (¿?-1612), un popular maestro de esgrima que utilizaba un *nodachi* —una espada considerablemente más larga que la katana—, duelo que tuvo lugar en una pequeña isla entre Honshū y Kyūshū que entonces se llamaba Funajima pero que poco después fue rebautizada como Ganryūjima en honor a Sasaki, a quien también se conocía por el sobrenombre de Ganryū. Este encuentro se ha narrado miles de veces, y de muchas

Fig. 12.2. Autorretrato de Miyamoto Musashi, Shimada Museum of Arts, Kumamoto.

formas distintas, pero en lo que se suele coincidir es en que Musashi llegó muy tarde a la cita, que utilizó como arma un largo trozo de madera que había modelado con su wakizashi durante el viaje en barca a partir de un viejo remo, y que acabó con la vida de su oponente. Lo siguiente que sabemos de él es que combatió en las dos campañas del asedio de Osaka, del lado de Hideyori. Poco después entró al servicio de un daimyō de la provincia de Harima y en los años siguientes se dedicó a enseñar su estilo de combate, cuya principal característica era la de usar a la vez las dos espadas samurái, katana y wakizashi, una en cada mano. En 1633, con casi cincuenta años, pasó al servicio del clan Hosokawa, en Kumamoto, y cuatro años más tarde formó parte de las fuerzas enviadas por el bakufu para sofocar la rebelión de Shimabara. Sus últimos dos años los pasó haciendo vida de ermitaño en la montaña mientras escribía *El Libro de los Cinco Anillos*, un tratado sobre estrategia militar, técnica de combate y filosofía del samurái que terminó apenas dos semanas antes de morir.

Miyamoto Musashi se hizo relativamente célebre ya durante su vida, encarnando supuestamente la perfecta figura del samurái romántico tan apreciado en las novelas del periodo Edo, pero su gran popularidad no se dio hasta mediados de la década de 1930, cuando el escritor Yoshikawa Eiji (1892-1962) empezó a publicar por capítulos su libro *Miyamoto Musashi* en el diario *Asahi Shinbun*; especializado en novela histórica. Yoshikawa basó su relato tanto en la documentación existente como en las leyendas y fantasías que circulaban sobre Musashi, añadiendo además su propia ficción. Pese a tratarse de una novela —una excelente novela—, su gran éxito y las décadas transcurridas desde su publicación han hecho que mucho de lo que en ella se narra haya acabado pareciendo algo que hubiera sucedido en realidad, teniéndose por cierto en la actualidad. De la obra del propio Musashi se reconoce su habilidad como pintor y calígrafo, pero sobre todo ha tenido mucho éxito su libro, aunque de un modo algo extraño, siendo citado habitualmente como libro de cabecera de grandes ejecutivos y empresarios, algo parecido a lo que sucede con *El Arte de la Guerra* de Sun Tzu o *El Príncipe* de Niccolò Machiavelli (1469-1527).

la década de 1720. Además de recuperar textos antiguos, también se escribieron otros que iban en la misma línea, y el mejor ejemplo de ello es, sin duda, el influyente y famosísimo *Bushido, the soul of Japan*, de Nitobe Inazō (1862-1933), que fue escrito en el año 1899. He utilizado aquí su nombre en inglés —y no el original japonés o la traducción al castellano, como en el resto de obras citadas— porque, en este caso, el nombre en inglés es precisamente el original. Así, resulta que la obra clásica y más conocida acerca del supuestamente milenario código del honor samurái la escribió en inglés un economista japonés cristiano que apenas conocía la historia de Japón y sin apenas usar fuentes japonesas, mientras vivía en Estados Unidos, y ya casi en el siglo XX. La educación de Nitobe había sido toda en inglés, primero en una escuela cristiana en Hokkaidō y después ya en Estados Unidos, y su fe cristiana le llevó a querer encontrar en su propia cultura un equivalente al sistema de valores y la ética del cristianismo, y lo acabó encontrando en el bushidō. Quiso entonces dar a conocer esta ideología al resto del mundo y, de paso, la atribuyó a toda la sociedad japonesa, no solo a los samuráis, como ya adelantaba en el título mismo.

Tras todo lo explicado, vemos como el discurso y la teoría del bushidō es en realidad algo muy nuevo, de poco más de un siglo, una ideología que se creó desde la revisión romántica e interesada del pasado, no basada en hechos históricos, pese a pretenderlo, pues sus teóricos tenían como fuentes únicamente algunos textos escritos en el periodo Edo, pero casi nunca anteriores. En ella confluyen elementos tomados de aquí y de allá, de la ética confuciana, de los caballeros andantes europeos, del cristianismo o del shintō. Merece la pena aclarar que este shintō citado ahora también estaba en esos mismos momentos del periodo Meiji redefiniéndose y reinventándose desde el nuevo estado moderno japonés, mezclándolo también con elementos propios del confucianismo y el cristianismo. Estaba, por tanto, alejándose de la esencia del shintō antiguo donde, por ejemplo, no había ninguna causa lo suficientemente importante como para dar la vida por ella porque no existía nada tras la muerte, ningún premio o castigo por la vida que se hubiese llevado —ni siquiera contaba con una doctrina definida—. Pero esto chocaba frontalmente tanto con el bushidō como con los intereses del gobierno de la época y, aún más, de los posteriores. Porque en todo este tema, el papel de los sucesivos gobiernos japoneses es crucial. Por un lado, el contacto con el resto del mundo después de más de dos siglos de aislamiento hizo que en el Japón Meiji surgiera un sentimiento patriótico y nacionalista que hasta entonces no había sido necesario, y por otro, este mismo sentimiento fue aprovechado, canalizado y potenciado por el Estado para unificar en una sola identidad nacional lo que hasta entonces había sido una considerable pluralidad regional. Y este proceso fue acentuándose y pervirtiéndose con el paso de las décadas, arrastrando con ello también al mito samurái.

Primera parte del periodo Shōwa, la corrupción del mito

Los gobiernos Meiji y Taishō (1912-1926) se beneficiaron de esta ideología bushidō paulatinamente inculcada a toda la población, siendo una de las diversas bases sobre las que se apoyó el militarismo japonés, especialmente durante la Primera Guerra Sino-japonesa, en 1894-1895, o la Guerra Ruso-japonesa, en 1904-1905. Pero fue posteriormente, ya en el periodo Shōwa (1926-1989) y especialmente durante la Segunda Guerra Mundial, cuando esta utilización interesada del bushidō llegó a su máxima expresión. Porque el gobierno militarista japonés de las décadas de 1930 y 1940 también promovió la supuesta «ética samurái», y tanto la educación como la religión de esta época se utilizaron como herramientas para promover y potenciar este mito, ya que valores como la lealtad al superior o la obediencia hasta el último límite resultaban especialmente interesantes para un gobierno que estaba llevando el país a la guerra. Así, desde el principio del expansionismo japonés del siglo XX se utilizó la figura del bushi para motivar a los soldados, y se suponía que todos ellos, e incluso todos los japoneses, de hecho, eran samuráis contemporáneos que debían mostrar una lealtad inquebrantable hacia su superior, el emperador, que era también la representación terrenal de la kami Amaterasu. Como ejemplo material de este relato, nada mejor que las *guntō*, «espada del ejército», o *shinguntō*, «nueva espada del ejército», unas katanas hechas en serie, la mayoría de ellas de baja calidad, que fabricó Japón para sus oficiales y soldados. La mayoría de ellos, por pura estadística, eran descendientes de campesinos, pero eso no importaba, ahora eran leales samuráis del emperador y, como tales, debían llevar una katana, aunque no supiesen usarla y su calidad tampoco soportase un combate real. Lo importante era el simbolismo, el relato. Otro ejemplo de esto mismo —pero aún más triste— lo vemos hacia el final de la Segunda Guerra Mundial, cuando, tal y como hemos explicado en un capítulo anterior, se creó la Shinpū tokubetsu kōgeki tai, recurriendo a la historia samurái al elegir precisamente esa palabra, «shinpū», «viento divino», para el nombre de la unidad de pilotos suicidas. Unos pilotos muy jóvenes, que habían sido educados desde niños bajo toda esta narrativa nacionalista de identificación de todos los japoneses con los samuráis del pasado, siempre leales y dispuestos a dar la vida por su señor. No es casual que estos pilotos, antes de despegar para su última misión, celebrasen un ritual prácticamente calcado a la ceremonia que llevaban a cabo los samuráis antes de cometer seppuku, bebiendo un poco de sake y componiendo un poema de despedida, antes de subir al avión llevando además una cinta de tela sobre la frente. Puro mito samurái.

Curiosamente, todo este mito fue utilizado en cierta forma incluso por los enemigos de Japón en este último conflicto, para retratar a los japoneses como unos seres sin emociones ni sentimientos, unos robots movidos únicamente por estrictos códigos de conducta. Así, vemos su huella clarísima en uno de los retratos de la sociedad japonesa más influyente en Occidente durante décadas, *El crisantemo y la espada*, de la antropóloga estadounidense Ruth Benedict (1887-1948). Fue escrito por encargo del gobierno de su país y sin llegar a pisar Japón, solamente a partir de literatura japonesa y entrevistas a japoneses residentes en Estados Unidos, sin duda, unas fuentes muy pobres y poco habituales para un estudio antropológico. El resultado es un trabajo muy sesgado y repleto de tópicos, lo cual tampoco sería nada trágico, de no ser porque sus conclusiones constituyeron parte del andamiaje ideológico utilizado para justificar la necesidad de lanzar dos bombas atómicas sobre Japón. El mito samurái es muy atractivo, sin duda, y contiene muchos valores muy recomendables, pero también es muy peligroso si cae en malas manos, como pasó entonces, tanto primero en manos japonesas como después en manos estadounidenses.

Segunda parte del periodo Shōwa y posteriores, la domesticación del mito

Debido a esta vinculación tan clara de la ideología bushidō con el ultranacionalismo japonés, tras la guerra todo lo relativo a los samuráis quedó tanto marginado por la avergonzada población japonesa como prohibido por las fuerzas de ocupación estadounidenses. De hecho, se llegaron a prohibir las artes marciales durante los primeros años de la postguerra y, cuando se fueron volviendo a permitir, lo hicieron primero aquellas que tenían un carácter más deportivo, como el judo, mientras que otras más relacionadas con los samuráis, como el kendo, tuvieron que esperar algo más. Para la sociedad japonesa, sin embargo, el bushidō continuó siendo un tema muy incómodo durante décadas, algo de lo que no se hablaba, sobre todo porque, cuando asomaba la cabeza, solía hacerlo de alguna forma aún muy relacionada con los años más oscuros de la historia japonesa reciente.

Por ejemplo, el 12 de octubre de 1960. Ese día, el líder del Partido Socialista de Japón, Asanuma Inejirō (1898-1969), estaba participando en un debate político televisado y, justo cuando se encontraba en medio de su intervención, un ultranacionalista de sólo 17 años, hijo de un alto cargo de las Fuerzas de Autodefensa de Japón, se coló en el escenario, abalanzándose sobre él y hundiéndole en el abdomen nada menos que un wakizashi de 33 centímetros de largo. Asanuma falleció antes de llegar al hospital. El asesino fue detenido y, un par de semanas después, estando recluido en un centro de detención juvenil, mezcló un poco de pasta de dientes con agua y usó el mejunje resultante para escribir en la pared de su celda «Larga vida al emperador, siete vidas por mi país», siendo esta segunda parte de la frase —supuestamente— las últimas palabras de Kusunoki Masashige, aquel samurái del siglo XIV que hemos visto en un capítulo anterior, antes de suicidarse, en aquella batalla imposible a la que fue, pese a saber que sería la última, por obedecer las órdenes del emperador. Después de escribir esto, el joven fabricó una cuerda con trozos de su sábana y la usó para ahorcarse. De nuevo, la conexión entre el mito samurái y el entonces avergonzante recuerdo del ultranacionalismo japonés.

Otro ejemplo de esta conexión, que supuso un gran impacto en la sociedad japonesa, fue la muerte, diez años después, del famosísimo escritor Mishima Yukio (1925-1970). Mishima se había ido sintiendo cada vez más atraído por el bushidō y por el nacionalismo, vemos las primeras muestras en el año 1960, con la publicación de una historia corta llamada *Patriotismo*, que cinco años después convirtió en una película de media hora de duración producida, dirigida y protagonizada por él mismo. En 1968 fundó un pequeño ejército privado denominado «La sociedad del escudo», cuyos once soldados juraron con un pacto de sangre proteger al emperador de los comunistas, llegando a tener ochenta miembros en muy poco tiempo. Dos años más tarde, y acompañado precisamente de cuatro oficiales de este ejército personal, Mishima entró en un cuartel de las Fuerzas de Autodefensa en Tokio, retuvo por la fuerza a su comandante, y dio un discurso ante los ochocientos soldados que había al cuartel, con la intención de ponerlos de su lado para iniciar una revuelta que forzase al gobierno japonés a derogar el artículo 9 de su constitución, el que establece que Japón renuncia a la guerra como derecho. Sin embargo, los soldados casi no pudieron oír el discurso de Mishima porque sobre la zona había ya helicópteros de la policía, y lo poco que oyeron, sobre que la constitución estaba equivocada y sobre que el ejército tenía que rebelarse contra ella, no les gustó demasiado, por lo que respondieron con insultos y burlas. Mishima tenía previsto dar un discurso de media hora, pero con siete minutos tuvo suficiente, volvió entonces de nuevo al despacho del comandante y se suicidó a la manera ritual samurái, o casi. Porque él pudo completar su parte con bastante éxito, pero su ayudante, que debía decapitarlo de un corte con una katana del siglo XVI que el mismo Mishima había llevado con él, falló por tres veces, y en lugar de cortar por el cuello lo hizo por la espalda y los hombros, sin llegar a cortar del todo. Fue otro miembro de la Sociedad del Escudo, experto practicante de kendo, quien tomó entonces la espada y, él sí, cortó la cabeza de Mishima de una vez, acabando con su sufrimiento, que en este momento debía ser infernal. Lo sucedido este día –como decíamos– supuso un gran impacto para la sociedad japonesa, que pensaba estar ya lejos de un pasado del que se avergonzaba, pero veía como, un cuarto de siglo después, este volvía a aparecer a ojos de todo el planeta, pues Mishima era un escritor conocido en todo el mundo por su obra literaria.

No fue hasta unos años más tarde que el bushidō pudo por fin empezar a librarse de esa conexión con el ultranacionalismo para pasar a ser visto como algo incluso positivo. Con la fulgurante recuperación económica japonesa, que había llevado al país de estar completamente devastado en 1945 a convertirse en la segunda potencia económica mundial en 1968, y a vivir una década de 1980 de completo desenfreno consumista, el mundo empezó a preguntarse cómo habían conseguido hacerlo. Y la respuesta fácil y más atractiva —aunque alejada de la realidad— la encontraron en la forma de ser japonesa. Tirando de tópicos, de lo escrito por Benedict o Nitobe, y del orientalismo de toda la vida, fueron muchos los que vieron en el milenario bushidō una especie de núcleo del ADN japonés, que igual que les había llevado a ser fanáticos soldados del emperador, les llevaba ahora a trabajar de manera incansable por su empresa, igual que los samuráis del pasado lo hacían por su clan. Y este discurso no llegó únicamente de fuera del país, los propios japoneses también lo hicieron suyo, analizándolo y contribuyendo a él con gran cantidad de libros de lo que se ha denominado «literatura Nihonjinron» o «teorías sobre los japoneses».

El estancamiento económico -en un nivel envidiable, eso sí- en el que se situó Japón en la década de 1990 y en el que sigue aún hoy hizo que toda esta euforia se fuese dejando atrás poco a poco, pero podríamos decir que el núcleo de la misma sigue existiendo. Los gobiernos japoneses actuales continúan promocionando la imagen del samurái y el bushidō, aunque en su variante más blanca e inocua, como parte de lo que ha venido denominándose *soft power*, igual que hacen el resto de países con sus propios elementos culturales. El samurái ya no es un fiero guerrero que recolecta cabezas de enemigos en el campo de batalla, ahora es, por ejemplo, el símbolo de la selección nacional de fútbol, apodada Samurai Blue. Únicamente en la narrativa promocionada por la raquítica ultraderecha japonesa seguimos encontrando vivo el bushidō más conservador y reaccionario, pero, en un país tradicionalmente de gobiernos de derechas, esta postura tan radical es ampliamente ignorada por la grandísima mayoría de ciudadanos.

En Occidente a menudo se continúa utilizando el bushidō al hablar de Japón, relacionándolo con casi cualquier aspecto de su sociedad, algo que no se hace con muchos otros lugares del mundo que también crearon en el siglo XIX visiones románticas de su pasado para definir su identidad, quizá porque, como decíamos al empezar, al hablar de lo japonés, todo nos parece antiguo e invariable, místico y espiritual.

En resumen, podríamos concluir diciendo que la imagen del samurái como caballero del honor la crearon los samuráis que ya no hacían la guerra y posteriormente la promovieron los sucesivos gobiernos japoneses, por diferentes motivos, desde el shōgunato Tokugawa hasta el actual, y prácticamente toda la ficción sobre el tema bebe de esa narrativa. Por el lado académico, esta visión realista del mito samurái como una construcción artificial y moderna es algo muy estandarizado que se da por sentado, tanto en la academia japonesa como en la occidental. Se conoce completamente tanto su creación en los periodos Edo y Meiji, como su interesada promoción posterior, y, aún más importante, los historiadores especializados en el Japón de los siglos XII a XVI afirman no haber encontrado ningún código ético bushi que pudiera considerarse como un precursor de lo que conocemos como bushidō. ¿Significa, entonces, que todo lo que creíamos conocer acerca de los samuráis es una mentira y que su historia no tiene en realidad ninguna gracia? No. Porque, sin necesidad de recurrir al mito y la leyenda, hablando desde un punto de vista historicista y objetivo, la de los samuráis es una historia apasionante por sí misma, que no requiere de más artificios, y cuyo estudio nos puede brindar muchas satisfacciones. Por lo menos, espero que haya resultado así de interesante a lo largo de todo nuestro relato. No debe tomarse tampoco este epílogo como un ataque al mito samurái, porque en absoluto pretende serlo —yo soy el primero a quien le gusta, y que entró en el mundo de lo japonés en buena parte atraido por él—, se trata sencillamente de reivindicar una diferenciación de estos dos ámbitos, la historia y el mito, pues sería conveniente saber cuándo se habla de uno y cuándo del otro. Es entonces cuando se puede elegir cuál de ellos nos gusta más, o, mejor aún, quedarse con las dos, como hago yo.

Bibliografía

Alvar, Manuel. «La embajada japonesa de 1614 al rey de España». *Thesaurus*, Tomo L 1-2-3, 1995, 518-525.

Andressen, Curtis. *A short history of Japan, from samurai to Sony*. Canberra: Silkworm Books, 2002.

Asao Naohiro. «The sixteenth-century unification». Hall, John W., ed. *The Cambridge history of Japan, vol. 4, Early Modern Japan*. Cambridge (Reino Unido): Cambridge University Press, 1991, 40-95.

Bayle, Constantino. *Un siglo de Cristiandad en el Japón*. Barcelona: Editorial Labor, 1935.

Beasley, William G. «The foreign threat and the opening of the ports». Jansen, Marius B., ed. *The Cambridge history of Japan, vol. 5, The Nineteenth Century*. Cambridge (Reino Unido): Cambridge University Press, 1989, 259-307.

Beasley, William G. *La restauración Meiji*. Gijón: Satori Ediciones, 2007.

Bellah, Robert N. *Imagining Japan. The Japanese Tradition and its Modern Interpretation*. Berkeley: University of California Press, 2003.

Benedict, Ruth. *El Crisantemo y la Espada*. Madrid: Alianza Editorial, 1974.

Benesch, Oleg. *Inventing the Way of the Samurai: Nationalism, Internationalism, and Bushidō in Modern Japan*. Oxford: Oxford University Press, 2014.

Berry, Mary Elizabeth. *Hideyoshi*. Cambridge (Estados Unidos): Harvard University Press, 1982.

Boletín de la Real Academia de la Historia. Tomo CCV, Número 1, Madrid: Real Academia de la Historia, 2008.

Bolitho, Harold. «The Myth of the Samurai». Rix, Aland y Ross Mouer, eds. *Japan's Impact on the World*. Melbourne: Japanese Studies Association of Australia, 1984, 2-8.

Bolitho, Harold. «The han». Hall, John Whitney, ed. *The Cambridge History of Japan, vol. 4, early modern Japan*. Cambridge (Reino Unido): Cambridge University Press, 1991, 183-234.

Boxer, Charles R. *The Christian Century in Japan, 1549-1650*. Manchester: Carcanet Press, 1993.

Brading, D.A. «Europe and a world expanded». Cameron, Euan, ed. *The Sixteenth Century*. Oxford: Oxford University Press, 2006, 174-199.

Brower, Robert H. y Earl Roy Miner. *Japanese Court Poetry*. Stanford: Stanford University Press, 1988.

Brown, Delmer M. «The Impact of Firearms on Japanese Warfare, 1543-98». *The Far Eastern Quarterly*, 7 (3), 1948, 236-253.

Brown, Delmer M. y Torao Toshiya, eds. *Chronology of Japan*. Tokio: Business Intercommunications Inc., 1991.

Brown, Philip C. «Unification, Consolidation, and Tokugawa Rules». Tsutsui, William M., ed. *A Companion to Japanese History*. Malden: Blackwell Publishing, 2007, 69-85.

Buruma, Ian. *Inventing Japan, 1853-1964*. Nueva York: The Modern Library, 2004.

De Bary, William Theodore, Donald Keene, George Tanabe y Paul Varley, eds. *Sources of Japanese Tradition: from earliest times to 1600*. Nueva York: Columbia University Press, 2001.

De Bary, William Theodore, Carol Gluck y Arthur E. Tiedemann, eds. *Sources of Japanese Tradition: 1600 to 2000*. Nueva York: Columbia University Press, 2005.

Cabezas, Antonio. *El siglo ibérico de Japón. La presencia hispano-portuguesa en Japón (1543-1643)*. Valladolid: Universidad de Valladolid, 1995.

Cameron, Euan. «The turmoil of faith». Cameron, Euan, ed. *The Sixteenth Century*. Oxford: Oxford University Press, 2006, 145-173.

Chamberlain, Basil Hall. *The Invention of a New Religion*. Londres: Rationalist Press, 1912.

Cooper, Michael. *They came to Japan: An Anthology of European Reports on Japan, 1543-1640*. Berkeley: University of California Press, 1982.

Cooper, Michael. *The Japanese Mission to Europe, 1582-1590*. Folkestone (Reino Unido): Global Oriental, 2005.

Cullen, L.M. *A History of Japan, 1582-1941. Internal and External Worlds*. Cambridge (Reino Unido): Cambridge University Press, 2003.

Deal, William E. *Handbook to Life in Medieval & Early Modern Japan*. Nueva York: Facts on File Inc., 2006.

Delgado, James. *Kamikaze. History's greatest naval disaster*. Londres: Vintage, 2010.

Elison, George. «The priest Keinen and his account of the campaign in Korea, 1597-1598: an introduction». Motoyama Yukihiko, ed. *Nihon kyōikushi ronsō*. Kioto: Kyoto Shibunkaku, 1988, 25-41.

Elisonas, Jurgis. «The inseparable trinity: Japan's relations with China and Corea». Hall, John Whitney, ed. *The Cambridge history of Japan, vol. 4, early modern Japan*. Cambridge (Reino Unido): Cambridge University Press, 1991, 235-300.

Elisonas, Jurgis. «Christianity and the daimyo». Hall, John Whitney, ed. *The Cambridge History of Japan, vol. 4, early modern Japan*. Cambridge (Reino Unido): Cambridge University Press, 1991, 301-372.

Farris, William Wayne. *Japan to 1600. A Social and Economic History*. Honolulu: University of Hawaii Press, 2009.

Fernández-Armesto, Felipe. *1492. El nacimiento de la modernidad*. Barcelona: Random House Mondadori, 2010.

Friday, Karl F. *Samurai, Warfare and the State in Early Medieval Japan*. Nueva York: Routledge, 2004.

Fukuzawa Yukichi. *The Autobiography of Yukichi Fukuzawa*. Nueva York: Columbia University Press, 2007.

Genjō Masayoshi, ed. *Sengokushi*. Tokio: Natsumesha,2005.

Gil, Juan. *Hidalgos y samuráis. España y Japón en los siglos xvi y xvii*. Madrid: Alianza Editorial, 1991.

Gilbert, Marc Jason. «Deshima Island: A Stepping Stone between Civilizations». *World History Connected* 3 (3), Chicago: University of Illinois, 2006.

Goble, Andrew Edmund. «Medieval Japan». Tsutsui, William M., ed. *A Companion to Japanese History*. Malden: Blackwell Publishing, 2007, 47-66.

Goodman, Grant K. *Japan and the Dutch, 1600-1853*. Richmond: Curzon Press, 2000.

Gordon, Andrew. *A Modern History of Japan: from Tokugawa Times to the Present*. Nueva York: Oxford University Press, 2003.

Griffis, William Elliot. *The Mikado's Empire*. Nueva York: Harper & Brothers, 1890.

Hall, John Whitney. *Japan. From prehistory to modern times*. Nueva York: Dell Publishing Co., 1970.

Hall, John Whitney. *El imperio japonés*. Madrid: Siglo XXI Editores, 1973.

Hall, John Whitney. «The Muromachi bakufu». Kozo Yamamura, ed. *The Cambridge history of Japan, vol. 3, Medieval Japan*. Cambridge (Reino Unido): Cambridge University Press, 1990, 175-230.

Hall, John Whitney. «The bakuhan system». Hall, John Whitney, ed. *The Cambridge History of Japan, vol. 4, early modern Japan*. Cambridge (Reino Unido): Cambridge University Press, 1991, 128-182.

Hane, Mikiso. *Breve historia de Japón*. Madrid: Alianza Editorial, 2000.

Hanley, Susan B. «Tokugawa society: material culture, standard of living, and life-styles». Hall, John Whitney, ed. *The Cambridge History of Japan, vol. 4, early modern Japan*. Cambridge (Reino Unido): Cambridge University Press, 1991, 660-705.

Henshall, Kenneth G. *A History of Japan: from Stone Age to Superpower*. Nueva York: Palgrave Macmillan, 1999.

Hillsborough, Romulus. *Shinsengumi. The Shogun's Last Samurai Corps*. North Clarendon (Estados Unidos): Tuttle Publishing, 2011.

Huffman, James L. «Restoration and Revolution». Tsutsui, William M., ed. *A Companion to Japanese History*. Malden: Blackwell Publishing, 2007, 139-155.

Hurst III, G. Cameron. «Insei». Shively, Donald H. y William H. McCullough, eds. *The Cambridge History of Japan, vol. 2, Heian Japan*. Cambridge (Reino Unido): Cambridge University Press, 1999, 576-643.

Hurst III, G. Cameron. «The Heian Period». Tsutsui, William M., ed. *A Companion to Japanese History*. Malden: Blackwell Publishing, 2007, 30-46.

Imatani Akira. «Muromachi local government: shugo and kokujin». Kozo Yamamura, ed. *The Cambridge history of Japan, vol. 3, Medieval Japan*. Cambridge (Reino Unido): Cambridge University Press, 1990, 231-259.

Ishii Susumu. «The decline of the Kamakura bakufu». Kozo Yamamura, ed. *The Cambridge history of Japan, vol. 3, Medieval Japan*. Cambridge (Reino Unido): Cambridge University Press, 1990, 128-174.

Jansen, Marius B. «The Meiji Restoration». Jansen, Marius B., ed. *The Cambridge history of Japan, vol. 5, The Nineteenth Century*. Cambridge (Reino Unido): Cambridge University Press, 1989, 308-366.

Jansen, Marius B. *The making of modern Japan*. Cambridge (Estados Unidos): Harvard University Press, 2000.

Javier, Francisco. *Cartas de Japón escritas por Francisco de Xabier*. Pamplona: Gobierno de Navarra, 2005.

Junqueras, Oriol, Dani Madrid, Guillermo Martínez y Pau Pitarch. *Historia de Japón. Economía, política y sociedad*. Barcelona: Editorial UOC, 2012.

Keay, John. *China: a History*. Londres: Harper Collins Publishers, 2009.

Kondo, Agustín Y. *Japón. Evolución histórica de un pueblo (hasta 1650)*. Hondarribia: Editorial Nerea, 1999.

Lee, Christina H. «The Perception of the Japanese in Early Modern Spain: Not Quite 'The Best People Yet Discovered'». *eHumanista* 11, 2008, 345-380.

Lisón Tolosana, Carmelo. *La fascinación de la diferencia. La adaptación de los jesuitas al Japón de los samuráis, 1549-1592*. Tres Cantos (Madrid): Ediciones Akal, 2005.

López-Vera, Jonathan. «La misión jesuita en Japón y China durante los siglos XVI y XVII, un planificado proceso de adaptación». *Asiadémica* n.º1, 2012, 44-56.

López-Vera, Jonathan. «La Embajada Keichō (1613-1620)», *Asiadémica* n °2, 2013, 85-103.

López-Vera, Jonathan. «Descripciones de Japón para Felipe II: El Imperio del sol naciente visto por el Imperio donde nunca se pone el sol». Osami Takizawa y Antonio Míguez, coords. *Visiones de un Mundo Diferente. Política, literatura de avisos y arte namban*. Madrid: Centro Europeo para la Difusión de las Ciencias Sociales y Archivo de la Frontera, 2015, 59-86.

Manegazzo, Rossella. *Japón*. Barcelona: Random House Mondadori, 2008.

Mass, Jeffrey P. «The Kamakura bakufu». Kozo Yamamura, ed. *The Cambridge history of Japan, vol. 3, Medieval Japan*. Cambridge (Reino Unido): Cambridge University Press, 1990, 46-88.

Massarella, Derek. *A World Elsewhere: Europe's Encounter With Japan in the 16th and 17th Centuries*. New Haven: Yale University Press, 1990.

Meriwether, Colyer. «A sketch of the life of Date Masamune and an account of his embassy to Rome». *Transactions of the Asiatic Society of Japan*, vol. 21. Yokohama: R.Meiklejohn & Co., 1893, 3-105.

Milton, Giles. *Samurai William: the Adventurer Who Unlocked Japan*. Londres: Hodder & Stoughton, 2003.

Mitford, A.B. *Tales of old Japan*. Londres: Macmillan, 1871.

Miyamoto Musashi. *El libro de los cinco anillos*. Barcelona: Ediciones Obelisco, 2005.

Morillo, Stephen. «Guns and Government: A Comparative Study of Europe and Japan». *Journal of World History*, 6 (1), 1995, 75-106.

Morton, W. Scott y J. Kenneth Olenik. *Japan. Its History and Culture*. Nueva York: McGraw-Hill Inc., 2005.

Mungello, D.E. *The Great Encounter of China and the West, 1500-1800*. Oxford: Lowman & Littlefield Publishers, 1999.

Murdoch, James. *A History of Japan, vol 2*. Londres: Kegan Paul, Trench, Trubner & Co., 1903.

Murdoch, James. *A History of Japan, vol 1*. Londres: Kegan Paul, Trench, Trubner & Co. Ltd., 1925.

Murdoch, James. *A History of Japan, vol 3*. Londres: Kegan Paul, Trench, Trubner & Co., 1926.

Mutel, Jacques. *El fin del shogunato y el Japón Meiji, 1853/1912*. Barcelona: Editorial Vicens-Vives, 1972.

Nakai Nobuhiko. «Commercial change and urban growth in early modern Japan». Hall, John W., ed. *The Cambridge history of Japan, vol. 4, Early Modern Japan*. Cambridge (Reino Unido): Cambridge University Press, 1991, 519-595.

Nauert, Charles G. «The mind». Cameron, Euan, ed. *The Sixteenth Century*. Oxford: Oxford University Press, 2006, 116-144.

Nitobe Inazō. *Bushido. The Soul of Japan*. Nueva York: Kodansha America, 2012.

Pastells, Pablo. *Catálogo de los documentos relativos a las Islas Filipinas existentes en el Archivo de Indias de Sevilla*. Barcelona: Compañía General de Tabacos de Filipinas, 1925.

Pratt, Edward E. «Social and economic change in Tokugawa Japan». Tsutsui, William M., ed. *A Companion to Japanese History*. Malden: Blackwell Publishing, 2007, 86-100.

Ravina, Mark. *The Last Samurai: The Life and Battles of Saigō Takamori*. Hoboken (Estados Unidos): John Wiley & Sons, 2004.

Reis Correia, Pedro L. «Alessandro Valignano, attitude towards jesuit and franciscan concepts of evangelization in Japan (1587-1597)». *Bulletin of Portuguese/Japanese Studies*, vol. 2. Lisboa: Universidade Nova de Lisboa, 2001, 79-108.

Reyes, Ainhoa. «La introducción de las armas de fuego en Japón». *Brocar, Cuadernos de investigación histórica*, 33, 2009.

Robertson, Lisa J. «Warriors and Warfare». Deal, William E., ed. *Handbook to Life in Medieval and Early Modern Japan*. Nueva York: Facts on File, 2006.

Rubio, Carlos (introducción, notas y traducción) y Rumi Tani Moratalla (traducción). *Heike Monogatari*. Madrid: Editorial Gredos, 2009.

Sadler, Arthur L. *The Maker of Modern Japan. The Life of Shogun Tokugawa Ieyasu*. Rutland (Estados Unidos): Charles E. Tuttle Company, 1980.

Sansom, George. *A History of Japan, 1334-1615*. Stanford: Stanford University Press, 1961.

Schirokauer, Conrad y Miranda Brown. *Breve historia de la civilización china*. Barcelona: Edicions Bellaterra, 2006.

Shigeno Saburō. *Han Bushidōron*. Tokio: Bungeisha, 2014.

Sola, Emilio. *Libro de las maravillas del Oriente Lejano*. Madrid: Editora Nacional, 1980.

Sola, Emilio. *Historia de un desencuentro. España y Japón, 1580-1614*. Alcalá de Henares: Fugaz Ediciones, 1999.

Takeuchi Rizō. «The Rise of Warriors». Shively, Donald H. y William H. McCullough, eds. *The Cambridge History of Japan, vol. 2, Heian Japan*. Cambridge (Reino Unido): Cambridge University Press, 1999, 644-709.

Takizawa, Osami. «La delegación diplomática enviada a Roma por el señor feudal japonés Date Masamune (1613-1620)». *Archivo de la Frontera*, Centro Europeo para la Difusión de las Ciencias Sociales (CEDCS), 2009, 3-29.

Takizawa, Osami. *La historia de los jesuitas en Japón (siglos XVI-XVII)*. Alcalá de Henares: Universidad de Alcalá, 2010.

Torres de Mendoza, Luis. *Colección de documentos inéditos, relativos al descubrimiento, conquista y organización de las antiguas posesiones españolas de América y Oceanía, sacados de los Archivos del Reino y muy especialmente del de Indias*, tomo VIII. Madrid: Imprenta de Frías y compañía, 1867.

Totman, Conrad D. *Japan Before Perry*. Berkeley: University of California Press, 1981.

Totman, Conrad D. *Tokugawa Ieyasu: Shogun*. San Francisco: Heian International Inc., 1983.

Totman, Conrad D. *Politics in the Tokugawa Bakufu, 1600-1843*. Berkeley: University of California Press, 1988.

Turnbull, Stephen. *Samurai Warfare*. Londres: Arms and Armours Press, 1996.

Turnbull, Stephen. *The Samurai Sourcebook*. Londres: Cassell & Co., 1998.

Turnbull, Stephen. *Samurai Invasion. Japan's Korean War 1592-1598*. Londres: Cassell & Co., 2002.

Turnbull, Stephen. *The Mongol Invasions of Japan, 1274 and 1281*. Oxford: Osprey Publishing Limited, 2010.

Turnbull, Stephen. *Toyotomi Hideyoshi*. Oxford: Osprey Publishing Limited, 2010.

Varley, H. Paul. *Japanese Culture*. Honolulu: University of Hawaii Press, 2000.

Wakita Osamu. «The social and economic consequences of unification». Hall, John W., ed. *The Cambridge history of Japan, vol. 4, Early Modern Japan*. Cambridge (Reino Unido): Cambridge University Press, 1991, 96-127.

Yamamoto Tsunetomo. *Hagakure. El camino del samurái*. Madrid: Dojo Ediciones, 2014.

Yamamura Kozo. «Returns on Unification: Economic Growth in Japan, 1550-1650». Hall, John W., Nagahara Keiji, Yamamura Kozo, eds. *Japan Before Tokugawa: Political Consolidation and Economic Growth, 1500-1650*. Princeton: Princeton University Press, 1981, 327-372.

Cronología

Periodos de la historia japonesa, destacados aquellos en los que el gobierno estuvo en manos de los samuráis.

Era	Fechas	Periodo	Subperiodo
PALEOLÍTICO	35.000 - 13.000 a.C.	Paleolítico	
ANTIGUO	13.000 - 300 a.C.	Periodo Jōmon	
	300 a.C. - 300	Periodo Yayoi	
	300 - 552	Periodo Kofun	
CLÁSICO	552 - 710	Periodo Asuka	
	710 - 794	Periodo Nara	
	794 - 1185	Periodo Heian	
FEUDAL	1185 - 1333	Periodo Kamakura	
	1333 - 1336	Restauración Kenmu	
	1336 - 1573	Periodo Muromachi	Periodo Nanbokuchō (1336-92)
			Periodo Sengoku (1477-1573)
	1573 - 1603	Periodo Azuchi-Momoyama	
MODERNO TEMPRANO	1603 - 1868	Periodo Edo	
MODERNO	1868 - 1912	Periodo Meiji	
	1912 - 1926	Periodo Taishō	
	1926 - 1989	Periodo Shōwa	Pre-guerra y Guerra (1926-45)
CONTEMPORÁNEO			Ocupación EEUU (1945-52)
			Post-ocupación (1952-89)
	1989 - 2019	Periodo Heisei	
	2019 - actualidad	Periodo Reiwa	

Emperadores de Japón

Pese a que esta es la lista oficial de emperadores, sabemos que los datos más tempranos tienen que tomarse con precaución. La mayoría de historiadores están de acuerdo en que los nueve o diez primeros emperadores de la lista no existieron y que las dos siguientes decenas fueron en realidad reyes que controlaban una parte de Japón. Las fechas de nacimiento y muerte, de reinado, o de muchos de los acontecimientos de sus vidas son también más que cuestionables y presentan muchas contradicciones. Es difícil establecer un momento a partir del cual los datos son históricamente fiables.

1º	660a.C.-585a.C.	Jinmu
2º	581a.C.-549a.C.	Suizei
3º	549a.C.-511a.C.	Annei
4º	510a.C.-476a.C.	Itoku
5º	475a.C.-393a.C.	Kōshō
6º	392a.C.-291a.C.	Kōan
7º	290a.C.-215a.C.	Kōrei
8º	214a.C.-158a.C.	Kōgen
9º	157a.C.-98a.C.	Kaika
10º	97a.C.-30a.C.	Sujin
11º	20a.C.-70	Suinin
12º	71-130	Keikō
13º	131-191	Seimu
14º	192-200	Chūai
	201-269	Emperatriz Jingu (1)
15º	270-310	Ōjin

16º	313-399	Nintoku
17º	400-405	Richū
18º	406-410	Hanzei
19º	411-453	Ingyō
20º	453-456	Ankō
21º	456-479	Yūryaku
22º	480-484	Seinei
23º	485-487	Kenzō
24º	488-498	Ninken
25º	498-506	Buretsu
26º	507-531	Keitai (2)
27º	531-535	Ankan
28º	535-539	Senka
29º	539-571	Kinmei
30º	572-585	Bidatsu
31º	585-587	Yōmei
32º	587-592	Sushun
33º	592-628	Emperatriz Suiko
34º	629-641	Jomei
35º	642-645	Emperatriz Kōgyoku
36º	645-654	Kōtoku
37º	655-661	Emperatriz Saimei
38º	661-672	Tenji
39º	672	Kōbun
40º	672-686	Tenmu
41º	686-697	Emperatriz Jitō

42°	697-707	Monmu
43°	707-715	Emperatriz Genmei
44°	715-724	Emperatriz Genshō
45°	724-749	Shōmu
46°	749-758	Emperatriz Kōken
47°	758-764	Junnin
48°	764-770	Emperatriz Shōtoku
49°	770-781	Kōnin
50°	781-806	Kanmu
51°	806-809	Heizei
52°	809-823	Saga
53°	823-833	Junna
54°	833-850	Ninmyō
55°	850-858	Montoku
56°	858-876	Seiwa
57°	876-884	Yōzei
58°	884-887	Kōkō
59°	887-897	Uda
60°	897-930	Daigo
61°	930-946	Suzaku
62°	946-967	Murakami
63°	967-969	Reizei
64°	969-984	En'yū
65°	984-986	Kazan
66°	986-1011	Ichijō
67°	1011-1016	Sanjō
68°	1016-1036	Go-Ichijō

69º	1036-1045	Go-Suzaku
70º	1045-1068	Go-Reizei
71º	1068-1073	Go-Sanjō
72º	1073-1087	Shirakawa
73º	1087-1107	Horikawa
74º	1107-1123	Toba
75º	1123-1142	Sutoku
76º	1142-1155	Konoe
77º	1155-1158	Go-Shirakawa
78º	1158-1165	Nijō
79º	1165-1168	Rokujō
80º	1168-1180	Takakura
81º	1180-1185	Antoku (3)
82º	1183-1198	Go-Toba (3)
83º	1198-1210	Tsuchimikado
84º	1210-1221	Juntoku
85º	1221	Chūkyō
86º	1221-1232	Go-Horikawa
87º	1232-1242	Shijō
88º	1242-1246	Go-Saga
89º	1246-1260	Go-Fukakusa
90º	1260-1274	Kameyama
91º	1274-1287	Go-Uda
92º	1287-1298	Fushimi
93º	1298-1301	Go-Fushimi
94º	1301-1308	Go-Nijō
95º	1308-1318	Hanazono

96º	1318-1339	Go-Daigo
	1331-1333	Kōgon (4)
	1336-1348	Kōmyō (4)
	1348-1351	Sukō (4)
	1352-1371	Go-Kōgon (4)
	1371-1382	Go-En'yū (4)
	1382-1392	Go-Komatsu (4)
97º	1339-1368	Go-Murakami
98º	1368-1383	Chōkei
99º	1383-1392	Go-Kameyama
100º	1392-1412	Go-Komatsu
101º	1412-1428	Shōkō
102º	1428-1464	Go-Hanazono
103º	1464-1500	Go-Tsuchimikado
104º	1500-1526	Go-Kashiwabara
105º	1526-1557	Go-Nara
106º	1557-1586	Ōgimachi
107º	1586-1611	Go-Yōzei
108º	1611-1629	Go-Mizunoo
109º	1629-1643	Emperatriz Meishō
110º	1643-1654	Go-Kōmyō
111º	1655-1663	Go-Sai
112º	1663-1687	Reigen
113º	1687-1709	Higashiyama
114º	1709-1735	Nakamikado
115º	1735-1747	Sakuramachi

116°	1747-1762	Momozono
117°	1762-1771	Emperatriz Go-Sakuramachi
118°	1771-1779	Go-Momozono
119°	1780-1817	Kōkaku
120°	1817-1846	Ninkō
121°	1846-1867	Kōmei
122°	1868-1912	Meiji
123°	1912-1926	Taishō
124°	1926-1989	Shōwa
125°	1989-2019	Heisei
126°	2019-actualidad	Emperador actual (5)

(1) Jingu fue consorte del emperador Chūai y madre del emperador Ōjin, actuando como regente entre la muerte del primero y el nombramiento del segundo -entre lo que, supuestamente, transcurrieron nada menos que 68 años, algo difícil de creer-; durante mucho tiempo se la incluyó como una más en la lista de emperadores, pero posteriormente fue eliminada de la misma, pese a seguir llamándola emperatriz.

(2) Actualmente se cree que con Keitai empezó en realidad una nueva dinastía, que llega hasta la actualidad, pese a que tradicionalmente se ha considerado que Japón solo ha tenido una dinastía de emperadores.

(3) Cuando los Taira huyeron de la capital con el pequeño emperador Antoku, lo hicieron llevándose los Tesoros Imperiales, por eso, pese a que el emperador Go-Toba subió al trono en 1183, a Antoku se le sigue considerando emperador hasta su muerte en 1185, existiendo durante dos años dos emperadores.

(4) Emperadores de la corte imperial del norte, durante el periodo Nanbokuchō.

(5) En Japón, al actual emperador se le llama precisamente así, Kinjō Tennō "emperador reinante", y no se utiliza su nombre de emperador —en este caso, Reiwa— hasta su muerte; fuera de Japón, la costumbre es utilizar su nombre propio —en este caso, Naruhito—.

Shōgunatos de Japón

Shōgunato Kamakura		
1º	1192-1199	Minamoto Yoritomo (1147-1199)
2º	1202-1203	Minamoto Yoriie (1182-1204)
3º	1203-1219	Minamoto Sanetomo (1192-1219)
4º	1226-1244	Kujō Yoritsune (1218-1256)
5º	1244-1252	Kujō Yoritsugu (1239-1256)
6º	1252-1266	Príncipe Munetaka (1242-1274)
7º	1266-1289	Príncipe Koreyasu (1264-1326)
8º	1289-1308	Príncipe Hisaaki (1276-1328)
9º	1308-1333	Príncipe Morikuni (1301-1333)
Shōgunato Ashikaga		
1º	1338-1357	Ashikaga Takauji (1305-1358)
2º	1359-1368	Ashikaga Yoshiakira (1330-1367)
3º	1368-1394	Ashikaga Yoshimitsu (1358-1408)
4º	1395-1423	Ashikaga Yoshimochi (1386-1428)
5º	1423-1425	Ashikaga Yoshikazu (1407-1425)
6º	1429-1441	Ashikaga Yoshinori (1394-1441)
7º	1442-1443	Ashikaga Yoshikatsu (1434-1443)
8º	1449-1473	Ashikaga Yoshimasa (1436-1490)
9º	1474-1489	Ashikaga Yoshihisa (1465-1489)
10º	1490-1493	Ashikaga Yoshitane (1466-1523)
11º	1494-1508	Ashikaga Yoshizumi (1481-1511)
10º	1508-1521	Ashikaga Yoshitane (1466-1523)
12º	1521-1546	Ashikaga Yoshiharu (1511-1550)

13°	1546-1565	Ashikaga Yoshiteru (1536-1565)
14°	1568	Ashikaga Yoshihide (1538-1568)
15°	1568-1573	Ashikaga Yoshiaki (1537-1597)
		(Oda Nobunaga (1534-1582))
		(Toyotomi Hideyoshi (1537-1598))
SHŌGUNATO TOKUGAWA		
1°	1603-1605	Tokugawa Ieyasu (1543-1616)
2°	1605-1623	Tokugawa Hidetada (1579-1632)
3°	1623-1651	Tokugawa Iemitsu (1604-1651)
4°	1651-1680	Tokugawa Ietsuna (1641-1680)
5°	1680-1709	Tokugawa Tsunayoshi (1646-1709)
6°	1709-1712	Tokugawa Ienobu (1662-1712)
7°	1713-1716	Tokugawa Ietsugu (1709-1716)
8°	1716-1745	Tokugawa Yoshimune (1684-1751)
9°	1745-1760	Tokugawa Ieshige (1712-1761)
10°	1760-1786	Tokugawa Ieharu (1737-1786)
11°	1787-1837	Tokugawa Ienari (1773-1841)
12°	1837-1853	Tokugawa Ieyoshi (1793-1853)
13°	1853-1858	Tokugawa Iesada (1824-1858)
14°	1858 1866	Tokugawa Iemochi (1846-1866)
15°	1866-1867	Tokugawa Yoshinobu (1837-1913)

Mapas generales

Prefecturas actuales de Japón

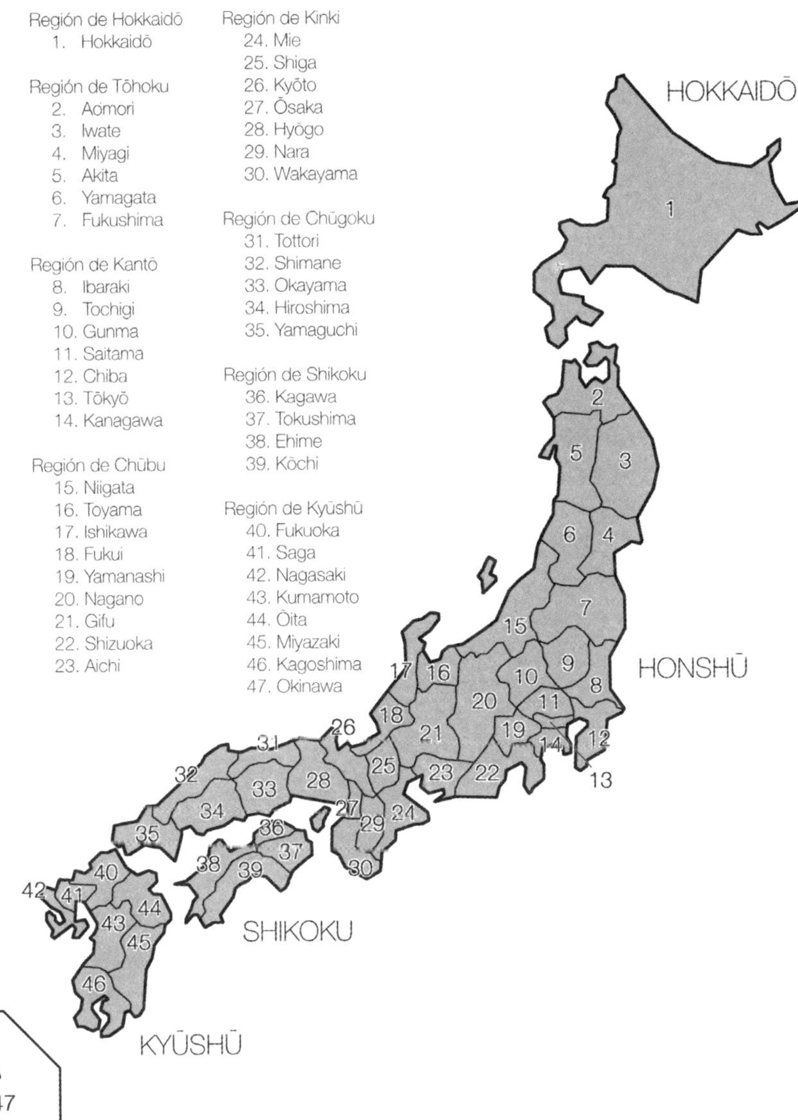

Antiguas provincias de Japón

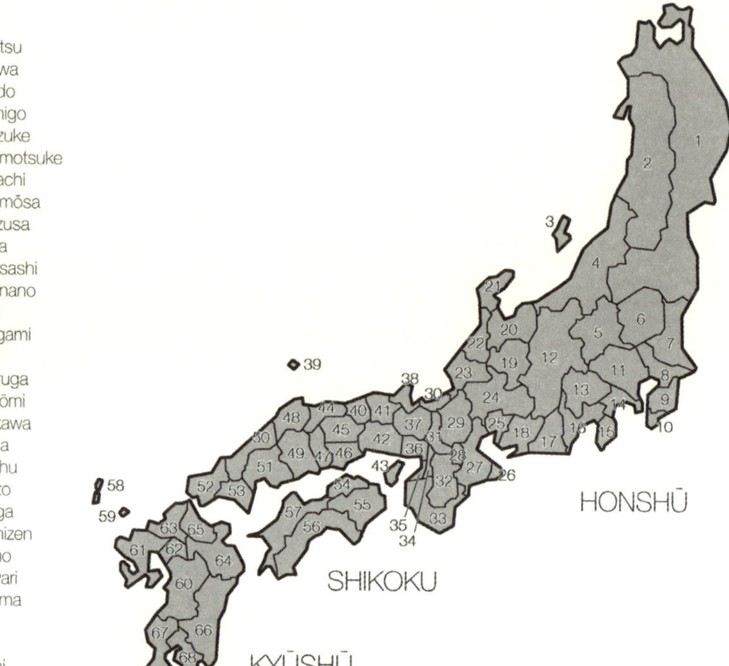

1. Mutsu
2. Dewa
3. Sado
4. Echigo
5. Kōzuke
6. Shimotsuke
7. Hitachi
8. Shimōsa
9. Kazusa
10. Awa
11. Musashi
12. Shinano
13. Kai
14. Sagami
15. Izu
16. Suruga
17. Tōtōmi
18. Mikawa
19. Hida
20. Etchu
21. Noto
22. Kaga
23. Echizen
24. Mino
25. Owari
26. Shima
27. Ise
28. Iga
29. Ōmi
30. Wakasa
31. Yamashiro
32. Yamato
33. Kii
34. Kawachi
35. Izumi
36. Settsu
37. Tanba
38. Tango
39. Oki
40. Inaba
41. Tajima
42. Harima
43. Awaji
44. Hōki
45. Mimasaka
46. Bizen
47. Bitchu
48. Izumo
49. Bingo
50. Iwami
51. Aki
52. Nagato
53. Suō
54. Sanuki
55. Awa
56. Tosa
57. Iyo
58. Tsushima
59. Iki
60. Higo
61. Hizen
62. Chikugo
63. Chikuzen
64. Bungo
65. Buzen
66. Hyūga
67. Satsuma
68. Ōsumi

Principales batallas de la historia samurái

1. Uji (1180)
2. Kurikara (1183)
3. Awazu (1184)
4. Ichi no Tani (1184)
5. Yashima (1184)
6. Dan no Ura (1185)
7. Koromogawa (1189)
8. Primer ataque mongol (1274)
9. Segundo ataque mongol (1281)
10. Asedio de Kamakura (1333)
11. Minatogawa (1336)
12. Okehazama (1560)
13. Cuarta de Kawanakajima (1561)
14. Ataque al monte Hiei (1571)
15. Mikatagahara (1572)
16. Nagashino (1575)
17. Asedio al castillo de Takamatsu (1582)
18. Yamazaki (1582)
19. Asedio al castillo de Odawara (1590)
20. Sekigahara (1600)
21. Asedio al castillo de Osaka (1614-1615)
22. Tennō-ji (1615)
23. Shiroyama (1877)

La tercera edición de
Historia de los samuráis
se acabó de imprimir
el 20 de mayo de 2024
en Asturias

Otros títulos

Bushido
Inazo Nitobe

El libro de los cinco anillos
Musashi Miyamoto

Heike Monogatari
Anónimo

Japón en su historia
Andrés Pérez Riobó / Gonzalo San Emeterio

Crónicas de los samuráis
R. Ibarzabal

Samurái. La vida de Miyamoto Musashi
Walter Dening

Shogun. La vida de Tokugawa Ieyasu
A.L. Sadler

Taiko. La vida de Toyotomi Hideyoshi
Walter Dening

Shinsengumi. Los últimos samuráis de shogun
Romulus Hillsborough

Héroes de la gran pacificación
Pilar Cabañas / Utagawa Yoshiiku

Samuráis, Guerreros y Héroes
Katsushika Hokusai / Utagawa Kuniyoshi

Los hanamachi de las maiko y geiko de Kioto
Kioko Aihara

Flores de Edo. Enciclopedia ilustrada de flores japonesas
Kazuhiko Tajima

El libro de la Almohada
Sei Shonagon

Dai Nipon. El Japón
Antoni García LLanso

Cosas de Japón
Basil Hall Chamberlain

Kokoro. Ecos y apuntes de la vida íntima de Japón
Lafcadio Hearn

Japón. Un intento de interpretación
Lafcadio Hearn

Misceláneas Japonesas
Lafcadio Hearn

El elogio de la sombra
Junichiro Tanizaki

Los ideales de oriente
Kazuko Okakura

Mi individualismo
Natsume Sōseki

Los cien poemas del arte del té
Anónimo

Sintoismo. La vida de los kami
Sokyo Ono

Cultura japonesa. Pensamiento y religión
Federico Lanzaco Salafranca

En el cielo, una nube. Cuentos zen
Manuel Astur González

Relatos antiguos de Japón
Kunio Yanagita

Fábulas budistas
Efraín Villamor Herrero

Aspectos de Japón vistos por un diplomático español
Arturo Pérez Martínez